編集者の磨き方

社会のお役に立ち、人から尊敬される仕事術！

田口信義 著

発行 ☎ 民事法研究会

〔民事法研究会社是〕

一、良書の出版を通して社会に貢献する

一、謙虚な心と感謝の気持が信用を築く

一、出版人としての誇りと生きがいを持つ

一、法令・マナーを守り社会人として範たれ

一、社会の変化を分析・予測する能力を培う

一、日々、構想力・企画力・交渉力を磨く

一、気配りと行動の迅速は編集者の必須要件

一、編集者は現場主義に徹した職人であれ

一、編集者の力量は人脈と情報収集で決する

一、感性を磨けば企画の素材はどこにもある

一、過去の成功体験にとらわれてはならない

一、日々の研鑽と継続こそ成長・発展の礎

は し が き

　私は、昨年（令和元年）11月16日に満74歳の誕生日を迎えることができました。平均寿命が80歳を超え人生100年といわれる今日では、この年齢はほとんどの人が経験する人生の通過点に過ぎませんので、取り立てて人に誇るまでのことではありません。しかし、23歳で出版の世界に入り、今日まで健康で編集者一筋に第一線で長きにわたって仕事を続けることができたことについては、大いに誇りにしていいことだろうと考えています。それは、両親・家族・社員の皆さんをはじめ多くの諸先輩、仕事上でお世話になった方々、友人、知人などのたくさんの方々の支えがあったからであり、心より感謝をする次第です。

　振り返ってみますと、昭和43（1968）年に出版社に入社して編集者人生をスタートさせたわけですが、当時はこのように長きにわたり第一線で現役を継続できるとは夢にも思いませんでした。その最大の要因は、何といっても「編集」という仕事が「大好き」だったからに他なりません。よく「好きこそものの上手なれ」ということをいいますが、初めから編集という仕事に就きたいという熱い思いがあったわけではありませんが、この仕事が私の性分に合ったということでしょう。この仕事を続ける中で、編集という仕事の知的な奥深さに次第に魅了されて、いつの頃からか、編集者を天職と思えるようになり、一生の仕事として喜びを感じつつ今日まで継続できたことは大変に幸せなことと思います。

　本書は、定期的に開催される社内全体会議の席上で、「編集長卓話」（社員からは今でも「社長」ではなく「編集長」と呼ばれています）と称して、社員に向けて話した内容をまとめたものです。話す内容の第1は、その時々の社会・経済・政治の動向やさまざまな事件、社会的な事象を題材にしながら、社会人として、出版人・編集者としてどのように考え、何を学び、教訓化すべきなのか、私見を交えつつ話をしてきました。

　第2は、長い編集者生活の中で親しくお付き合いをいただき、ご指導をいただいた多くの方々や諸先輩などから学ばせていただいたこと、長

年の経験を通して学んできたことについて、私が常日頃考えている編集者として必要な技術・技能、あるべき仕事に向き合う姿勢、求められる資質・能力・知識・ノウハウについて、独断と偏見を承知のうえで縦横無尽に話してきました。

　本書は、平成21（2009）年８月から令和２（2020）年５月までの卓話を収録したものです。平成21（2009）年９月に出版した拙著『出版人の生き方70講――愚直に志高き職業人であれ――』（平成20（2008）年１月から21（2009）年７月までの卓話を収録）の姉妹書にあたります。出版人・編集者としての執筆力、文章力の練磨と能力の向上を図ることを目的に、私のつたない卓話を若き社員に要領よくレポートにまとめていただき、それを私が添削してしっかりした文章に磨き上げる訓練を続けてきました。そうした積み重ねが、結果として本書の刊行に結実することになったわけです。そうした意味では、多くの社員の努力と協力があったればこその本書であり、この場を借りて感謝をいたしたい。

　浅学非才を顧みず本書を出版しようとした狙いは、これから出版人・編集者として長い人生を送る後輩に対して、長い期間にわたって蓄積してきた経験・技術・ノウハウなどをしっかりと引き継いでもらい、素晴らしい出版人・編集者へと成長して当社を発展させていってほしいとの願いからです。そうした意味では、本書は本来、当社の社員向けの「日常業務の指針」、「道しるべ」として座右に置いて活用していただくことで十分に目的は達成するわけです。しかし、編集者という職業は、知的欲求を満たしてくれる大変に楽しく有意義な仕事であり、無から有を生み出し社会のために貢献できる夢のある仕事であることを多くの人に知っていただきたいとの強い思いもあったからです。さらには、多くの有能な若者がこの世界に夢を持って飛び込んできていただき、出版界を発展させていただきたいとの願いもありました。長引く出版不況で暗く沈みがちな出版界の雰囲気を、熱い思いを有する若者の力で吹き飛ばしていただき、明るく輝かしい出版界の未来をつくっていただきたいとの願いもあります。

　加えて本書は、一人の社会人、出版人、編集者として、仕事への向き合い方、働くことの意味、働くことの喜び、職業人としてのあるべき姿ともつべき誇り、人生とは何か、について常日頃考えをめぐらしてきたさまざまな思いを披露させていただきました。そこで、「仕事に自信をもてなくなった」、「これからの人生に迷っている」、「仕事や人間関係で壁に突き当たった」などで悩んだ際に、解決のヒントを見つける人生の応援歌として本書がいささかのお役に立つことができれば幸いです。

　前述のように、本書は体系的に著したものではありませんので、一部に重複する内容があったり、あるいは、時間の経過によって今日的な視点や現在の時代状況などの点からみますと、そぐわない箇所や内容、あるいは誤った記述があるかもしれませんが、出版の意図をご理解いただきご海容賜れれば幸いです。

　今から52年前、「出版は文化の担い手である」という言葉を先輩から贈られて、編集者という職業に就いたことに強い誇りと喜び、そして高い志を忘れずに一生の仕事にしようと誓ったのが、つい昨日のように思い出します。知力・気力・体力が続く限り、編集者人生を全うすることができれば、こんなに幸せなことはありません。まさに、「素晴らしき哉、人生！」であります。

　最後に、当社は昨年10月1日に創立30周年を迎えることができました。これも、長きにわたって温かく当社を支えていただいた多くの方々のおかげであり、この場を借りて心より御礼と感謝を申し上げる次第です。

　また、本書の出版にあたっては、松下寿美子さんに大変お世話になったことを記して、感謝を申し上げます。

　令和2（2020）年5月吉日

株式会社民事法研究会

代表取締役　田口信義

『編集者の磨き方』

目　　次

第1章　編集者としての技術・技量の磨き方

第2章　どうしたら有能な人材に育つことができるか

第3章　編集者は社会や国家とどう向き合うべきか

第4章　リーダーの役割について考える

第 5 章　出版社経営はどうあるべきか考える

第6章　編集者人生を豊かに充実させる生き方を考える

第7章 「日々是好日」、「生涯一編集者人生」に感謝したい

目　次

第1章 編集者としての技術・技量の磨き方

人に好かれることが豊かな人脈を構築するための必須要件

（平成21（2009）年8月25日）

●好感をもたれれば相手から自然と仕事や情報がやってくる

　出版人・編集者にとって大切なことの一つに、人に好かれる人間的魅力を身に付けるということがあります。人に好かれれば、さまざまな場面で協力を得られます。執筆の協力だけではなく、疑問にも懇切丁寧に答えていただいたり、取材に協力してもらったり、人を紹介してくれたりもします。われわれが仕事で関わる方々は、専門的かつ高度の知識・情報・教養を有している方がほとんどです。加えて、専門分野で活躍されている人も多く、日常的に知り得ない貴重な情報を提供していただいたりもします。

　わが社の社是に、「編集者の力量は人脈と情報収集で決する」とあるように、人脈の構築は編集者にとって必須の要件であり、そのためには人に好かれることが大切です。私は、社会に出て間もないころ、法曹界・金融界をはじめとして重鎮といわれる多くの諸先輩方に編集者としての仕事を通して面談をさせていただく機会をもてたり、一緒に仕事をさせていただく貴重な機会を得ました。重鎮といわれる方にお会いするときは、何を話せばいいのだろうか、どんなことを聞かれるのだろうかと大変に緊張した当時のことを思い出します。その中で、人とはいかにお付き合いをし、どのような態度で接すれば好感をもっていただけるのかを考えさせられる機会をたくさん経験しました。また、編集者は、職業柄、一面ではある程度の人間的な図々しさがあってもいいのではないかと思います。あまりにも緊張してまともに話ができないようでは、編集者という職業人にとっては失格です。

　何度もお会いしているうちに、相手から好感をもっていただくことになれば、いろいろと仕事上の便宜を図っていただいたり、時々お食事の

お誘いなどのお声をかけていただくこともあろうかと思います。このような機会こそが、人間関係をさらに深め、知識を積み、経験を重ねていく絶好の機会です。好感をもっていただいた方々は、あたかも自身の後輩であるかのようにさまざまなことを教授してくれたり、いろいろと支援をしてくれます。私が40数年前にお会いし、社会人としてのあり方から編集者としての心構え、取材の仕方のイロハまで教えていただいたり、食事をご馳走になったり、たくさんお世話になった人々は、ほとんどすでに鬼籍に入られていますが、時折思い出して感謝の気持を心の中で伝えております。

　人に好かれる要素の第1は、明るく素直なことです。第2は、仕事に対して前向きで、向上心があることです。多くの諸先輩方から教えを受けたところを前向きにとらえて、真摯に勉強しようとする姿勢を感じてもらえれば、きっと多くの人から好かれるはずです。そして、仕事を超えて人間としてファンの一人になってもいただくことにもなります。そこまでいけば、いろいろと個人的なことまで親身になって協力をしていただくことになり、仕事もスムーズに進めることもできます。以上のことを念頭にして、日々丹念に修練を積んでいっていただければ、編集者としての仕事の幅も広がっていくことができると思います。

② 編集者として「ものづくり」への気概と情熱をもちたい

（平成21（2009）年10月20日）

●先人の時代を超えるつくり手としての思いの強さに学ぶべき点は多い

　日経新聞の夕刊の「ひと」の欄（平成21（2009）年10月16日）に、国際的にも著名な建築家、安藤忠雄さんを紹介する記事がありました。安藤さんは大学などで専門的な教育は受けていません。若い頃は、東大寺の南大門に通いつめるなどして、独学で建築学を学んだそうです。ある

日、いつものように東大寺に出かけた安藤さんは、僧侶に呼び止められ、「何をしているのか」とたずねられました。安藤さんが、「南大門を目に焼きつけているのです」と答えると、僧侶は安藤さんの強い思いに感じるものがあったのでしょうか、特別に門の中を案内し、一般には見ることのできない運慶・快慶をはじめとする鎌倉仏教文化の代表的な仏師による彫刻・絵図を直接見ることができました。

安藤さんはその経験を通じて、伽藍の大部分を消失した東大寺の再建を任された僧・重源や当時の大工・職人たちの命がけの仕事の緊張感や不安感、そして何よりも、「時代・技術力を超えるつくり手の思いの強さ」を痛感したといいます。

また、安藤さんは翌日の日経新聞の特集記事「ゆとりの世代　背水の就活」に寄稿されています。模型製作を学生に手伝わせると、多くが数日で来なくなるといいます。その理由を聞いても、学生たちはどうもうまく答えてくれないようです。「建築家には、忍耐力・構成力・実行力が求められるが、今の学生にはそれが欠落しているのではないか」と述べられています。この三つの力は、建築だけではなく、どのような仕事にも当てはまるものです。

リーマンショック以降の悪化する経済情勢にあって、雇用はその中でももっとも厳しい状況にあります。一般の有効求人倍率は40％台、ものづくり・製造業では20％台という統計も出ています。賃金不払いなどの個別労働紛争も増加し、雇用環境はこれからも厳しさが続くものと思われます。そのような経済状況にあって、私たち編集者には、ものづくりに携わる者として、著者であるつくり手の思いの強さにいかにして応えて納得のいく仕事をすることが求められるわけですが、そのためには仕事と向き合う姿勢が肝心です。若い人達は、安藤さんの言う忍耐力・構成力・実行力を磨いていくとともに、仕事への気概と情熱をもち、一心不乱に立ち向かうことによって、その先に何かが見えてくるはずです。

③ 苦しくても諦めないで頑張れば先に見えるものがある

（平成21（2009）年10月27日）

● **どんな職業でも仕事が好きになることが一人前になるための近道**

　現代は、「頑張る」という言葉が死語になりつつあるように思います。しかし、人は仕事上でいやなことがあったり、つらいことがあっても、それを克服していくためには頑張ることのできる精神力が必要です。ただし、仕事に対して喜びや充実感・達成感が感じられなくても生活のため、家族のために仕方なく我慢して耐えて頑張っている、ということでは、人生を無為に過ごしているようなものです。一方で、今の若者は、いやなこと、つらいことがあるとすぐにあきらめてしまう、こらえ性のない者が多いように感じます。仕事は、最初から面白いものではなく、つらいことも多々あります。その点、スポーツなどの趣味の世界においては、動機の出発点が楽しむということですから、全く異なったものということができるでしょう。

　学生はよく自由を満喫しているといわれますが、授業料を払っている側ですので、授業に出席しないで、楽しく遊んで暮らすことも個人の自由です。反対に社会人は仕事をして、お金をいただくわけですから、自分の思い通りにいかないことが当たり前です。お金をいただいている以上、いやなこと、苦しいことでも、仕事とあればやらなければならない義務があります。その中で「頑張る」ことができるためには、まず「仕事が好き」であることが大切です。そして、仕事がうまくいったとき、新しいことができたとき、上司や読者から高い評価をしていただいたときなどに職業人としての達成感、充実感、喜びを感じるわけですが、そのためには、まず仕事が好きであることです。好きであれば多少苦しくてもつらくても頑張ることもできます。少しずつでも努力して頑張らなければ、いつまでたっても一人前に成長することはできません。

　職業人の基本は、いやなこと、つらいことがあってもあきらめないで「頑張る」ことが肝要です。特に、私たちの仕事はものづくりであり、大変苦労の多い仕事です。長い時間をかけて、知識を蓄え、技術を会得し、能力を向上させ、精神を鍛えなければならない、終わりのない旅のようなものです。いかなるときも「頑張る」覚悟がなければ、職業人として一人前になれないのではないでしょうか。

すべての出発点は「好き」であることから始まる

（平成21（2009）年11月2日）

●**一流になる条件は仕事が好きであること、自己犠牲の精神、体調管理**

　先日、NHKのBSで、「脳の活性化と老化防止」と題して、脳科学者の茂木健一郎さんが視聴者の質問に答えるといった構成の番組を、非常に興味深く見ました。茂木さんによると、脳の細胞を活性化させることは、そのまま、脳の老化を防止することにつながることのようです。脳の細胞は、自分の好きなことをしているときに細胞が活発に活動をしますので、それによって脳の老化の防止にも効果があるといいます。

　次の話題も最近のNHKからですが、シアトル・マリナーズのイチロー選手を特集する番組を見る機会がありました。同じように、イチロー選手が視聴者の子供たちからの質問に答えるという構成でしたが、「9年連続して200本安打を達成した秘訣は何か」という質問に対し、次のように答えていました。

　第1に、野球が好きなこと。

　第2に、好きな野球をするために、家族や自分の自由な時間など、野球のほかに大切なものをある程度犠牲にできるか、ということ。

　第3に、体調管理を徹底して、毎日試合に出場すること。

　イチロー選手は、野球が好きで好きでたまらないのであり、大好きな

野球をするために修道者のごとく健康管理を徹底し、日々、総合的な技術向上のために、他のことを犠牲にしてでも練習に励んでいたといいます。グローブは試合後自ら丹念にオイルを塗って大切にする。バットは特別性の保湿器に入れて保管するなど道具の管理にも細心の気配りをし、その成果を試合に出場し続けることで発揮していくのだと答えました。

　私たち出版人・編集者もプロフェッショナルな職人ですから、茂木健一郎さんの研究やイチロー選手の活躍に学ぶことはたくさんあります。まず、仕事が好きであることが必須なのです。好きであることが脳を活性化させ、企画力や想像力・構成力を高めることにつながります。さらに、職業人としての自己犠牲の精神をもって実行することが、能力や技術を向上させていくのです。そして、自己の責任において健康を管理し、心身ともに充実させることが、さまざまな企画・アイデアを生む源泉になるのだと思います。

⑤　チャレンジ精神があれば実力は向上できる

（平成21（2009）年11月10日）

●困難な課題に挑戦することによって後に大きな成果として現れる

　平成21（2009）年の総選挙で、政権交代が行われた直後の国際連合総会における鳩山総理の演説で、日本は1990年比で2020年には温暖化効果ガスを25％削減すると表明しました。EU をはじめとした先進諸国など各方面から日本の決断に対して、賛辞と期待の声が上がりました。いま、温暖化効果ガスの削減の道筋をつけなければ地球の将来が危ういことは確かですし、今後のエネルギーの問題の観点からも25％の削減目標は人類にとって大きな意味をもつと考えられます。

　しかし、一方で、実現性を疑問視する声もあり、経済界を中心として日本の国際競争力に大きな影響がある等、大幅な削減目標を掲げること

に反対する意見も多くありました。なぜ、こうした声が大きいのかといいますと、やはり人間の営みや企業活動にとって現状維持が一番楽ですし、あえて厳しい目標を達成するため苦労や努力をすることに対し、拒否反応を示すことが世の常だからではないでしょうか。

　こうした声に対しては、高い壁を乗り越えて得た成果はきわめて大きいということを知るべきです。約30数年前、日本の自動車メーカーがようやくアメリカに自動車を輸出できるほどに実力をつけてきた時に、アメリカではマスキー法が成立し、極めて厳しい自動車排気ガス規制の達成が課されました。GMをはじめアメリカの自動車メーカー、日本の大手メーカーもこぞって規制の厳しさから同法への反対の姿勢をとる中にあって、ホンダの社長であった本田宗一郎さんのみは、早期達成は不可能とされた基準をクリアする意欲をみせ、ビッグスリーでさえもクリアが難しいといっているときに、ホンダのみが基準のクリアに成功するという偉業を達成されました。当時、日本の四輪自動車メーカーの中にあっては弱小メーカーに過ぎなかった同社が成し遂げたことに世界中が驚き、ホンダ躍進のきっかけとなりました。つまり、苦難の道に挑戦して技術を磨き、情熱をもって事にあたったことがその後の同社の発展と大きな利益へとつながったのです。

　いま世界中のあらゆる産業の将来は、脱化石燃料も含めたエネルギー革命へいかに対応していくのかがキーポイントとなるでしょう。日本の経済成長も、この点にかかっています。本田宗一郎さんのようなチャレンジ精神をもって、卓越した技術力によって新しい環境に対応できる製品の開発が急がれます。

　われわれの日々の仕事についても同じことが言えます。チャレンジ精神がないと楽なほうへと流れてしまい、人間として大きく成長することができません。常に前向きでチャレンジ精神をもって、仕事に向き合っていただきたいものです。

6 誰もがもっている可能性を引き出してあげれば成長できる

（平成21（2009）年12月1日）

●**先輩や指導者は若い人の可能性を引き出す名コーチになってほしい**

　文藝春秋の平成21（2009）年11月号に、テニスの杉山愛選手とその母親で杉山愛選手のコーチでもある杉山芙沙子さんの対談記事（「テニスの鉄人」杉山愛　母とのラリー17年）が掲載されていました。杉山愛選手は、ご存知のように日本を代表するテニスプレイヤーで、4大大会連続出場回数は62回に上り、ツアー優勝はシングルスで6回、ダブルスでは32回を数え、一時は世界ランクベスト10に名を連ねるほどでした。この9月に惜しまれつつ引退しましたが、この輝かしい戦績とテニスというハードなスポーツを第一線で長きにわたり戦い続けたことから、彼女は「鉄人」と称賛されています。

　杉山愛選手はなぜ、17年間もトップランナーとしてプロテニスプレイヤーであり続けることができたのでしょうか。対談でその秘訣を問われ、彼女は第1にテニスが大好きであったこととともに、「母親という名コーチに恵まれたことが大きい」と述べています。それを受けて、母親でコーチの杉山芙沙子さんは謙遜しつつも、名コーチの条件とは何かとの問いに、「その人の持っている可能性を100％引き出すこと」だと答えています。

　可能性という潜在力は誰もが持っているものです。人を指導する立場にある者にとっては、杉山芙沙子さんの言葉のとおり、いかにその人の可能性を引き出すかということを考え行動することが重要です。特に新人や若手の教育に関しては、私も含め指導する役割を担う仕事上の先輩の責任は重いといえるでしょう。

　しかし、一方ではそれに応える本人の努力が重要なことは言うまでもありません。われわれの日々の仕事においては、先輩である名コーチと

本人の努力のコラボレーションによって、二人三脚でやっていくことができれば、お互いが成長につなげることができるのではないかと考えています。

出版物を末長く大切に育てられる編集者でありたい

（平成22（2010）年1月12日）

●担当した書籍に愛情を注ぎロングセラーづくりを目指してほしい

　私は若い頃から、自分が担当して出版した書籍を大切にすることを心がけてきたつもりです。著者と二人三脚で心血を注いで完成させた書籍には、わが子を育て世の中に送り出すような、特別な思いが込められています。また、書籍を出版するということは、社会に対していささかでもお役に立ち、文化の一端を担う社会的資産をつくり出すことでもあります。よちよち歩きの子供に食事を与え、愛情を注いで育てていくように、書籍を大切に育てていくのが編集者の務めだと考えています。販売部数や売上金額のみの利益至上主義に埋没し、売れなくなれば早晩忘れ去ってしまうような本づくりではなく、自分が担当した書籍が、世の中に末長く存在し、世のため人のためにお役に立つ書籍であり続けるためにはどうすればよいか、を考えるのが真の編集者の姿勢だと思います。

　ある同業の出版社は、発刊から1年以内に一定部数が売れない書籍は機械的に絶版にするということを聞きます。しかし、私たちは反対に、出版物は単なる商品ではなく文化を担う資産であるという視点をもって、著者に対する感謝の気持や熱い思いを忘れないといった、出版人・編集者としての矜持・優しさが大切なことを学ばなければいけないのではないかと思います。

　「ベストセラーよりロングセラーをつくる」ということを日頃社員によく話していますが、わが社は、売上のためだけに一時のブームに乗る

のではなく、社会のニーズをとらえた有用性の高い書籍をつくり、その書籍がいつまでも輝き続けるように努力することを伝統としてきました。日々勉強を怠らず、常に新しい情報を収集して、既刊書のボトムアップとリニューアルをめざし、改訂版を出版できるように著者に提案することが著者との信頼関係を強化することにつながります。担当編集者が、書籍を大切に育てようとしている姿勢は、著者にも敏感に感じていただけますし、わが社への信用を高めることになり、そのような会社の姿勢は他の関係者にも伝わっていくわけですから、わが社への信頼と新たな書籍の企画への協力にもつながっていくものと思います。

　昨今の経済情勢は依然として出版社にとっても厳しい状況にありますが、そのような中でも、著者とともに苦労して生み出した出版物を大切に育てていくことが、編集者としての心得であり、出版人としての使命だと思います。

 # 8　上位者に「なったつもり」で考えれば先を読み行動できる

（平成22（2010）年3月3日）

●上に立つ人の立場で考えるのが実力の向上と信用・信頼の獲得の早道

　帝人社長を長く務めた大屋晋三さんの「課長は部長に、部長は役員にそれぞれなったつもりで働け」という言葉が、一昨日（平成22（2010）年3月1日）の日経新聞の「春秋」欄に引用されていました。「『なったつもり』で考え、行動する」ことは、私の若い頃からの行動指針の一つであり、絶えず実践してきました。その人の立場になったとしたら、自分はどのように考えをめぐらし、どう行動するかということを常日頃から実践することによって、少しでもその人の立場に近づくことにつながります。

　私自身も、編集者としての1年目は、基礎知識を吸収することや社会

人として生活をすることに精一杯で、右往左往していましたから、同僚や先輩の仕事の様子や周りの状況などに目を向ける余裕はありませんでした。しかし、1年あまり編集者としての経験を積んでいくうちに、自分だけの世界ではなく、周りの世界にも目を向けることの大切さを考えるようになりました。いま自分が置かれている立場・状況を踏まえて考えることは、誰にでもできるあたりまえのことです。ところが、いつまでも自分の置かれた立場・状況のみの発想や行動だけに甘んじていては、仕事に取り組む意識・姿勢や編集者としての実力を向上させることは難しいと思います。

　たとえば、新人が入社してきて自分が先輩になったとしたらどう行動するか、さらに経験を重ねて仕事に自信がついてきたときには、もし自分が編集長や中間管理職的な立場になった場合にはどう行動するか、さらには自分が取締役になったとしたら、そのとき自分はどのように考え、どう行動するか、つまりいま置かれている立場・状況の一歩先の自分の姿を見据えて考えをめぐらせ行動することが、ひと回り大きな人間へと成長することにつながります。「『なったつもり』で考え、行動する」ことで、広く深い洞察力、思考回路を修得したり、新しい企画や発想を生み出すことにつながっていきます。また、このような実践を常日頃からしているうちに、現状よりも高い次元で思考する力が養われますから、いま自分が置かれている立場・状況の中で生じる不平や不満を客観視できて解消できることにもつながります。さらには、いざ自分が上位者の立場に立つ時がきた場合には、大した苦労もせずにその立場の仕事を全力でこなせることにもなり、さらにその上を目指していこうとする高い意欲を有することが可能になります。

　よく社員に話していることですが、執筆者などとの交渉や会食の場での気遣いの仕方や、仕事中の周囲への気配りなどでも、その人の立場になったら、自分はどのように考え、どう行動するのがベストかという思考をめぐらすことが大切です。「『なったつもり』で考え、行動する」ことは、自分自身の実力を向上させるだけではなく、周りの人からの信

用・信頼に直結する重要な姿勢でもあると思います。

⑨ 物事の本質を見極める洞察力はどうしたら身に付けられるか

（平成22（2010）年3月30日）

●**多くの本を読んで氾濫する情報から本質をつかみ取る力を養う**

　先日、平成22（2010）年3月の大学新卒者就職率が80％であったと報道されていました。いわゆる就職氷河期中でも最も厳しかった2000年を下回る数字とのことで、就職できなかった新卒者がこれからどこにいくのか、どのように生活していくのかと心配しています。就職氷河期の世代は現在、30歳の半ばから20歳の後半の年齢に達していることになりますが、非正規雇用などによって貧困にあえいでいる人が多く、同世代での経済的な格差が拡大しています。このような状況は、将来確実に国家財政や福祉政策などの分野に悪影響を及ぼすでしょう。こうした世代を再び生み出さないような政策的な手当てが早急に必要のように思います。

　ところで、大学新卒者就職率の問題を取り上げましたが、この問題についてどのように考えをめぐらせることができるか、ということが重要です。表面的な事象を追うだけでなく、この問題が将来的な国家財政などの不安定要因につながること、つまり事の本質まで読み取らなくてはなりません。物事の裏側、本質を見極める目が大切です。現代社会は情報があふれています。新聞、テレビ、雑誌、ラジオ、インターネット等、世界中からあらゆる情報が入ってきます。われわれが学生の頃は、情報を仕入れること自体が困難であり、情報の価値は極めて高いものでした。学者の世界を例にとっても、海外に留学して、日本にない新しい情報を持ち帰った人は容易にその道の専門家と呼ばれるようになれる時代でした。質の高い情報とは、現場に直接行かなければ容易に手に入らないものであったのです。簡単に誰でも情報を入手できるようになった現在、

情報の価値は希薄化しています。情報さえあれば仕事ができると錯覚している人がいますが、大きな間違いです。

　このような情報社会の中で、次に述べる三つのことが求められると考えます。第1は情報を選択する能力です。情報が氾濫し、「情報のジャングル」ともいえる状況の中では、いかに有用情報を選び出せるかといった能力が大切です。第2に、その情報について考える力が必要となります。本質は何かと考える能力、つまりそれは知識に裏打ちされるものであり、内実化されたものです。ある大学の先生の話によりますと、今の学生に論文を書かせると非常にすばらしいものが提出されてくるが、よくよく調べてみると、インターネットからコピーしたものを貼り付けただけのもの（「コピペ」というそうです）で、論文の内容について質問をしても、全く答えが返ってこない、自分の書いた内容すら理解していないということがよくあるといいます。考える力、まとめる力が劣化しているのではないでしょうか。それができないと、社会では全く役に立ちません。第3に必要なことは、知識化したものを知恵とする力です。ものをつくる力は知恵です。

　この三つのことをバランスよく培っていくことが重要です。そうしなければ、情報に埋もれ、自己を見失っていってしまいます。三つの能力を培い、本質をみる目を養うには、結局のところ、多くの本を読んで考える能力を向上させるしか方法はないように思います。今からでも遅いということはありません。日々必ず本を読むという習慣をつくってもらいたいものです。

10　どんなときでも編集者としての矜持を忘れてはならない

（平成22（2010）年4月13日）

●公平・公正・中立性に疑いをもたれないことは編集者の使命・責任

　法律雑誌「NBL」920号（平成22（2010）年1月1日付）において、編集部名義で掲載された、株式の誤発注をめぐるみずほ証券と東京証券取引所の訴訟に関する論文「東証売買システムの不備によるみずほ証券の取消注文の不処理をめぐる損害賠償請求訴訟の検討」の内容が、一方当事者の意見に過度に与する内容となっており、調査の結果、訴訟の一方当事者が執筆したことが判明したと述べていました（同誌924号）。推測するところでは、この記事をめぐって法律雑誌としての公平性・中立性に反するのではないかとの読者からの批判が寄せられたことによる対応ではないかと思います。そこで、久保利英明弁護士を委員長とする「NBL編集倫理に関する第三者委員会」が設置されたのでしょう。第三者委員会では、真相の究明のため、調査を行い、その結果が公表されることを表明しています。

　私は、同誌920号が届けられた際にこの記事を読みましたが、訴訟中にもかかわらず、編集部名で掲載された記事としては、あまりに一方当事者の主張に偏った内容に疑問を感じたことを覚えています。掲載の経緯を私の経験に照らして想像するに、日頃お世話になっている著者から、編集部名義で掲載してほしい旨依頼されたことから、内容の検討や掲載された場合の影響等について十分に吟味しないまま、安易に掲載してしまったのではないかと思いました。

　出版社・編集者が執筆者と協力しながら長く仕事をしていると、緊密な関係が築かれるのは当然のことだと思います。その緊密な関係の中で、稀には執筆者の先生方が無理・難題を要求をしてくるということがありますが、そのとき、編集者が気概をもって、その要求を毅然として断る

15

勇気をもつことが大切です。そうしなければ、読者等に公平・公正・中立であるべき法律雑誌の編集のあり方に疑問をもたれて、ひいては会社の編集姿勢に問題があるとみなされ、雑誌だけでなく会社全体の信用・信頼を失うことにもなりかねません。雑誌の編集権は編集長にあるのですから、編集者としての高い志と矜持をもって編集上にかかわる要求については、毅然と対応することが大切です。それは、コンプライアンスの順守にも通じることでもあります。

　書籍や雑誌は、執筆者と編集者が共同してつくり上げるものです。どんなに社会的な地位が高い人、お世話になっている人からの要請であっても、編集権にかかわる事項は不可侵であるべきです。編集者として、公正・公平・中立な判断をして、社会や読者のためにどのような編集方針をもち、どのように構成をしていくか自ら決断していくだけです。NBLの事例を他山の石として、編集者としての矜持を常に意識して、日々の仕事に励んでいただきたいと思います。

11　常に先のことに想像力を働かせて行動すれば考察力が向上する

（平成22（2010）年7月6日）

●いかなる分野の仕事でも最も重要な能力は「想像力」である

　先日、『ローマ人の物語』全15巻をを完結させた塩野七生さんの新作、『日本人へ』の「リーダー篇」・「国家と歴史篇」の2冊を読みました。平成15（2003）年の6月から文藝春秋に連載されていた短文を加筆修正・分類を施してまとめたものです。この2冊の中で塩野さんは、ローマの歴史上に登場するカエサルなどの指導者のエピソードを取り上げながら、現代の日本の政治・社会について提言や苦言を発信しています。イタリアに50年間暮らしている塩野さんの著書を読むことは、日本独特の思考、行動様式、歴史観が欧米からどう見えているのか、イタリア

人・欧米人が日本をどう見ているか、どう評価しているかを知るうえで大変参考になります。

日本人は、回りを海に囲まれた日本という狭い国土および日本人の長い歴史から培われた精神や固定観念から世界の出来事を見て判断してしまう傾向がありますが、そのような偏狭な見方では、これから世界というグローバルな中で生きていくうえで大切な視点が欠落してしまいます。

リーダー篇の中の「想像力について」とする1項には、『君主論』や『ローマ史論』などを著した500年前の政治思想化、歴史家であるマキアヴェッリが、「いかなる分野でも共通して必要とされる重要な能力が一つある。それは想像力だ」といっていると書いていました。500年前から今日まで、どのような時代や分野にあっても共通して必要な能力が想像力ということでしょう。

私たちの仕事も、出版企画を立てるときや営業戦略を考えるときなどに、想像力を働かせることなしに仕事を進めることはできません。仕事を遂行するうえで、現在進行中の次の段階、さらにその次、その次の段階までどうなるか想像力を働かせることによって、正確かつスピーディーな仕事に結びつけられるのです。

交渉を進める際にも、多様な局面の展開を想像しながら事を進めるのと、場当たり的に対処するのとでは、その間には成果に大きな違いが生まれてきます。特に、クリエイティブな仕事においては、隅々にまで想像力を働かせることが仕事の根源として常に必要になっていきます。

一歩先、二歩先のことをいつも気にとめながら、毎日の仕事の中で想像力を大きく働かせていくことが、結果として自らの能力の向上に結びつけることができるのです。

12 アイディアは一度寝かせ発酵させてから具体化する

（平成22（2010）年10月5日）

●アイディアを思いついたらすぐにメモを取らないと消え去ってしまう

　編集者として、書籍の出版企画に携わっていると、思いついたアイディアを具体化して実際に発刊に結びつけることは、そう簡単にできることではないと思います。あるテーマの本の企画を思いついたとしても、そこから、社会的な需要があるのか、構成はどうするのか、適当な執筆者は見つかるか、など多面的に検討してみなければ刊行に至りません。これは、社会に受け入れられる書籍を出版するために必須の作業工程です。具体化するまでには、ある程度の時間がかかります。アイディアを思いついて、すぐに企画が立案できて、あっという間に発刊に結びつけるということは一般的にあまりありません。

　日頃話していることですが、アイディアは一度寝かせてみる必要があります。思いついたアイディアはすぐにメモに取り、そのメモを常に携行し、事あるごとにそのメモを取り出して思考をめぐらすことがきわめて効果的です。

　私に例をとりますと、メモ帳を常に肌身離さず持ち歩きますし、ベッドの隣りにもメモ帳を置いて、何か思いつくたびに、ランダムに書きとめておきます。そういう作業を日々続け、たびたびメモを読み返して、そこに書かれていることについて調べたり考えをめぐらせたりします。しばらく経つと、メモに書かれている中の一つのアイディアが、さまざまな要素や長い経験や知識が絡み合うことで、縦糸と横糸が折り重なり1枚の布へと紡ぎ上がるように、徐々に具体化していくことがあります。こうして具体化できた企画を、さらに綿密に検討し内容を詰めていくことができれば、すばらしい出版企画へとつながっていくことができます。

　先日、私の考えと全く同じことを主張している本に偶然にも出会いま

した。外山滋比古著『ライフワークの思想』では、「アイディアは酒と同じように、経験と思いつきをもって寝かせることによって、発酵して形あるものになる」と書かれていました。そして、そのためには「経験とアイディアを何かに書き留めておくのが便利であり、これを時々取り出してのぞいてみる。のぞいてみて何も匂ってこなければ発酵していない。これを繰り返していくと酒が目を覚ましていくように、発酵が始まって具体的なものとして表れる」と述べています。まさにそのとおりだと思います。

　アイディアを思いついたりひらめいたりしたら、すぐにメモに取り、そのメモを時々見ながら時間をかけてじっくり考え、簡単にはあきらめないこと、そして時間をかけたがんばりがあって、次第に具体的な映像になって頭の中に姿を現してくるのだとあらためて痛感しました。

 # 13　編集者には高い説得力・交渉力が求められる

（平成22（2010）年12月14日）

●出版企画を現実化させるためには相手を納得させる説得力が不可欠

　出版企画として執筆者に提案し、交渉のうえで相手から快諾を得て具体化に向けてまとめ上げていくための技術の修得は、先輩の指導・教示を受けながら多くの現場に立ち合って体で覚えていくことが一番の近道だと思います。出版の仕事は、執筆者に出版企画について納得してもらって初めて仕事を進めることができるのですから、編集者にとって説得力・交渉力は不可欠な能力であり、仕事を成功に導く鍵であるといえるでしょう。

　民主党政権における政策の目玉の一つである事業仕分けの様子をテレビで見ていますと、一般的に頭脳明晰といわれる高級官僚の受け答えの稚拙さや説得力のなさに驚かされます。皮肉な言い方をすれば、官僚の

説得力・説明力が稚拙であることが国民の前に明らかになったことも、事業仕分けの成果の一つと言えるでしょうか。

　官僚は、前例に倣って物事を進めていく能力や、記憶力・暗記力をもとにした仕事を遂行する能力には優れているかもしれませんが、想定外の新しい問題や局面に直面したときに求められる即応力・判断力と想像力・洞察力を働かせて対処することが不得手だということは昔からよく言われてきたことです。今までに積み上げられた仕事をベースにまとめ上げていく能力には長けていても、先を見る構想力・企画力・交渉力がなければ、今日のように混迷を深める内外の社会・経済・政治状況を見据えた新しい政策を立案し実行していくのは厳しいように思います。

　政治家の示した事業仕分けに対する反論についても、自分たちが立案した事業が予算を請求する価値のあるものだと信じているなら、相手が十分に納得できるだけの材料を提示し十分な説明ができるはずです。それができないのは、その事業そのものに問題があったか、官僚の説得力・交渉力のなさの現れでしょう。

　官僚だけでなく、どのような仕事でも、自分の考えを具体化し実現させていくためには説得力の優劣が深くかかわってきます。新しい出版企画への協力を提案する際にも、著者からの質問・疑問に瞬時に答え、明確に説明できる能力が必要とされますが、これも説得力の一つです。こうした能力を磨くためには、ただやみくもに自分の考えを相手にぶつけていくのではなく、あらかじめ交渉相手の立場や気持に立って考えをめぐらし企画書としてまとめていく作業を若いうちから数多く経験し実践していくしか方法はありません。そのうえで、交渉相手からの想定外の質問や難問に対しても瞬時に対応できる能力を身に付けるためには、日頃からいろいろな人にお会いして、相手の意見に真剣に耳を傾けながら会話し交渉する能力を磨いていく努力を怠らず、日々実践することが重要です。

　説得力を高めるためのマニュアルなどないのですから、一人ひとりが日々自分なりの説得の仕方を模索し、継続して訓練をしていけば必ず能

力は向上していくはずですし、これが結果として質の高い企画書の立案やアイディアを生み出すことにもつながるのではないかと思います。

 ## 14 編集者の必須能力である文章力はどうしたら磨けるか

（平成23（2011）年1月25日）

●日々多くの文章に触れ、自らの頭で考え、咀嚼すれば文章力はつく

　出版社というクリエイティブな職場で働いているのであれば、編集担当者はもちろんのこと、営業担当者であっても、日々の仕事の中で、高い文章力が求められる場面が多いことはいうまでもありません。たとえば、営業部においては、新聞や雑誌に掲載する書籍の広告を作成していますが、限られたスペースの中で、読者に対して要領よくその内容・魅力を伝えるには、質の高い文章力が必要です。編集者においては、日々の仕事のほとんどが文章を相手に格闘しているといえますが、特に、企画書をまとめる、執筆依頼状を書く際には、より高度な文章力が要求されます。すなわち、企画書を読んでいただく相手、つまり執筆の依頼をする相手のことに考えをめぐらせて、どのように企画の思いを伝えれば、構想している内容に賛同を得られるのか、また、ぜひとも執筆をしたいという気持になっていただけるのかを考えて一から文章をまとめることになります。そのためには、他人の言葉を使うのではなく、オリジナリティの溢れる文章を組み立てる力が重要です。常々、「執筆依頼状は、相手にラブレターを送るつもりになってまとめるように」と指導しています。それは受け取っていただける相手に思いをはせつつ、いかにオリジナリティの溢れる説得力ある内容でまとめられるかがポイントになります。

　さて、それではクリエイティブな仕事をするために文章力を磨くためにはどうすればよいのでしょうか。現代の若者は、IT社会が発達し容

易に情報が得られる現状で、なかなか厳しいものがあるように感じるという話をある大学の教授からうかがいました。そのうえ、最近マニュアル人間が多くなったと教授は嘆いていました。たとえば、若い研究者がどのようにして研究論文をまとめるかというと、まず、インターネットを駆使して研究対象の先例や実例を探し出します。そして、探し出した情報に少し手を加えて、それをあたかもすべて一から自分の考えで組み立てた内容のようにまとめる能力は高いのですが、先例や実例といったいわばマニュアル的な情報に依存してしまいオリジナリティのある論文を構想するのが苦手の若手研究者が多いようです。また、学生も、卒業論文や小論文を書くにあたっては、まずインターネットで検索して出てきた論文等から必要な箇所を抜き出して、そのままコピーして貼り付けて提出してくることがよくあるそうです。これを「コピペ」と呼んで、多くの学生が行っているそうです。これは著作権法違反の盗作ですが、そうした問題意識もなく、多くの学生がそしらぬ顔で、普段の教室で見せる能力や個性とかけ離れた小論文を平気で提出してくるといいます。さらには、クラスの誰かのまとめた論文をメールで送信してもらい、若干の修正を加えたような内容の論文をほとんどの学生が提出してくる例も多いようです。まさに、インターネット社会の弊害が現代の若者に顕著に現れているのです。

　マニュアルに頼り自分で考えることをしないで、インターネットで手軽に検索した情報をコピペするという著作権を侵害するような行為を繰り返していては、高い文章力は培われません。文章力は、一朝一夕に身に付くものではなく、日ごろから地道にたくさんの文章に触れ、自分で考え、呻吟し咀嚼することを繰り返すことで、理解力、構想力、構成力、感性が磨かれ、自分の文章にすることができるのです。

　質の高い、オリジナリティの溢れた文章は、相手に感動を与えることにもなるのです。

15　仕事のできる人間は段取りがしっかりしている

(平成23（2011）年2月15日)

●仕事の段取りを体に覚え込ませて初めて一人前の編集者といえる

　法隆寺の昭和の大改修をなしとげた棟梁・故西岡常一さんの跡を継いだ宮大工・小川三夫さんの著書『棟梁──技を伝え、人を育てる』の中には、仕事に対する姿勢を考えるうえで大きな示唆に富んだ内容がたくさんあります。

　小川さんは自ら数多くの寺社建設を手がける傍ら、鵤（いかるが）工舎を設立し多くの弟子を育ててきました。弟子の教育の基本は「道具の刃を磨くことができないようではいい仕事はできない」との考えのもと、まず道具の刃磨きを徹底的に指導します。宮大工にとって道具の刃は命です。その道具を一流のものに仕上げなくて、どうして一流の仕事ができるのか、ということです。弟子たちには宮大工として一人前になるまで10年間、寄宿生活を行わせ、その後自立していきます。その10年間、弟子たちは夕食後、欠かさず刃磨きを徹底的に鍛えられます。来る日も来る日も毎晩、刃磨きを鍛えられるわけですから、そのつらさに耐えかねてすぐ辞めてしまう若者も多くいるといいます。しかし、この刃磨きは宮大工として一人前に育つための避けて通ることができない厳しい修行なのです。

　小川さんは宮大工として一人前と認める条件として、「仕事の段取りがしっかりと体に覚えこまれている」ことをあげています。ご存知のように、寺社建設は宮大工一人で行うものではありません。そこには多くの大工仲間、瓦職人、左官職人などさまざまな職人たちがかかわっています。そのような人たちに迅速かつ的確な指揮を行えてはじめて棟梁と認められるのです。棟梁が、その場その場でいちいち考えているようでは、とても多くの仲間を率いて的確な指揮などはできません。つまり、

図面引きから木材の手当て、製材から竣工に至るまでのすべての仕事の段取りが体に染みついていないと、棟梁としての仕事はできないのです。

　私たちの日々の仕事についても同じことがいえます。仕事の段取りをしっかりと体に覚え込ませなければ、迅速・的確かつ品質の高い仕事ができないことは、一人前の宮大工になることと同じです。そこに至るのは一朝一夕にできることではありません。5年〜10年かけて自然と体が動くようになるまで体に覚え込ませていくものなのです。そのようにしてはじめて一人前と人から言われるようになるのです。私たち出版の世界で働く者も目的意識を明確にもって、しっかりとした仕事の段取りが行えるようになるまで日々精進していかなくてはなりません。

16　人から信頼されるためには中途半端な仕事はしない

（平成23（2011）年2月22日）

●「人並みしか働かない人は人並みにしかならない」ことを銘記する

　現在、モーター業界で世界一のシェアを有し、収益力、将来性、成長性でも注目されている日本電産は著しい躍進を続けており、その世界戦略に熱い視線が集まっています。その日本電産の創業社長、永守重信さんがテレビ番組の中で「人並みしか働かない人は人並みにしかならない」と話されていました。永守さんは70歳になる今日においても365日働いていると語っています。日常的な仕事の中だけでなく、お付き合いの食事で会話をしていても、あらゆる場所であっても、常に仕事のことを考え、次の戦略を練っているそうです。

　働くことの意義、一生懸命に働くことの源泉として、永守さんは幼い頃に見ていた母親の姿をあげています。永守さんは母親の寝ている姿を見たことがないと語っていますが、それほどまでに一生懸命に働いていたそうです。そんな寝る間を惜しんで働く母親の姿が永守さんのDNA

として刻まれ、現在の仕事に取り組む姿勢や休みなく働くことをいとわない考え方の礎となっているようです。

東京大学教授の姜尚中さんも永守さんと同様に、母親の働く姿が自身の原点となっていると著書『母──オモニ』の中で述べられています。幼少期を極貧の中で生活していた姜さんは、そんな状況下でも明るく笑い飛ばし、昼夜を問わず一生懸命に働いて子どもたちを育て上げていった母親の存在が大きかったようです。そんな偉大な母親の姿を人生の教師、自身の原点として努力と研鑽を続けていきたいと語っています。

発明王トーマス・エジソンは、「天才とは1パーセントのひらめきと99パーセントの汗のたまものである」といっています。たとえ天才であっても簡単に事は成せないのです。エジソンでさえ人の何倍も努力をしたからこそ、数々の大発明を生み出してきたのです。私たち凡人は世に名を残す天才のように生きることはできませんが、その姿勢を教訓にして努力することはできます。

永守さんは「人の上に立つ人間は人の倍働け」とも述べています。並に働いているだけでは、高い評価・地位や高い報酬は得られません。並の努力や働きしかしなければ、結果は並でしかないのは世の中の公平だと思います。中途半端な仕事、生き方はしないというその姿勢がうかがえます。

私自身の経験からいえることは、中途半端な仕事は、必ず人から見破られるということです。自ら努力をせずに人並みの仕事しかしないようでは、結局大きな人間的成長や大事は成し得ないように思います。

マニュアルは非常時には限界があることを知る

（平成23（2011）年5月17日）

●クリエイティブな出版の世界はマニュアル人間では通用しない

　毎日新聞平成23（2011）年4月14日夕刊の「特集ワイド」に、『日本辺境論』などの著作で著名な内田樹さんのインタビュー記事が載っていました。その記事の中で内田さんは、「マニュアルは非常時には役に立たないことが今回の原発事故が証明した」という趣旨のことをいっていました。マニュアルは平常時には有用かもしれません。しかし、非常時にあってはマニュアルを超えた迅速・的確な判断や臨機応変な対応が求められます。この度の福島第一原発でのメルトダウン事故は、「非常時に求められるマニュアルを超えた判断や臨機応変の措置を許さない企業風土が招いた結果」と断じ、人災であると結論づけています。

　最近の若者は、マニュアルを信頼しすぎる傾向にあります。マニュアルに依存し、すぐに解答を求めたがります。その結果、発想力・想像力・構成力が貧困になります。

　そもそもマニュアルは第二次世界大戦時、均質な商品やサービスを提供するためにアメリカの産業界が考え出したものです。現在では、ファストフード産業をはじめ、あらゆる業種でマニュアルは活用されています。確かに、マニュアルは仕事の効率を上げ、生産性を向上させていることも事実です。平常時にはそれで事足りるでしょう。しかし、非常事態においては柔軟な発想や想像力・決断力が求められます。自由な発想・行動を許さない、全員に同一化・均質化を求めるマニュアルでは対応しきれません。

　私たちの仕事でも想定外の事態は起こります。また、硬直化したマニュアルどおりの対応ではいい仕事はできません。仕事面でも、マニュアルレベル以上のものが常に要求されていることを忘れてはなりません。

マニュアルには限界があるのです。

　人間の知恵といえる想像力、発想力・構想力、クリエイティブな仕事を遂行するための判断力が、いかに緊急時に重要となるか。このことは編集の仕事の場面でもいえることです。マニュアルからはすばらしい発想やいい仕事は生まれてきません。クリエイティブな私たちの仕事にも、マニュアル化できるものとできないものとがあります。仕事の評価は、マニュアル化できないものに対してこそされるものだと思います。

　今年入社した若者に言いたいことは、マニュアル人間にはならないでいただきたいということです。常に自分の頭で考え、行動するよう心がけていただきたいと思います。新しい仕事を教えられたならば、教えられたことから一歩踏み込んで、さらにその上をめざして自ら考えていただきたい。それこそが、教育・指導にあたられる先輩方に対する礼儀であり、労に報いる姿だと思います。

18 「伝える力」を磨けばビジネスマンとしての交渉力も高まる

（平成23（2011）年7月5日）

●一人ひとりがスピーチ力を磨けば風通しのよい社内環境がつくれる

　平成23（2011）年6月中旬頃から、社内ミーティングの際に2人ずつ5分間のスピーチを輪番で行うことにしました。このスピーチを企画した狙いは、第1に、これからわが社の未来を担う皆さんに、著者の先生方や書店の担当者さんなどとの交渉力を磨いてもらうことにあります。第2に、会議や電話対応など、日常会話におけるスキルを高めてもらうことにもあります。第3に、社内の一人ひとりが、日頃どんなことを考え、どんな熱い思いをもって仕事をしているのか、お互いに理解し合うことでコミュニケーション能力を向上させることにもつながると考えています。このように、5分間で話すという経験を積むことは、個々人が

ものを伝える能力を鍛え、わが社全体のボトムアップにつながると期待しています。

　経済評論家等さまざまな分野で活躍される池上彰さんは、『伝える力』と題する著書の中で、ビジネスマンとして必要な能力について、第1に話す力、第2に聞く力、第3に書く力、と述べています。わかりやすく伝えるということの難しさと大切さを説かれているのです。私も、池上さんが11年にわたって司会を担当しておられたNHKの「週刊こどもニュース」をたびたび拝見しましたが、一般人や子どもにとってわかりやすい、伝わりやすい視点というのはこういうものなのか、とずいぶん参考になりました。5分間スピーチは、まさに池上さんがあげられる三つの能力、伝える力を養うことにつながると思います。

　さらに、5分間スピーチを皆が輪番で経験することで、社内環境が大きく変わっていくことにも期待しています。十人十色、百人百色、というように人はそれぞれ異なった価値観、人生観をもっており、それが個性となって表れています。しかし、現代社会においては団体生活・社会生活を送っていく中で、その個性はそぎ落とされていく傾向にあります。協調性や世渡りばかり重視するあまり、目立つことを避け自己主張ができない社会人が増えています。しかし、それでいいのでしょうか。皆が自己主張をしないでいると、人間関係は次第に希薄化し、風通しの悪い環境ばかり築かれてしまうのではないでしょうか。

　私は、5分間スピーチの場でそれぞれが自由に発言し、自己をさらけ出すことでこそ、その人の本質がみえてくると考えています。普段はわからないその人の個性を知ることで、お互いを正しく理解し合い、スムーズな人間関係が築かれていくのではないでしょうか。社会生活の中で最も難しいのは、人間関係だといわれていますが、5分間スピーチが、その人間関係を良好にし、社内環境をよりよいものにするきっかけとなれば、企画した意味があると思います。

19 出版人・編集者魂と高い志を磨いて世の中のお役に立つ

(平成24（2012）年1月10日）

●**厳しい環境にあっても仕事に対する誇りと生きがいを持ち続ける**

　今年もたくさんの年賀状をいただきました。昨年の東日本大震災の影響で、出さない方も多いのではないかと思っていたのですが、例年と変わりなく、被災者への哀悼、復興支援の応援の言葉などを記したものが多くあり、「今の自分に何ができるのか」といった想いが綴られ、日本人の心を形づくる助け合いの精神文化を改めて再確認した次第です。

　東日本大震災後の初めての年末年始を迎え、そんな中で大震災の惨状を目の当たりにした一人のエンターテインメントの支援活動が特に印象に残りました。

　東日本大震災では、歌手をはじめとする幅広い分野の芸能人などエンターテインメントの仕事に従事する多くの人々が、自分たちの仕事が大災害の前でいかに無力かを痛感したといわれます。そんな中で特に印象的だったのが歌手の長渕剛さんでした。「被災者の皆さんが苦しんでいるのに歌などを歌っていいのか、歌うことなんて大災害の前では何の意味もないのではないか」と苦悩していたといいます。長渕さんのすごいところは、震災直後は実家のある鹿児島へと避難しましたが、4月になると東松島市を拠点に救援活動をする自衛隊などへの慰問活動を積極的に始めたことです。中でも特に印象に強く残っているのは、航空自衛隊松島基地の飛行機の格納倉庫内で、全国から救援活動に派遣されている自衛隊員の前でライブを行ったことです。長渕さんの歌が、たくさんの自衛隊員の方々の勇気や誇りと使命感を高揚させたといいます。私はこの映像を見て感動するとともに、音楽家や歌手などのエンターテインメントがもっている影響力の大きさを痛感しました。

　復興が始まると、避難生活を送る人々は徐々に心の潤いや、ストレス

からの解放を求めるようになります。そのとき、大災害の前では無力な存在であったエンターテインメントが力を発揮し、人々に希望や生きることの喜びを与えます。私の知人でサックス奏者の女性が定期的に気仙沼を訪問し、ライブを開催した際にも現地の被災者の方々が涙を流して喜んでくれていたそうです。彼女は、このことに対してエンターテインメント魂を揺さぶられたと言っていました。またそのことで、大災害の前で無力感に苛まれていたが、自分の仕事に誇りと生きがいをもつことができたとも語っていました。

　小社も震災直後に『震災の法律相談Q&A』（すでに第2版を刊行）を全社あげていち早く緊急出版することができたことは、間接的に震災復興のお役に立てたことであり、まさにこれこそが出版人魂であり、編集者魂であることを忘れてはなりません。常に出版人魂をもって仕事に取り組むことの大切さを東日本大震災に教えられたように思います。

　救助活動や復興作業のように直接的にお役に立つことはできませんが、世の中が必要とする書籍を刊行することで間接的にお役に立てたことを誇りと生きがいにし、今後も全社員一丸となって出版人魂に一層磨きをかけていきたいものです。

⓴ 編集者として活躍したいならまず基礎的技術を身に付けること

（平成24（2012）年2月7日）

●「編集者は10年経って半人前」といわれるほどこの仕事の奥は深い

　昨年、新人が編集部に入社しました。早く一人前の編集者に育ってほしいと思いますが、編集者として独り立ちできる道は険しく、俗に「編集者は10年経って半人前」といわれます。そこで、編集者としてやりがいがあって楽しい日々を送るために、必ず身に付けなければならない基礎的技術とは何かについて考えてみます。

　スポーツやどのような分野の世界でもいえることですが、編集者として一人前になるためには、まず本づくりの基本となる知識や技術・技能を繰り返し繰り返しして体に覚えさせることが重要です。本づくりにあこがれて編集の世界に入っても、基本となる編集技術を身に付ける前に挫折して辞めてしまう人も多いのもこの世界の特長です。それは、基本が身に付かないうちは編集の仕事は無味乾燥で躍動感に乏しくつまらないものと思えてしまうためです。ただし、これらの編集技術をしっかりと理解し、身に付けるためには、忍耐力、継続性、日々のたゆまぬ努力が求められることを覚悟しなければなりません。

　それでは、新聞記者や小説家、フリーライターなど、いわゆる物書きと編集者の違いはどこにあるのでしょうか。簡単にいえば、いわゆる物書きが自己表現を目的として、自分で書いて読者に伝えるのに対して、編集者は著者に執筆を依頼して、頂戴した原稿を内容にふさわしいレイアウト・デザインを考えて成果物（書籍など）に仕立てて、受け手である読者にお届けするのが仕事です。したがって、編集者は著者にしっかりとした内容の原稿を仕上げていただいたうえで、それを紙に印刷するためのレイアウト・デザインを指示する技術（つまり組版をするための指示書を作成すること）をしっかり身に付けなければ、書籍という料理を読者というお客さまに出すことはできません。この基礎的技術をしっかりと身に付ければ、編集という仕事はものづくりの職人のように、プロとしての気概や高い志をもって打ち込める魅力的な仕事になるはずです。ただし、現在は分業化が進んだため、編集者といってもこうした編集の基礎的能力・技術を身に付けていない者も多くなりましたが、法律出版の世界では、基礎的な技術・技能の修得が不可欠だと思います。

　編集という仕事は基礎的技術を覚えれば、さらに幅が広く奥深い仕事ができるはずです。編集という仕事を通じて人に感動・感激を与えるとともに躍動感のある仕事をするためには、まず印刷所へ原稿を渡すための組版を指定する技術・技能の修得が不可欠なのです。新人がまず身に付けてほしい技術こそ、原稿の内容にふさわしいレイアウト・デザイン

を作成するための組版の指示書・指定書を作成することができる技能です。1日でも早く編集者として独り立ちできるために先輩の指導の下で繰り返し訓練を行い、しっかりと身に付けるように努めてほしいと思います。そのうえで、他の職業では得られない仕事の喜びや人生の醍醐味を感じられるものづくりの職人になるために、日々鍛錬と自己研鑽を積んでいただきたいと思います。

人に感動を与えるプロといわれる編集者になるための条件

（平成24（2012）年3月6日）

●寝てもさめても仕事のことを考えられる者だけが真のプロになれる

　私は、昨年（平成23年）3月8日の人間ドックで心臓冠動脈の狭窄が見つかったため、早期発見ということもありましたが、カテーテル手術を行い、無事に成功しました。今般の天皇陛下の心臓冠動脈狭窄によるバイパス手術の成功も、背景にあるのは高齢者でもきわめて生存率の高い心臓手術を成功させるための日本の医療技術水準と外科手術の技術力の高さです。それを支える神の手を持つといわれる心臓外科医、天野篤さんが、「正にプロの仕事」といわれるような持てる技術を遺憾なく発揮し、見事に手術を成功させたわけです。「プロになる」とは、その道で他の追随を許さない技術・能力を有し、社会から信頼・信用される人間になることでしょう。

　「さすがはプロだ」と評価されるような仕事ができるようになるには、仕事に対する高い矜持がなければ得られません。そして、プロといわれるような人物になるためには、日々相当の努力を積み重ねないと達成できません。地道な努力と忍耐の結果として、他人からプロとしての評価を受けることになるのです。

　致知出版社の平成24（2012）年1月24日のツイッターでは、「プロの

条件」として次のように述べています。「プロは寝てもさめても考えている人である。起きている時間だけではない、寝ても夢の中にまで出てくる。それがプロである。少しは考えるが、すぐに他のことに気をとられて忘れてしまうのがアマの通弊である」と。

　また、1月25日の日経夕刊の「明日への話題」欄で、中国文学者の井波律子さんが「私のよく行く時計屋さんの店主は"直せない時計はない"というのが信条で、どんな古時計でも故障箇所を修理してくれる。職人気質ここにあり。プロはこうでなければと、私はいつも手放しで感嘆するのである」と書かれていました。

　このように、プロには人を感動させる力があり、人に夢や希望を与えることができる者をほんとうのプロというのではないでしょうか。つまり、人に感動を与える仕事ができて初めてプロといえるのだと思います。生半可なことではプロにはなれないということです。特に若手の編集者に言いたいことは、縁あって出版の世界に入ったのですから、将来、「さすがは編集のプロだ」といわれる出版人・編集者に育ってほしいというのが願いです。そのためには、寝てもさめても出版企画や本づくりのことを考えられる人生を築けるかにかかってきます。自分を厳しく律する生活をしていくことを通して、プロといわれる立派な出版人・編集者に育ってほしいのです。

　私は常に「何かおもしろい企画はないか」と考えながら編集者人生を送ってきました。新聞・雑誌や本を読んではヒントを得、それをもとにして具体化し今日まで数多くの本を出版してきました。つまり、編集のプロになるには、毎日毎日、どうしたら社会的に有用性の高いよい本をつくることができるか考え、企画を立てられたら、次にはそれをどうしたら具体的に実現させることができるかについて考えをめぐらせることが大切です。数多くの本を企画し出版することはそう簡単にはできることではありませんが、休むことなしに考え、考えをめぐらすことを日々実践していけば、いつの日にかプロといわれる編集者・出版人に到達できるように思うのです。

インターネット情報を出版企画立案に上手に活用する

（平成24（2012）年5月1日）

●インターネットを効率的に活用して「考える力の劣化」から身を守る

　今日、企業は、ビジネス上のツールとして Twitter や Facebook など
を積極的に導入し、さまざまな活用をしています。わが社でも、昨年
（平成24（2012）年）8月より、法律分野の最新情報、刊行情報や展示
販売情報およびホームページへのアップ情報など、Twitter による情報
の発信をしています。フォロワー等をみると弁護士・司法書士をはじめ
とする法律実務家はもちろん、企業等も Twitter を取り入れて、情報
発信・情報収集のツールとして利用しているのがわかります。それらの
中には、興味深いつぶやきも多く、出版企画の素材となるような内容も
みられます。特に、法律実務家のつぶやきをみていると、日ごろ実務の
現場で問題になっているテーマや、法制度や業界の状況に対する不満や
熱い思いが140文字という短いつぶやきの中に、垣間見られます。また、
一部報道では、2010年から2011年にかけてチュニジアで起こった民主化
運動（いわゆるジャスミン革命）においても、Facebook、YouTube、
WikiLeaks など、いわゆるネットメディアが権力者にとって不都合な情
報の交換に活躍し、民衆の情報共有に重要な役割を果したという見方も
されているようです。もはや、迅速な情報伝達のツールとして、「イン
ターネットをどのように使いこなすか」ということが、企業の業績を左
右することにとどまらず、国の未来も動かしうる時代になったと言って
も過言ではないようです。

　しかし、このような、インターネット社会の光の部分だけではなく、
一方で、負の側面が存在するということを忘れてはなりません。かねて
よりさまざまな議論があるようですが、「考える力の劣化」について考
えてみたいと思います。

　かつては、情報を取得することも、集めた情報の中から必要な情報を選び、蓄えていくことも、大変な時間と労力を要しました。そのプロセスの中で、知的好奇心を醸成し、それらの発見に伴う精神の高揚などの体験をすることができたのです。そして、各分野の研究者や知識人と呼ばれる人々は社会から敬意を表されていましたし、彼らの論文や研究発表には情報として高い価値がありました。

　しかし、今日では、インターネットにアクセスできる環境にさえあれば、いつでもどこでも誰でも、迅速で簡易に必要な情報を収集することが可能になったことで、上記のような知的体験をすることは難しくなり、情報の価値も相対的に低下してしまいました。ある大学の研究者は、学生にレポートの提出させたところ、テーマ設定や引用文献などがみな似たり寄ったりで、インターネットの活用がかえって独創的でユニークな発想を阻害しているのではないかと語っています。

　これは、「考える力の劣化」そのものではないでしょうか。インターネットは、あくまでもツールにしかすぎませんから、利用する側は、収集した情報の行間に隠されたヒントや何か光るものを探す手段として、情報を取り扱うべきです。特に、私たちは、能動的・主体的な姿勢をもってそれらの情報を受け止め、出版企画に結びつけたり販売促進につなげていくかを繰り返し考えをめぐらすことが肝要です。インターネットで収集した情報を出版企画まで練り上げていくためには、情報を漫然と受け入れるのではなく、編集企画会議やそれぞれのグループでの議論を通して洞察力・考察力を磨いていく素材にしていくことが重要です。これを日々実践することが、インターネット社会における「考える力の劣化」に抗う術を身に付けることにつながるように思います。

23 一流の編集者は一期一会の精神と現場主義が徹底されている

（平成24（2012）年7月3日）

●一期一会の精神を大切にした人脈づくりこそ現場主義を支える根幹

　編集者には『現場主義』の精神が最も重要だと常々訴えてきました。それは、私自身がその大切さを身をもって痛感しているからで、わが社の社是にも「編集者は現場主義に徹した職人であれ」とあるように、頭の中で考えた企画というものは往々にして世の中のニーズに合致することが少ないからです。そこで、出版企画を立案した場合には、市場のニーズに合致しているのか、企画として成立しうるのか、具体化していくにはどういった問題点をはらんでいるのかなど、関係者にお会いしたり専門家に電話取材をしたりして、聞き取り、取材というフィルターを通して精査していく必要があります。このようにして現場から一つひとつ情報を集め、それを精査し積み上げながら企画を形にしていくのが現場主義なのです。

　平成24（2012）年2月2日の日経新聞夕刊の「プロムナード」欄において、作家の木内昇さんがご自身が編集者だった頃の体験について述べられていました。「私が社会に出て最初についた上司がまず命じたのは、『自分の足と目で確かめたこと以外企画に出すな』であった」。まだ編集者となったばかりで、経験の浅い者が頭の中で考えただけの企画を立ててもうまくいかない、と上司は現場主義の大切さを若い編集者であった木内さんに教えたのだろうと思います。つまり、現場で見聞きしたことが企画のベースになるという現場主義の重要性を訴えたのです。私たち編集者は、各種の会合や学会、打合せなどさまざまな場所で専門家や関係者の方々から最新の情報を聞き出すことができます。また、その場にいなかったとしても、電話などで取材をすることで最新の情報を入手することもできます。このように企画の素材となる情報を多く聞き出すに

は、前提として何よりもまず人脈づくりが重要になってきます。人脈づくりこそが現場主義を支える根幹だと考えています。

　私が、編集者として有すべき大切な資質として掲げている中の一つに人脈づくりがありますが、それは現場主義を実現するための基盤だからです。入社して日が浅ければ当然に人とお付き合いする機会も少ないわけですから、先輩はできるだけ多くの方々と接することができるような機会をたくさんつくってあげてほしいと思います。それこそが書物や会社内では学ぶことのできない実践的な OJT 教育であり、こうした人との付き合いの中での人脈づくりを通して、一期一会の精神を大切にする編集者へと育っていくのです。これからの世代が成長していくには、まず積極的に各種の会合や打合せの場所などの人脈づくりの場面に同行させて多くの経験を積ませて、現場主義の精神を育ませてやることだと思います。

24 旺盛な知的好奇心をもつことにより情報への感受性を磨く

（平成24（2012）年12月4日）

●溢れる情報と向き合い格闘することで感性が磨かれ企画力も高まる

　IT の普及・発展に伴い、今日、私たちは、パソコンの基本的な操作さえできれば、インターネットを通じて、いつでも、どこでも、誰でも、迅速かつ容易に必要な情報を収集したり、共有することが可能となっています。ビジネス分野では、情報の収集にとどまらず情報の発信においても、パソコンやインターネットの果たす役割が大きくなっていますし、また、子どもたちも小さい頃から自宅や学校でコンピュータに触れる機会が増えたことで、パソコン操作に関する技術を幼少期から習得できるようになりました。

　かつては、情報を収集することは今日ほど簡単ではありませんでした。

必要な情報を得るためには、数多くの文献にあたったり、有益な情報を
もつ人脈とつながることによって情報を収集し、知識を蓄積していきま
した。情報や知識を蓄えた者は、知識人・物知りといわれ、世の中から
高い評価を得て尊敬されていたことからもわかるように、私たちは、情
報そのものはもちろん、「情報を集める技術」を高めることにも大きな
価値を見出していました。

　しかし、今日では、情報の収集がインターネットを使って簡単になっ
たため、ただ情報をもっていたり知識があったりすることには、それほ
どの価値はないと考えるようになっています。言い換えれば、「一般的
な情報の価値」は相対的に低下しているのです。それとともに、これだ
け日々大量に情報が発信される社会になると、情報の劣化・陳腐化も早
くなり、今日の有用な情報は明日には不要なものになる割合も高くなり
ます。

　このような情報過多の状況にあって、クリエイティブな仕事をしてい
る私たちは、これらの情報を受け流すのではなく、情報の内容を理解し、
その中から価値のある情報を取捨選択しなければなりません。そうでな
いと、多くの無価値・無内容の情報に埋没し、有益な情報を見逃してし
まうことになるからです。それに加えて、一見無価値・無内容と思われ
る情報であっても、「企画立案のヒントにならないか」と真剣に向き合
って、情報に対する鋭い感受性を錬磨しなければ一人前の編集者になれ
ません。

　情報に対する鋭い感受性を磨くために必要なのは、旺盛な知的好奇心
ではないでしょうか。「玉磨かざれば光なし」といいますが、「この情報
は価値のある情報なのか」、「この情報は企画の素材にならないだろう
か」、「この情報とほかの情報と結びつけて新たな仕事を生み出すことは
できないだろうか」などと、日々自問自答を繰り返しながら、溢れる情
報と真剣に向き合い格闘する中でこそ、鋭敏な感性を高め、考え抜く力
を涵養することができるのです。さらには、多様・大量の情報をアレン
ジして企画立案の作業を積み重ねていく鍛錬を続けることによって、少

しずつ情報に対する感受性が高まっていくものと考えます。私たち出版の仕事のみならず、どのようなビジネスにおいても最も求められる素養は「企画力」といわれておりますが、その源となる情報に対する感受性に磨きをかけるためには、千里の道も一歩からの気持で毎日たゆまぬ努力を続けていくしか方法はないように思います。

㉕ 「スピード感」のある仕事をすれば編集能力も向上する

（平成25（2013）年1月7日）

●まずは行動を起こし、走りながら考えて迅速に商品化する能力を磨く

　本年（平成25年）4日の大発会では、東日本大震災以前の株価まで上昇し、平成25（2013）年は内外ともに経済の活性化が予想・期待されています。景気が動けば消費につながります。「経済は気分」ともいわれるように、安倍政権への将来の期待が高まれば、経済再生は加速するかもしれません。未来への展望を築くことができれば国内消費の拡大につながり、それが大きくなれば世界的な消費にも影響を与えることができ、世界経済の好循環につながります。

　昨年、日本を代表するソニー、パナソニック、シャープといった世界的な家電メーカーが大幅な赤字を計上しました。そこに見えてくる最大の原因は、技術革新を含めた世界規模の変革スピードについていけなかった点にあるのではないでしょうか。そのスピードは、今後さらに加速するばかりだと考えられます。

　そこから学ぶべきは、当社の目標としている「スピード感のある仕事」を実現することです。世界に名だたる日本のメーカーが世界のスピードに対応し切れずに記録的な赤字を計上するという「失敗」から、われわれ編集者もスピード感と実行性のある仕事を行うような体制への変革を考えなければ、将来生き残ることが難しいということです。加えて、

現行の書籍のラインナップを含めて本当に必要なものとそうでないものとの、思い切った商品の選別も必要かもしれません。

　企画立案をするうえで肝要なことは、まず「何を出版するのか」を考え、「思いついたら即行動」を起こし、「歩きながら考え必要な修正を加える」仕事のやり方を日常化させ、その中からスピード感をもって仕事の課題を見出していくことを身に付けることです。さらに、考えるだけではなく、いかに早く完成品、つまり出版物を社会に出すかということも重要な課題です。社会に出すことによって初めて、その出版物の評価を問うことができるからです。

　それとともに、いつまでに企画を完成させるのか、いつ実現（発刊）させるのかといった具体的目標を定めて動くことも肝要であり、そこにもスピード感を伴わせなければなりません。なぜなら、どれほど素晴らしい企画であっても、世に出す時機が遅れることで企画が陳腐化してしまい、苦労も水泡に帰すことが往々にしてあるからです。

　どんなに素晴らしい企画も立案しただけでは何の意味もありません。その企画を形にするために、スピーディーにまず第一歩を踏み出し、即行動に移していくことです。動き出したならばいかに早く商品化させるかを心に留めて、素材を陳腐化させないようにすることが重要です。実現性のスピードを高めるためには、プロジェクトチームを立ち上げるのも一つの方法でしょう。繰り返しになりますが、どんなに良い製品であっても、時機に遅れたものは何ら意味をもたなくなってしまうからです。

26　日々チャレンジをするからこそ仕事への感動も生まれる

（平成25（2013）年5月7日）

●チャレンジ精神を持続しリスクとのバランスを上手にとる

　平成25（2013）年5月5日、読売ジャイアンツで選手、監督として活

躍した長嶋茂雄さんと読売ジャイアンツや大リーグ・NY ヤンキースなどで選手として活躍した松井秀喜さんの国民栄誉賞の表彰式が、安倍総理大臣出席のもと東京ドームで行われました。長嶋茂雄さんは、われわれ世代にとっては忘れることのできない名プレイヤーであり、スーパースターでした。選手として素晴らしいプレイを見せてくれただけでなく、体全体を使ってファンにアピールし、常に観客を楽しませるプレイを披露してくれました。よく「記録の王、記憶の長嶋」と言われますが、まさに見る者に感動を与える、記憶に残る名プレイヤーだったといえるでしょう。

　話は変わりますが、少し前にあるテレビ番組で全国ツアー中の歌手の福山雅治さんの密着取材番組が放映されました。「日々多忙であるはずなのに、なぜ精力的に全国ツアーを続けるのか」といったインタビュアーの質問に対して、福山さんが「感動はチャレンジの中からしか生まれない」と語っていたことが強く印象に残りました。人気におぼれることなく、ファンを大切にし、日々チャレンジをしている福山さんだから語れる素晴らしい言葉だと思いました。

　私たちの編集という仕事は、常にチャレンジが求められる仕事です。日々チャレンジを続けることが編集者としての使命であるといっても過言ではありません。昨今の日本経済の状況をみていればわかるように、チャレンジ精神を失ってしまった企業は、衰退の一途を辿ることを教えてくれます。

　グローバル経済のもとでは、自分の力に慢心・満足してしまうと、後からやってきた新興企業にたちまち追い抜かれてしまいます。後発の総合家電・電子製品メーカーの韓国のサムスンが、あっという間に日本の大メーカーを追い抜いて世界的な企業へと成長した一つの要因には、こうした背景があると思います。

　「感動を与えるチャレンジ」を続けるには、それなりの犠牲が必要になります。経営の視点からみれば、犠牲はリスクという言葉に置き換わります。感動を与えるためのチャレンジとリスクは共存関係にあり、常

にこのチャレンジとリスクを天秤にかける必要があります。わが社もリスクとのバランスを取りつつ、チャレンジを続けたことによって、今日があるといえます。

　企画書を仕上げること、著者の協力を得ること、編集作業をして書籍を作り上げること、その過程ではさまざまなリスクがあり、苦労があります。それでも読者からの喜びや感謝の声を聞くこと、著者の方々といっしょに出版の喜びを感じることは編集者にとって何よりの感動です。その感動が味わえるからこそ、編集者という職業には大きな魅力があるのだろうと思います。たくさんの感動を味わうためにも、また多くの人に感謝されるためにも、常にチャレンジ精神を継続していく姿勢を忘れてはなりません。

27　トラブルや失敗を恐れていては思い切った仕事はできない

（平成25（2013）年12月3日）

●トラブルが生じたら一刻も早く相手の懐に飛び込み素直に謝罪する

　私たちは、日々たくさんの人々と接する仕事をしているわけですが、人との付き合い方は一様にはいきません。特に著者に対しては、相手との間の取り方、距離の置き方、著者が何を求め自分に何を期待しているのか、それぞれが求める編集作業の段取りの仕方など、さまざまな要素を勘案しつつ迅速・的確かつ丁寧に対応していかなければなりません。著者の中には、強烈な個性の持ち主やプライドの高い人がいますから、相当な神経を使いつつ、臨機応変かつ柔軟に対応していく資質・能力が編集者に求められます。

　しかし、懸命な努力をしつつ著者に対応していても、時に軋轢やトラブルが生じるのも現実です。人生経験が浅いうちは、人との接し方、対応の仕方で苦労するのは仕方がないことです。100人いれば100の個性が

あるわけですから、その分だけ人との接し方も多様性が求められます。人生経験、仕事の経験が浅いということは、多様な対応に応じられるだけの引き出しも少ないわけですから、当然に戸惑う場面や失敗が生じてしまうことも多々あるわけです。編集者として長きにわたって人生経験を積み重ねていくことが、結果としてスキルアップへとつながっていくはずです。

　私自身を振り返れば、ほめられたことではありませんが、若気の至りから著者との間で何度もの軋轢やトラブルを発生させ、中には相当強い怒りを買って出入りさえ禁止された例も何度かありました。そんな場合でも、それに臆することなく頻繁に足を運び、素直に謝罪をして時間をかけて人間関係の修復・改善に努力をしていくことが大切です。そのことがきっかけとなり、その後の良好かつ濃密な人間関係を構築できた事例もたくさんあります。トラブルになったり厳しく叱られた事例を後から冷静に考察してみますと、自分にも何らかの落ち度があるのは事実です。その点をしっかりと自己認識をして十分に反省することも、人間的成長を図るうえで不可欠だと思います。それができれば、相手の気持の上に立って素直に謝罪することができますので、お互いに心のわだかまりも素早く解消され良き人間関係の構築へと結実するものと思います。トラブルの中には、相手方に非があったりお互いに仕事上の行き違いもあって自分の言い分もそれなりにあることも事実ですが、まずは一刻も早く自ら素直な気持で謝罪することが上手なトラブル解決のコツだと思います。素直に謝れば、良識ある相手であればそれ以上に追及することはしませんから、早期に関係修復はできるはずです。

　若いうちは失敗を恐れずに相手の懐に飛び込んでいくような気概をもってがむしゃらに仕事をすることです。そのうえでトラブルが発生したとしても、若さの特権として良き経験になり、将来の糧となるはずです。たとえトラブルになったとしても、若いうちは相手も寛容な心をもって対応してくれるはずですから、あとは「恐れず、くさらず、あきらめず」の精神で素直に対応をしていきさえすれば、必ず解決の道が開かれ

ていくはずです。

 ## 原点（基本）を大切にすれば成長への糸口が見つけられる

（平成26（2014）年8月5日）

●**道に迷ったり困難に直面したときはまずは原点に戻って考えてみる**

　日々仕事をしていると、誰でも何となくうまくいかなかったりして壁に突き当たることがしばしばあります。仕事でもスポーツでも「うまくいかない時や迷ったりした時は原点（基本）に戻ってみる」とよくいわれます。この言葉の意味することは、基本に戻って考えることは一見回り道のように思えても、そうしたほうが問題を解決するための近道だという意味です。

　個人はもとより会社などの組織であっても、常に物事が順調に推移することなどあり得ません。個人であれば、仕事がうまく進まなかったり、失敗が続いたり、または対人関係で悩んだりと、さまざまな苦難にぶつかる場面が生じます。私自身を振り返ってみても、長い人生の間には何度も失敗をしてつまずいたり、転びかけたことも多々ありました。自分としては精一杯努力をしてきたつもりでも、相手が理解してくれなかったり、どうも歯車がうまくかみ合わなくてミスを犯したり、思わぬトラブルに巻き込まれたりということがあるわけです。

　そうした問題が起きてしまう背景には、必ず何らかの理由・原因が隠されているはずです。たとえば、仕事の基本をおろそかにしたのではないか、謙虚さを忘れて慢心に陥ってはいなかったか、他者を思いやる姿勢を忘れていなかったか、など基本に戻って自分を見つめ直しチェックをすることによって、その解決策のヒントがみえてくる場合があるはずです。そうすることによって、大切なことをすっかり忘れてしまっていたことに気づいたり、おろそかにしていたこと、自分で気がつかなかっ

た欠点や弱点がみえてくるものです。自分が寄って立つ原点に戻って、しっかりと反省をしてみることで解答がみえてきたり、このことが新たな自分の伸びしろの発見にもつながってくる場合もあると思います。

　会社の経営という場面を考えてみても、いつも順風満帆に業績が推移し、利益が確保できれば何の問題も生じませんが、世の中はそんなに甘くありません。社会経済や環境の変化、景気の変動などによって業績が悪化してしまうことがあります。また、経営判断の失敗によっても同様の問題が生じる危険性もあります。末永く安定的に経営を継続していくためには、相当の努力と苦労を伴うものです。

　企業にあっても、業績が振るわずに壁に突き当たった場合は、その解決の糸口を見つける方策の一つは、創業の原点に戻ってじっくりと解決のための考えをめぐらせることが大切だと言われます。いま、ソニー、パナソニック、シャープといった日本を代表する家電メーカーが苦境に陥っておりますが、これらの企業にあっても、創業の原点に戻って現状を点検・検証し、業績回復のための経営戦略を立案する必要性が指摘されているところです。創業の原点にこそ、業績回復のためのヒントが隠されていることが多々あるとの見方です。

　これを同じように、犯罪捜査にあたっても「現場100回」ということが言われますが、犯罪現場にこそ事件解決の糸口が隠されていることが多いのも事実です。道に迷ったり、苦難に突き当たったら原点に戻って考えをめぐらし、出直すことが解決の近道なのです。言うはやすしで実行はなかなか難しいことですが、私たち出版人・編集者にとっても常に原点を忘れずに時々自己点検を行ってみることが、次への成長のヒントにつながるのではないかと考えます。

編集者は徹底して最終確認作業の重要性を体に覚え込ませる

(平成26（2014）年11月4日)

●「ホウレンソウ」プラス「確認」の徹底がミスを防止し編集力を磨く

　私が「ホウレンソウ」（報告・連絡・相談）という言葉を初めて耳にしたのは、かれこれ30数年ほど前、ある都市銀行の幹部の方との会話の中でした。「ホウレンソウ」は今では当たり前のビジネス社会の基本動作であり、仕事上のミスを防止し、社内のコミュニケーションを円滑にするために必要不可欠な執務姿勢となっています。同僚間、部下と上司、部署と部署とのコミュニケーションが円滑になれば、情報の共有化が図れるだけでなく、企業全体の知識・経験や仕事のノウハウといった知的財産も共有できます。新人や若手社員にとって「ホウレンソウ」を実践することで、先輩社員が長年にわたって蓄積してきた経験やノウハウを容易に修得することができ、自身の能力の向上を図ることができます。

　私は常々、仕事においては、この「ホウレンソウ」にプラス「確認」が重要だと口をすっぱく言ってきました。危険を伴う職業では、安全確認を徹底しており、たとえば、一つのミスが重大な事故につながる鉄道会社では、信号確認の一つをとっても目で確認するだけでなく、指差し、声出し確認を徹底することで、ミスを未然に防いでいます。

　出版社においても確認作業、とりわけ編集作業の最終段階での確認作業が重要になってきます。編集の最終段階での確認の徹底を基本作業の一つとして体に覚えさせて、仕事に取り組むことが大切です。また、確認作業は一人で行うのではなく、必ずダブルチェックを徹底することでミスを防ぐことにつながります。ミスにつながるあいまいな仕事をしないためにも、この最終確認の徹底を至上課題とすることです。

　最近、世間を騒がせた事件に、朝日新聞の虚偽報道があります。昭和57（1982）年に、複数回にわたって朝日新聞に掲載された慰安婦の強制

連行に日本軍が関与したとする「吉田証言」が虚偽であったことが判明し、現在大きな問題に発展しています。朝日新聞は、この吉田証言の一部については誤りを認め、取り消して謝罪をしましたが、この吉田証言によって、韓国の反日世論をあおっただけでなく、日本について誤った認識が世界に広がる根拠の一つとなった事実は覆すことができません。また、この吉田証言の虚偽問題によって、国民の新聞記事に対する信用・信頼を損なうことにもなりました。

　この事件が生じた原因は、吉田証言の真偽について最終確認を行わなかったこと、新聞記者の基本作業でもある裏付けを取っていなかったことだと思います。記事として掲載する場合の最終段階での確認作業がどれだけ重要なものであるかが、この事件からも教訓化できるのではないでしょうか。

　現在の情報化社会において、誤った情報の発信は大きな問題に発展します。出版人・編集者として正しい内容の書籍を発行するためには、「ホウレンソウ」プラス「確認」を徹底する必要があります。忙しいからといって基本動作を怠って手を抜けば、後に大きなミスに発展する危険性が高くなることをいく度も経験してきました。

　日頃の仕事の遂行にあたっては、「確認、さらに確認」を徹底することを常に肝に銘じていかなければなりません。

㉚　新人は他人が立案した出版企画書をまねすることから始める

（平成27（2015）年2月3日）

●先輩の企画の立て方・まとめ方をまねをすることが成長・発展の近道
　「猿真似」という言葉は、猿が人の動作をまねるように、考えもなく、むやみに他人のまねをすることをいい、一般に褒められたことではなく、レベルの低い行為と考えられています。しかし、他人のまねをすること

は、恥ずかしいことでも行儀の悪いことでもないのです。幼子は親の語りかける言葉や仕草をまねて成長をしていきますし、われわれ大人も同じです。また、明治期の日本は、欧米列強の進んだシステムや技術、科学をまねることで国力を高めました。まねをすることは、成長の事始め、端緒といえるのではないでしょうか。

　編集者の仕事は、企画の立案から始まります。新人や経験の浅い若手は特に、企画の立て方やまとめ方について、呻吟したり悩んだりしているのではないかと思います。企画の立案にあたっては、社会の動向に目を配り、新しい実務、法令、判例の動向に精通していなければなりませんし、企画がひらめいたとしても、読者のニーズに合った構成案の作成や執筆者の選定はまた悩ましいところです。寝ても覚めても新しい企画の素材を考えていても、なかなか簡単には浮かんでくるものではありません。こうした努力を続けていけば結果として、いつかふとした時にアイデアがひらめき、企画のヒントの明かりが頭の片隅に点灯していきます。このヒントを具体化し、体系化していく作業を続けていくと全体像がはっきりとしてきます。その後は、企画の目的・意図を明確化することを行えば、企画書にまとめあげられるのです。

　そこで、新人や経験の浅い若手にとって、他人の企画の立て方・まとめ方をまねることが、企画書を立案するうえでヒントになることが多々あることを知ってほしいと思います。他人の企画書には、その人がどのようにして企画がひらめいたのか、どのような情報を補強し肉づけをしたのか、どのようにテーマや切り口を具体化し全体構成を体系化したのか、どのように企画の意図・目的を明確化したのかなど、企画立案に必要なプロセスと思考のエッセンスが凝縮しているといえます。それらをまねて、学ぶことを通して、自身の企画の立て方・まとめ方を次の段階にステップアップさせることが可能になり、構想をまとめあげていく能力がついてくることになるものと思います。加えて、他人の企画書の中に新しい企画のヒントになるテーマも多々あるのです。当社発足以来の膨大な出版企画は、それぞれファイル化されてすべて残っていますし、

最新の企画については社内メールで公表されていますので、いつでも誰でも見ることができるわけです。

　「他人のアイデアを盗め」とよくいわれますが、他人の企画の立て方・まとめ方に注目をし、まずはものまねをすることから始めるのが成長の近道です。それができたら、自身の企画の立て方・まとめ方をつくり上げていき、能力向上のための自己研鑽に励み、さらなる成長・発展につなげていっていただきたいものです。

31　顧客志向がプロフェッショナルになれる技術・技量を磨く

（平成27（2015）年9月1日）

●日々、お客様の笑顔のために挑戦を続けお客様と真摯に向き合う

　「プロフェッショナルとは何なのか？」、「プロフェッショナルと呼ばれるためにはどうすればいいのか？」、ということを考える機会がありました。先日のNHKの『プロフェッショナル　仕事の流儀』と題する番組の中で、小さな名店を支える2人のプロフェッショナルが紹介されていました。

　一人はどこの町にもある精肉店店主の畑さん。畑さんは販売する肉の品質に徹底してこだわり、その結果「あの店に行けば間違いない」と評判のお店になっています。ハムやソーセージなども看板商品の一つで、その品質と味は、本場ドイツのコンテストで幾度となく金賞を受賞するほどです。そこまで仕事にこだわり、最上級の商品を提供し続けることで、お客様の信頼を得ているのです。

　もう一人のプロフェッショナルは小さな町の珈琲専門店のマスター・田口さん。77歳の今も現役で働いています。田口さんのお店では、世界各国からコーヒー豆を仕入れ、その魅力を最大限に引き出せるよう、種類や産地ごとに煎る時間を調整し、お客様が満足できる最上の1杯を提

49

供できるように心掛けています。また、田口さんは、絶妙なタイミングで煎るのをストップさせる「煎り止め」のタイミングを独自に研究しており、その成果を広く海外にも紹介し、コーヒー界のレジェンドとしてその名を世界に轟かせています。

　二人のプロフェッショナルに共通していえることは、日々、技術・技量・技能を磨き、お客様にとって何が最上であるかを常に考えていることです。プロフェッショナルと呼ばれるためには、仕事とお客様に対し、第1に誠実に、第2に真摯であり続けることだと思います。その結果、周囲の人々から高い信頼と評価を得ています。

　出版の仕事を極めようとするのであれば、プロフェッショナルになる必要があります。それには、今日よりも明日の気持と、日々の地道な積み重ねが大事です。工夫を凝らし、日々挑戦を続けることで、新たな技術が身に付いていきます。その積み重ねが、プロフェッショナルになるための道へと続いているのではないでしょうか。

　私も40数年にわたって編集者として経験を積んできましたが、編集のプロフェッショナルにはまだ辿り着いていないと思っています。「自分はプロフェッショナルだ」と胸を張って言えるようになるには、並大抵ではない努力が必要になります。常にお客様の笑顔を得るにはどうすればいいのかを考え、目標を高くもって挑戦を続けていかなければなりません。

　プロフェッショナルとして、周囲の信頼と評価を得るためにも、誠実に、真摯に仕事とお客様に向き合い、いつまでも自分を磨き続けていかなければならないと、番組を見て感じた次第です。

次代につなぐ「出版編集ファイル」の作成の意義と方法

（平成28（2016）年2月2日）

●先輩が残してくれた「編集ファイル」は人脈、技術、ノウハウの宝庫

　日本全国には、その土地ごとに特産品や特色のある郷土料理といったものがあります。また、その土地に根付く老舗の味というのもあるでしょう。

　では、それらはどのようにして生まれたのか。最初はどのような形や味で、どのように改良をされて今日に至ったのか、そうした歴史的な時間の経過を辿ってみると、時を経て受け継がれてきた物品について親近感や興味がわいてきます。そして、それらを次の世代へ伝えるということも重要ですが、伝承していく過程で新たなアイデアがわいてさらに進化することもあるはずです。

　ひるがえって、物事の歴史を理解するということはものづくりの意識をもつことにつながります。わが社は、法律専門の出版社として本づくりを行っていますが、1冊ごとに必ず「出版編集ファイル」を作成することを義務づけています。

　この編集ファイルには、企画の立案から企画書や全体構成案の作成、執筆者とのやりとり、執筆要領の検討、組版のデザイン、原稿を入稿した後の執筆者、印刷所との交渉の記録、そして発刊後の執筆者とのやりとりなど、1冊の本作りの過程のすべてが詰め込まれています。

　編集ファイルを作成することによって、たとえば改訂版を刊行する場合に、その書籍の担当編集者が退職した場合、あるいは不慮の事故等によって後任に引き継がざるを得なくなった場合に、編集ファイルを参照することでスムーズに後任者に引き継ぎを行うことができます。また、編集ファイルによって出版に至る著者とのやりとりを把握することができ、さらによりよい内容に改訂して継続していくことで将来にわたって

その書籍を存続させることもできます。なぜ、わが社ではこのように編集ファイルの作成を義務づけているかというと、私が経験したかつての出版界の新人教育の仕方から学んだものです。

　かつての出版界は、編集者は職人気質が極めて高く、新人に編集技術を体系的かつ丁寧に教えるという職場環境にありませんでした。仕事のやり方は先輩の仕事をみて、盗んで覚えるという実態でした。そこで、先輩方は自分が編集を担当した書籍の情報のすべてを後輩に開示してくれるという教育手法はとっておりませんでした。ですから、先輩が退職をしてしまった後に改訂版を出版する段になったときには、十分に引き継ぎがされていないために、連続性を継続するのに困難を極めたことがあります。情報を開示しない理由には、知的な職人気質とともに人脈や自らのノウハウを簡単には他人に教えたくないという自己保身的な気持、社内での地位の確保と情報を独占的に保持しておきたい、それをもとに自分しかできない書籍を刊行して社内で高く評価されたい、というさまざまな要因があったのかもしれません。

　将来の会社のためにも、このような状況をいつまでも放置をしておくわけにはいきませんので、そこで出版部門の管理職となったときに、自らが担当する書籍の情報をファイル化して部内全体で共有する改革を行ったわけです。これが現在のわが社の編集ファイル作成の原点となります。当然、当時は先輩方から強い抵抗を受けたことが思い出されます。

　実際に行ってみると、的確かつ確実に情報などの連続性を確保できるとともに、若手編集者に編集のノウハウがスムーズに伝わり、それによって仕事が効率化し、会社全体のスキルが上がりました。つまり、編集ファイルは編集技術の能力向上、文章のまとめ方、企画立案のヒントなどが詰まった情報の宝庫ともいえます。

　周囲の他社の編集者に聞いたところでは、編集ファイル作成はあまり行われていないようです。若手編集者にはぜひ、編集ファイル作成と情報共有というわが社独自の仕組みを活かし、先輩方の仕事をみて、盗み、仕事の技術向上を図っていただき、次の世代へと継承してほしいもので

33　著者に対し編集者はどのようなスタンスで向き合うべきか

す。

33　著者に対し編集者はどのようなスタンスで向き合うべきか

（平成28（2016）年3月1日）

●著者へ逆提案できる能力を磨くことが一人前の編集者への近道

　著者の先生方から出版企画を提案されることが多々あります。たとえば「原稿ができたので意見を聞かせてほしい」という連絡があったとき、どういうスタンスで編集者は著者と向き合うべきなのでしょうか。良書を出版するためには、著者と編集者の良好なコラボレーションが必要であり、両者の関係がうまくいかないと企画した書籍そのものが完成しない場合もあります。著者から出版協力依頼のオファーがあって編集作業が始まることも多々ありますが、その場合はその提案の中身を精査し、社会的ニーズに合致し市場性があれば問題はありませんが、コストに見合わないおそれがある場合も往々にしてあります。著者が提案する内容では書籍化することが難しい場合に、単純に断ることは簡単ですが、いままでのお付き合いで何とか原稿を活かしてあげたいと考えると、悩ましい問題があります。しかし、ここからが編集者の腕の見せ所であって、著者に納得していただき出版の協力を取り付けるためには、編集者の力量が強く求められます。著者から提案された原稿の内容について修正等を行って執筆方針を変更してもらうことや、読者対象の絞り込みなどをして、編集者からこうした執筆方針であれば出版が可能となる内容を逆提案する能力をもつことも大切になります。単純に断るだけでなく出版企画を再構築することで、著者と編集者が「WIN・WIN」の関係になり成功する出版につながる可能性が高まります。

　こうした対応もまだ企画の段階ではやりやすいのですが、原稿になった後の変更は難しくなります。先日もある弁護士から、自分が担当した

53

家事事件を物語化した原稿を持ち込まれましたが、内容は自慢話といえるものでとても出版コストに耐えられる内容ではありませんでした。しかし、その場合でも精読して、商業出版に見合うか精査し、どうしたら出版が可能かを十分検討したうえで修正案を提案することも大切です。編集者の提案を快く受け入れていただき、その方針によって出版された書籍が世に受け入れられ、結果として多くの販売実績につながった場合は、まさに編集者冥利に尽きるというわけです。こうした地道な作業を通じて、出版に結びつけたことを著者に喜んでいただくことで両者の関係が緊密になり、付き合いが深くなり、著者との信頼関係が高まって、その後も良好な人間関係が続くことになり、次々と出版企画に結びつくことも数多くあります。

　編集者は、自ら企画した内容で執筆していただき書籍化することが本分ですが、著者から提案された企画を精査し読者に受け入れられる内容に編集方針を方向づけすることも編集者の力量です。つまり、提案企画や、持込み原稿とどう向き合うか、どうすれば売れるような内容に修正することができるか、を提案する能力が編集者にとって重要で、ただ出版を断るだけではまだまだ半人前と認識すべきです。一人前の編集者とは、自らの経験と知識をもって社会に出せる内容に編集することができる能力を有することであり、これを備えれば著者とも緊密な関係になり長い友好関係を築くこともできます。著者との信頼関係を大切にすることを第1に考えて、日々努力を続けていけば、必ず一人前の編集者に成長できますし、その結果、著者との間でどんな困難な問題に直面しても、スムーズに最善の解決を図ることができるようになります。

34 しっかりと基礎を身に付ければ
いつか花が咲く

（平成28（2016）年7月5日）

●普通の努力は普通にしかならないことを肝に銘じ一段上を目指す

　今日の出版界は、出版不況と呼ばれる難局の中にあります。わが社も出版をめぐる厳しい状況を克服するため、昨年10月に「新3カ年経営方針」を打ち出しました。編集、営業ともに一丸となって方針の実現に向けて邁進していかなければなりません。

　それでは、「新3カ年経営方針」を実現するためには、どのようなことが求められるのでしょうか。私は、社員一人ひとりが初心に返り、一段と個々の能力を向上させるために謙虚な努力を続けることを通じて、多くの読者から受け入れられる企画力、編集力、営業力を身に付けることが必要だと考えています。

　孫子の兵法書に「彼を知り己を知れば百戦殆うからず」という一節があります。現在、若手と中堅の編集者それぞれに向けて勉強会を実施していますが、その趣旨は孫子の言葉のように、まず自分の現状を知り、自分の欠点を知ったうえで、目標を明確化することにあります。営業部からの積極的な提案を求める営業戦略会議の実施も同様です。自分に不足している点が明らかになることで、さらに一段上の世界を目指せるのです。

　そのうえで、さらに強調したいことは、どのような仕事でもまずは基礎をしっかりと覚えることが不可欠であるということです。何事も基礎がしっかりしていれば、応用・発展させることが可能になります。それは、スポーツ選手や職人の世界をみても明らかです。編集者は職人でもあります。職人であるということは、しっかりとした基礎がなければ大成しないということを意味しています。

　他方で、基礎を身に付けてからが本当の勝負であるともいうことがで

きます。日々の努力を怠らず、精進していくしか一人前の編集者になる
途はありません。また、編集者は日々の努力の成果が5年後、10年後に
現れ、努力を継続したことが必ず報われる職業でもあります。必ず報わ
れる努力と考えれば、編集に愛着も生じるでしょう。

　日本電産の創業者である永守重信氏は、「普通に努力した人は普通に
しかならない」と述べています。編集者は、一般のビジネスマンとは異
なり、日々、クリエイティブな感性が求められる職業です。この感性を
研ぎ澄ますためには、日々の努力が不可欠なのです。編集者は書籍を生
み出して初めて評価されます。日々の生活の糧を得るためだけではなく、
仕事に喜びを感じ、充実した毎日を送ることが必要です。そのためには、
何よりも日々の仕事が好きにならなければなりません。

 35　出版物という成果物の成否を左右するのは最後の詰めで決まる

（平成29（2017）年3月14日）

●最後の詰めの作業の仕方を見れば編集者としての力量がわかる

　編集者の仕事は、詰めという作業がきわめて重要だということを最近
あらためて感じています。「詰めがあまい」という言葉は、最後まで仕
事が完遂できない、せっかく作ってきたものが出来上がらないときに使
われます。この詰めとは、仕事やスポーツの最終場面の対応について表
現することが多い言葉ですが、もともとは詰め将棋からきている言葉だ
といわれています。将棋の最終場面において、相手の王将がどうあがい
てもにっちもさっちもいかない、そうした勝負がついた状態を「詰め切
った」という風に表現しています。詰めがあまいと、形勢が一気に逆転
し、反対に敗れてしまうということが間々あります。最終段階に至った
ときには、物事に対してはしっかりと詰め切ってこそ、はじめて成果物
を手にできるということの教訓です。

　私たちの編集、営業の仕事でも、詰めがあまければ具体的な成果物を手にすることができません。たとえば編集の仕事を例にとって考えてみたときに、企画を立案し、著者に執筆を依頼をするわけですが、その場合、いつまでに執筆を終了し、いつごろまでに出版をするという目標設定をして、仕事を開始します。目標を設定した後、編集者、著者ともどもその実現に向けて邁進していくことになります。そこで重要になってくることが、詰めという作業になってくるわけです。この詰めがきちんとできているかどうかが、出版という成果物を手に入れられるかどうかの局面に大きく関わってきます。私のこれまでの編集者生活の中でも、詰めがあまかったために、完成にまで漕ぎつけなかった書籍が何冊かあります。まさに断腸の思いで出版を諦めることになったわけですが、このときの経験が、自分自身を省みるきっかけとなったことは言うまでもありません。

　出版ができるか否かは、まずはすべての原稿を入手しなければなりません。この場面で編集者としての仕事の詰めがあまいと、いつまでたっても完全な原稿が揃わずに出版にこぎつけられないという結果を招きかねません。著者から当初の予定通りに原稿が入ってくるとは限りません。締切が近づいたら原稿を督促し、さらに締切が過ぎても入稿できないのであれば、何度も何度も督促を繰り返し、ときには直接お会いして厳しい口調で叱咤激励をしながら、最終入稿というゴールに辿りつくために最大限の努力をしなければなりません。編集者は、この詰めの仕事がしっかりできるようになってこそ、一人前だと言われます。

　次に、原稿を入手後に、最終校正作業に至るまでの詰めが必要になってきます。初校ゲラ、再校ゲラ、最終ゲラと著者に校閲作業をお願いしていくわけですが、ここでも期限を順守し、作業を進めていくための詰めの作業がスムーズにできなければ、出版物という成果を手に入れることができません。

　編集者がしっかりと詰めの作業ができるための必要な資質は、積極性と誠意、忍耐力だと考えています。原稿の締め切りが近づいてきたら、

必ず忘れずに著者に確認の電話を入れ、入稿が遅れるようであれば、誠意をもって早期入稿をお願いし督促をします。もし、それでも入稿ができないようであれば、何度も何度も忍耐強く入稿をお願いするという作業を繰り返します。こうした地道な詰めの作業があってこそ出版に至ることができるのです。

　著者に対しては、何度も厳しく原稿の督促をしたことで、嫌な思いをさせてしまうことも多々あります。しかし、めでたく出版という成果物が完成すれば、いままでのわだかまりや嫌な思いは一瞬のうちに氷解し、出版できた喜びを著者ともども分かち合えることになります。これこそが私たちの仕事の醍醐味でもあります。積極性、熱意、誠意、努力、忍耐こそ、この詰めという作業を実行できる原動力だと考えています。そのためには、日々、地道な努力をすることをいとわないことです。

 36　できる編集者は相手の立場を読んだ気配りも一流

（平成29（2017）年8月1日）

●誠意を感じさせる気配りが信用を生み信頼関係を構築する

　今、森友問題や加計問題が大きな社会的関心を呼んでいます。これらの事件では、担当官庁の官僚が安倍晋三首相や昭恵夫人、周辺の関係者に対して利益誘導的な忖度（そんたく）を行ったかどうかが問題とされています。

　この「忖度」という言葉は、この事件をきっかけにニュースでも頻繁に使われるようになりましたが、どのような意味なのでしょうか。辞書によると、「忖度とは、相手の気持を推し量ること」とされています。この意味だけからすると、「気配り」と同じようにも思われるかもしれません。実際、忖度も気配りも、日本社会を構成する重要な精神的要素ともいわれますが、忖度は特定の場面においてのみ使われることが多いのに対して、気配りは、広く、その人の素養の一つとして使われること

が多いように思われます。

　私は、49年もの間、編集者としての歳月を過ごしてきましたが、その経験上、気配りができるということは、編集者にとって不可欠の素養であり、これを持ち合わせていなければ編集者として大成することは難しいと考えています。なぜなら、編集者は、著者と一緒に、状況に応じて迅速かつ十分なコミュニケーションをとりつつ書籍をつくりあげていくことが仕事だからです。気配りの本質は相手の立場に立つことであり、そのような想像力をもつということです。相手の立場に立って考えることができなければ、他人から好かれませんし、信頼もされません。また、物事の先を読む能力も向上せず、迅速な行動を起こすことができません。自分を客観的に評価することが苦手な場合は、状況に応じて不足している能力を正確に把握し、克服していく対応をすることもできません。そのような編集者が、はたして著者とともに、状況に応じて、迅速かつ十分なコミュニケーションをとっていくことができるでしょうか。

　このように、気配りは編集者に求められる必須の素養の一つです。

　「情けは人のためならず」というように、相手に対して気配りをもって誠心誠意尽くしていけば、必ず自らに結果として返ってきます。

　気配りができるという素養は、編集者にとってとても大切な能力ですが、一朝一夕で身に付くものではありません。常に相手の立場に立って考えるという、日々の研鑽が必要です。相手の一挙手一投足を観察して、相手に対してどのように動けば喜んでもらえるか、物事はうまく進むか、そのために自分はうまく立ち振る舞うことができているのか、などを常に考えて行動していくことで、少しずつ素養として身に付いていくものです。

　そして、その努力の結果は、必ず自分に返ってくるものです。

編集者とは読者が求める商品を提供する料理人である

（平成30（2018）年3月5日）

●編集者が評論家になったら本づくりへのチャレンジ精神が失われる

　私たち編集者は、最先端の知識・情報に触れる機会に恵まれ、編集作業を通して日々、研究者や実務家が修得した知識に容易にかつ、いち早く触れることができます。このことは、仕事をしながら専門分野の知識や知見に接し、それを学び身に付けていけるという編集者ならではの役得であり、一つの醍醐味でもあります。諺にいう「門前の小僧習わぬ経を読む」を仕事の中で体現しているわけです。

　しかし、長年編集者の仕事をしていると、自分は研究者や実務家と同じレベルの知識・知見をすでに修得しているのではないか、あるいは、研究者や実務家とレベルが変わらないのではないか、と錯覚してしまうおそれが生じます。私自身、気づいていませんでしたが、若い頃そのように他人からは見られる時期があったようです。その頃に、先輩編集者からいわれた言葉が現在の私の編集者としてのバックボーンの一つとなっています。

　「編集者が評論家になったら終わりだよ」、その時には理解できませんでしたが、よくよく考えてみると、その頃の私は研究者や実務家と同等とはいわないまでも、かなり高いレベルの知識・知見をもっているのではないかと勘違いをしているところが多々あり、周囲の人々には鼻持ちならない、思い上がった態度がはしばしにみえていたのだと思います。そのような私を、先輩は先の言葉でもって戒めてくれたわけです。きっと先輩は、「どんなに知識や知見を身に付けても、そもそも専門家と編集者とでは土俵や仕事の目的が違うのだ。長年苦労をして研究者としてテーマを深く掘り下げ、努力して築き上げ、修得してきた専門家としての知見の深さや考察力、洞察力と、その人たちの知識の表層に触れただ

けでそれが身に付いたと勘違いをした編集者とでは、そもそも土台も素養も違う」と言いたかったのでしょう。

　また、編集者の中には、いつからか主目的が自らが興味ある対象の情報だけを収集することに変わってしまい、提出した企画書もどこか「上から目線」になってしまった実例を知っています。あたかも専門家になったかのような立場からの上から目線の企画立案では、近視眼的、狭窄的な内容になってしまい、それは真に読者が求める内容ではありません。まず、読者はすべてが専門家ではありませんので、そのような上から目線の書籍を刊行したところで十分に受け入れてもらうことは難しいと思います。編集者に求められるのは、真に読者が求める知識、ノウハウ、情報といった素材を、本という料理に仕上げて読者に提供することです。それを実現させるためには、常に読者の立場に立って、「下から目線」および「読者と同じ目線」で出版の企画立案しなければならないことです。

　編集者としては、まず読者のニーズを見極め掘り起こし、謙虚な気持をもって、「読者目線」の企画立案をして、自ら修得した知識や知見を編集作業を通して活用することで、「読者のお役に立つ書籍」の刊行をめざしていくべきだと思います。

38　自ら考え、判断し、行動できて一人前の編集者といえる

（平成30（2018）年4月3日）

●能力の向上が必要な社員を底上げすることが経営基盤を安定させる

　「桃栗3年、柿8年」という諺があります。これは、何事も成し遂げるまでには相応の時間が必要であるという意味でもあります。ですが、職業人として一人前になって会社に貢献できるために必要な時間は、職業によって大きな差があります。

　たとえば、ファストフード店の仕事は、マニュアルの工程に沿って機械的にこなしていけば、誰がつくっても同じ味、同じ品質の商品が完成し同質の接客サービスも提供されます。そこでは、業務の効率化が徹底して図られ、3日もあれば、会社が求める仕事を一人前にこなすことが可能といわれています。ファストフード店のような定型業務を求められる職場では、徹底的にマニュアル化されているため、従業員の個性は不要であり、各人の創意工夫の余地はあまりありません。むしろ、均質な商品の出来映えやサービスに悪影響を与えるおそれがあるため、勝手な自己判断はあってはならないとされます。そのような職場で勤務することは、創意工夫をして創造性を駆り立て仕事をしたい人にとっては、あまり面白い仕事ではないように思います。

　他方で、落語家は前座から二つ目になるためには師匠の家で下働きをしながら（こうした習慣は、最近なくなったようです）、噺を最低でも50本記憶することなど厳しい修行が求められます。さらに、二つ目から真打になるためにも、引き続いて一層の努力を要します。この間に厳しい修行に耐えられずに落伍していく者も多く、さらに、真打に昇進してからも、いかにお客をよべる落語家になれるかという新たな課題が生じ、日々精進が求められます。このように、落語家は一人前になるまでに相当の努力を一定期間継続する必要があり、魅力のある落語家になるためには生涯にわたって努力をしていくことが求められるわけです。

　出版社の編集や営業の仕事をみてみると、発想力、創造力、交渉力、企画力が日々求められます。ファストフード店のようなマニュアル重視の仕事とは異なり、各人が上記の各能力を高めて自ら考え判断をして行動できる力量が求められます。私の若い頃は、「編集の仕事は、10年やってやっと半人前」と周囲から言われ続けてきました。しかし今日では、編集者も10年経てば、自己完結的に仕事をこなせて利益を上げて会社に貢献できないようでは、経営的には問題が生じます。どこの会社でも同じですが、勤めて5年も経ったならば、ある程度の利益を出せるような仕事をしていただき会社に貢献するように独り立ちして欲しいと考えて

いるでしょう。編集者であれば、1日でも早く出版企画が立てられて独り立ちして欲しいと願っています。

「会社を成長させるには、能力の低い人をいかにして底上げを図るかに尽きる」と、一般的な経営のあり方としてよく言われます。自分の足らない点については、それぞれが自覚しているはずですから、各自で能力の底上げをして一人前の仕事ができるよう努力をすることだと思います。グローバル経済の時代になって、企業はいつまでも能力の劣る社員の面倒をみていく余裕がなくなってきています。いま黒字を上げている企業でも、将来の賃金の負担を考えて「黒字リストラ」が進められております。能力の底上げが必要な人は、自ら積極的に社外のセミナーの受講や定期的な研修会の参加などを通じて、スキルを高めて1日も早く一人前に仕事をこなせるように、日々努めて欲しいと願っています。

39 著者と編集者の信頼関係の構築が良書をつくる

（平成30（2018）年9月4日）

●「親しき仲にも礼儀あり」の心配りが著者とのトラブルを防ぐ

鉄道弘済会（KIOSK）の経営悪化に伴い、卸業者が撤退するとの報道がありました。原因の一つに、駅構内にもコンビニが進出し、1社独占が通じなくなり競争の時代に入ったことが原因のようです。KIOSKの販売不振は、雑誌の販売にも大きく影響するため、トーハンが支援の手を差し伸べたことで、当面存続できることになったようです。雑誌の最大の販路であるKIOSKがなくなると、出版社に与える影響は大きいための支援策といえそうです。

さて、最近、「編集者とは何なのか」と考える機会がありました。編集者の使命とは、著者と協力し合っていかにして社会のニーズを吸い取り、良書を社会に送り出すことにあります。そこには、著者と編集者の

二人三脚による協同作業があるわけですが、著者に対する批判的な精神を失わずに、編集者としての矜持をしっかりもって信頼関係をつくりながら編集作業を進めていくことが大切だと思います。

　編集者の役割は、読者の目線をしっかりとらえて原稿整理を行い、内容や文章が理解しづらかったり、あるいは内容的に問題があれば、臆することなく著者に丁寧に説明し、伝えることです。そのためには、日頃から、著者としっかりとコミュニケーションをとることが大切で、お互いの役割分担を尊重しつつ、意見が違ったりしてトラブルになった場合は、編集者の読者に対する思いを十分に伝えて納得してもらい修正を行うといった、真摯な対応が重要になってきます。良書をつくるためには、著者への過度な遠慮や気遣いは不要ですが、謙虚で礼儀正しく振る舞えば理解し合えるはずです。著者とは、ほんの些細なことからトラブルに発展してしまうことが多々ありますが、そこはお互いが真摯に向き合って忌憚なく話し合えば解決できることは、経験則上からも明らかです。特に著者と親しい関係になればなるほどトラブルが生じやすくなりますが、そこは「親しき仲にも礼儀あり」の精神が大切です。

　去る8月27日に『リーダーを目指す人のための実践企業法務入門』の著者である滝川宜信先生の発刊記念祝賀会に出席しました。同書は平成10（1998）年6月に初版が刊行され、今回の第5版の発刊が初版から数えて20周年にあたるところから、祝賀会が開催される名古屋に出向いたわけです。滝川先生の交友関係の広さを示すように、名古屋の弁護士会の重鎮や学者、企業法務に携わる方々をはじめとして50名以上が集まり、プロの音楽家の演奏などのアトラクションもあり大変素晴らしい祝賀会になりました。会の冒頭にスピーチを指名されましたので、20数年にわたる先生との親交の歴史や当社から刊行していただいている何冊かの著書のエピソードなどを交えて紹介しましたところ、滝川先生より、当社と私に対して深甚なる感謝の思いの詰まった言葉を頂戴しました。出版した何冊かはロングセラーとして世の中に役立っていますので、当社も滝川先生に感謝しなくてはなりません。一方で、滝川先生の編集者に対

する要求は厳しく、過去には行き違いや校正ミス等のトラブルが多々生じ、担当編集者はずいぶん泣かされたこともありました。滝川先生は、常に仕事に対して厳しく向き合い、良書づくりのために真摯に努力していることがわかっていましたからこそ、お互いに同じ目標に向かって長い間にわたって心を通じ合い信頼関係を築くことができたのです。このように、いかに著者と信頼関係を構築できるかが読者の期待に応えられる良書づくりのためのキーポイントになります。

　読者目線をしっかりともって、編集者と著者とが心を一つにして協同作業をできるかが、長期間にわたって支持されるロングセラーをつくるための大切なキーワードの一つになるように思います。出版不況の中で、雑誌は特に厳しい経営状況にあるようですが、そこをどうやって生き抜いていくかを考え工夫することが、編集者としての責任と腕のみせ所だと思います。

※滝川宜信先生は、去る4月15日に急逝をされました。謹んでご冥福をお祈り申し上げます。

40 すべては入念な事前準備によって成功が決定づけられる

（平成30（2018）年11月6日）

●入念な事前準備を行い現場に臨めば結果はおのずとついてくる

　髙井伸夫弁護士のシリーズ2冊目の著書、『弁護士の情報戦略』の最終ゲラを読ませていただきましたが、「事前準備を入念に行えば、結果はおのずとついてくる」という一文が特に印象に残りました。事前準備を怠りなく行うことによって、対象となる課題をじっくりみて、本質を掴み、完結に至るまでの段取りが描き切れるようになれば、成功の域に達したということになります。これを何度も繰り返すことによって、仕事や物事を進めるにあたって、大きな自信につながるのではないでしょ

うか。

　私も常にメモをとって企画の構想を重ねるといった、十分な準備を行い、企画を立てています。やるべきテーマについて自ら研究し、研鑽をすることが、自信にもつながります。

　人間国宝である歌舞伎役者の中村吉右衛門さんが、今年7月、日経新聞の「私の履歴書」で、「最高の演技のためには、事前準備をぬかりなく行い、与えられた演目の所作・動作のすべてをからだに覚えさせるまで稽古を重ねれば、観客を感動させられる。そのためには、十分な準備が必要である」と述べています。

　髙井先生も吉右衛門さんと同じく、事前準備を十分に行うことによって、結果につながること、受任した事件でもここが勝負の分かれ目というところがみえてくると言っています。反対尋問が特に重要で、裁判官の心証形成にあたっては、特に十分な準備を行うことになります。これまでの経緯を下原稿としてまとめて、草稿を何度も作成するという準備をしていくことと並行して、その草稿を声に出して何十回も読み、不備な点を修正していくという作業を繰り返していき、最終原稿をつくり、これをすべて暗記して反対尋問に臨んでいます。法廷では、いっさいの資料に目を通すことなく、相手方からどんな質問があっても対応できるように万全の準備をしています。その結果として、裁判官の心証に大きな影響を与え、相手方はぐうの音も出ないという結果を導きます。このように一流といわれる人物は、人の見ていないところで徹底した下準備を行い、事前に入念な準備を行って、本番に臨んでいるのです。

　編集の仕事も同じで、執筆依頼をする会議に出席した場合、事前準備の善し悪しで結果は大きく異なります。企画書一つつくるにしても、よい企画には、相手も納得するものです。熱い思いが相手に伝わるか否かが決定的な要因になります。企画は、机に向かっているから完成するわけではなく、寝ても覚めても企画を考え、事前の準備を十分に行い、次第に企画の内容が練り上げられていき、相手からの疑問や質問にも万全に答えることによって、その結果、読者に受け入れられる企画につなが

ります。このように、どんな仕事も事前準備を入念にしていくことによってのみよい結果を生み出すことができるのです。

41　常にメモを取ることを習慣化すれば企画力が確実に高まる

（令和元（2019）年12月3日）

●人間は忘れっぽい動物であるからメモ帳をどこにも必ず携帯する

　私も先月16日で74歳を迎え、一昔前であれば引退している年齢ですが、現代は昭和の初めに比べると、20歳は若返っているそうなので、50を超えたばかりの心境でいます。年齢を重ねることで強く感じることは、「つくづく人間は忘れっぽい動物である」ということです。良いアイデアを思いついてもメモをとっておかないと、一晩寝てしまうとすっかり忘れてしまい、その片鱗すら思い出せません。文字通り、「後悔先に立たず」です。2〜3日前の夕食のメニューすら思い出せないのですから、1週間前に気になった新聞記事などはメモをとっておかないと、忘却の彼方にいってしまうのも当然といえましょう。

　先日、社員と食事をした際もこの話題になったのですが、「編集者の仕事に慣れてきたら、逐次メモをとる習慣を身に付けておかないと、なかなか良い出版企画は立てられない」という内容の話をしました。かくいう私も、外山滋比古先生の大ベストセラー『思考の整理学』（ちくま文庫・1986年）をいつも鞄に入れ、持ち歩いています。この中で先生が繰り返し強調しているのは、「企画力はメモ力に通じる」ということです。「思いついたアイデアはすべてメモにとることが大切で、メモをとることこそがすばらしいアイデア、企画に結びついてゆく唯一の方法である」と力説されています。私もいつも100円の小型キャンパスノートを持ち歩いております。ボールペンを挟み込んでおりますので、思いつくとすぐ書き込むことを習慣化しています。外部の先生方との打合せの

話の中に出版企画のヒントになるようなこともあります。電車の吊革広告、あるいは弁護士会館の廊下の掲示板からも、現在、弁護士界でどのようなことが話題になっているかを知ることができます。そこから出版企画のヒントが浮かんでくることもあります。あらゆる場所、あらゆる機会の中に出版企画の種は転がっているということです。これらをしっかりメモにとっておきさえすれば、後日、必ず出版企画のヒントにつながるはずです。たとえば毎日読んでいる新聞でも、出版企画を意識しながら読み、気がついたらメモをとる、あるいは切抜きをすることで編集者としての能力を培うことができます。毎日を漫然と過ごしているのと、常に感性を研ぎ澄まして周囲を見回しているのとでは、結果は大きく異なるということです。

　そこで、自分は出版企画が苦手だと思っている者は、どんな小さなことでもメモする習慣をつくることから始めたらどうか、ということです。これを何年も続けて実践しているうちに感性が豊かになり、企画力が身に付いてくるはずです。そのうえで、出版企画を意識して新聞を読んだり、テレビを見たり、本を読んだり、街歩きをしているうちに必ずすばらしい出版企画にめぐり会えるはずです。外山先生も本の中で指摘しているように、こうした努力を続けていても、成果はすぐに現れるわけではありません。半年、1年と続けるうちに、いつしか閃くものがアイデアなのです。その閃きをしっかりメモしておかないと幻のように消えてしまうということも、この本の中に書いてあります。そこで、平日だけではなく、土日にもメモ帳を持ち歩き、気になったことを書き留めておくことが肝要です。繰り返しますが、人間は忘れっぽい動物であることを常に意識し、メモをとり続けることがすばらしい出版企画に結びつく端緒であると思います。何事も短期に結果を求めるのではなく、2年、3年、5年、10年と継続することで、必ず成果となって現れると私は信じています。

42 一流は自分の頭で考え、失敗を恐れず失敗に学ぶ

（令和2（2020）年3月3日）

●野村野球の理論や指導法から編集者は学ぶべき点が多い

　本年（令和2年）2月11日に、野村克也さんが84歳でお亡くなりになりました。野村さんは「考える野球」（Thinking Baseball）を提唱し、長年にわたり、日本プロ野球界をリードしました。野村さんは、選手として3017試合に出場し、2901安打、657本塁打、1988打点でいずれも日本プロ野球史上、歴代2位の成績を残し、打率も2割7分7厘を記録し、1989年には野球殿堂入りを果たしています。中でも特筆すべきは、1965年に戦後初の三冠王を獲得したことでしょう。

　私の幼少期、私の親の世代の最大の娯楽は、大相撲やプロ野球のテレビ観戦でした。当時、町内や学校では、人気の力士やひいきのプロ野球チームの勝ち負けの話題でもちきりでした。大相撲では千代の山や鏡里、その後は大鵬や柏戸、プロ野球では川上哲治選手や別所毅彦選手、その後は王貞治選手や長嶋茂雄選手などの人気があるスター選手のプレーを観て、子どもから高齢者まで幅広い世代がまるで監督や解説者になったような気分で、胸が熱くなったり、話が盛り上がったりしました。振り返りますと、あの頃の娯楽や趣味の世界というものは、せまい情報の中で生まれていたのだと実感します。

　日本のプロ野球は、当時、巨人がその人気を牽引し、「人気のセリーグ、実力のパリーグ」などといわれていましたが、その中で、野村さんはパリーグの南海の名捕手として独り気を吐いていました。野村さんは、華々しく才能あふれる王選手や長嶋選手を「太陽の下で咲くヒマワリ」と称し、テスト生から入団し地道に一歩ずつ実績を重ねていった自身を「人の見えない道端でひっそりと咲く月見草」と卑下しながら、王選手や長嶋選手に対して密かな闘争心や反骨心を燃やしました。後に、ヤク

ルトの監督時代には「ID野球」といわれるデータをフル活用した戦術により、4回のリーグ優勝、3回の日本一に輝くなど、私たちは、野村理論の開花を目の当たりにしました。

　野村さんは、一流の選手になる要件として、第1に、「自分の頭で考えること」の大切さを説きました。若手の指導において、ただ闇雲に練習をするのではなく、どうしたらうまくなれるのか、自分に何が足りないのか、自分の課題は何か、それを克服するための練習方法は何かを考えさせ、鍛え直しました。また、試合においては、たとえばある場面で代打を告げられたときなどに、自分にはどのような役割があるのか、どうしたらチームに貢献できるのかを考えさせ、厳しく指導しました。自分の頭で考えることのできる選手を育てることがID野球であり、Thinking Baseball の完成型だったのだろうと思います。

　また、第2に、「失敗を恐れてはならないこと」、「失敗の中に成功のヒントがあること」を説きます。野村さんには数々の金言がありますが、松浦静山の剣術書『剣談』から引用した「勝ちに不思議の勝ちあり、負けに不思議の負けなし」は、理由のある失敗の中には課題があり、なぜ負けたのか、どうしら勝てたのかを考えることで、次の実践に活かすことの重要性を教えてくれます。

　野村さんの言葉には、その背後に人生哲学があり、含蓄や深みがありながら、平易でわかりやすいことから、多くのビジネスマンに人気があります。私たちも、自分の頭で考え、失敗を恐れず失敗に学ぶという野村さんの言葉から、人生や仕事に関して多くのことを学びたいものです。

第2章

どうしたら有能な人材に育つことができるか

43 # できる人は仕事の流れを読み、先を見る能力が高い

（平成21（2009）年9月16日）

●**仕事ができる人とは先を見通しながら仕事を進める人のことをいう**

　平成21（2009）年9月15日の日経新聞のコラム欄「交友抄」に、プロゴルファーの村口史子さんが執筆されていました。村口さんは高校時代に行列のできるラーメン店でアルバイトをしていたそうですが、仕事に厳しい店長から「仕事の流れをよみ、先をみて動かないといけない」と厳しく教えられ、その後、プロを目指し研修生になった時から、この教訓が生きてくることになったと述べておりました。私はこのコラムを読んで、次のような思いを強くしました。

　つまり、経験者と新人の大きな違いは、「常に仕事の先を見て行動できるかどうかの違いである」、ということです。私が常日頃から言っているように、仕事を始めるときは、まず段取りをしっかり決める必要があります。段取りをきっちりしなければ、完成度の高い仕事を行うことはできません。すべての仕事には連続した流れがあり、その到達点は仕事をしっかりと完成させることにあるわけですから、到達点に向けた段取りをまず頭の中にしっかりとたたきこんだうえで、仕事に向き合う必要があるわけです。こうすることが、仕事を効率よくスムーズに進行させ、結果的には誤りのない高い品質の仕事をすることにつながるのです。

　その点、新人や若手は、まだ仕事全体を俯瞰できませんので、どうしても目先の仕事に没頭してしまいがちです。また、そのような中で日々の仕事が重なり、仕事量が多くなると自分が今、何をしていいかわからなくなり、袋小路に陥ってしまいがちです。そのような状態に陥らないためには、目の前の仕事だけをみるのではなく、一歩下がって、自分の仕事全体を整理し、仕事のフローチャートを作成することが大切です。自分に与えられた一つひとつの仕事の現状を分析し、これからやるべき

こと、喫緊に行うべき作業と現時点では後に回してもよい作業などをしっかり区分し把握すること、それを日々継続して考えることで、徐々に先をみて仕事を進めることができるようになります。

　仕事ができる人というのは、このように「仕事の流れを読めて、先を見て仕事を進める」ことができる人です。常に、今やっている仕事の先をみて仕事をすることを身に付けることが、正確で迅速な仕事に結び付けるための極めて重要な要素だと思います。

　新人および若手諸君には、先を読んで仕事をすることによって、正確でスピード感のある仕事ができるように1日も早く成長していただきたいものです。

ものづくりの基本はまず常識を疑ってみることから始める

44

（平成22（2010）年1月26日）

●いままでに刷り込まれた常識を疑ってみることが自己変革につながる

　先日、「自由と正義」（日弁連の機関誌）に掲載された寺島実郎さんの論文を読んでいたところ、常識を疑うことの大切さを自らの反省とともに強く感じたところです。日本経済は、第二次世界大戦が終結した後、アメリカによる占領政策を経て、主にアメリカとの間の貿易拡大によって復興したとの歴史的経緯から、今日でもアメリカとの貿易量が第1位との固定観念にとらわれていました。ところが、一昨年のわが国の貿易取引の各国間の割合をみてみますと、アメリカは13.7％に過ぎず、中国一国では20.4％、香港・台湾・シンガポールを含むいわゆる「大中華圏」となりますと30％、アジア全域に至っては48.8％に上ります。このアメリカの割合低下は、サブプライムローン問題に端を発した景気低迷によるところもありますが、今後も対アメリカとの貿易は減少していくのではないでしょうか。これからは、アメリカに過度に依存していては

国民の生活向上はないと考えるべきです。数字が示すように、躍進目覚しいアジアとの関係を重視していくことが大切であり、政治・経済・防衛政策も含めてアメリカへの過度の依存を改めていかなければならないように思います。

　また、世界の港湾の貨物・コンテナ取扱量をみてみますと、日本の港湾はベスト20にすら入っていない状況です。以前は、横浜や神戸がアメリカ向けの貿易により発展し、世界有数の港湾であったと思います。そんな中で注目すべきことは、日本海側の福岡、舞鶴、新潟といった港湾が急速に伸びてきているということです。つまり、対アメリカ貿易が主要な港は元気がなく、アジアに開かれている日本海側の港が利便性やコスト面から発展してきているのです。このように、物流の世界も大きく変わってしまったようです。

　今までの常識にとらわれていたのでは、このような世界の趨勢がみえなくなってしまいます。われわれは、無意識に刷り込まれた知識や常識、たとえば昔学んだ本に書いてあったことを何の疑いもなく信じ込んでおり、そうした知識にがんじがらめになっているということが多々あります。なかなかそこから脱却することは難しく、そのため物事の変化に対し柔軟に対応するということができません。今までに刷り込まれてきた常識を疑ってみることで再検証し、正しい知識・常識を修得して自らの考え方を変えていかなければ、極めて思考回路が偏狭な人間になってしまいます。新しいことに取り組むには、今までの知識・常識を疑って検証してみることが大切です。編集者にとっても、これまでの常識や固定観念を疑ってみることは新しい発想・構想をするために極めて大事なことであり、そうすることが日々の自己変革につながっていくように思います。

先例なき時代は自ら考えて行動できる人材が求められる

（平成23（2011）年1月11日）

●教育・指導を受ける側に自己犠牲の精神がなければ効果は上がらない

　平成23（2011）年元旦の日経新聞の一面には、大きな文字で「先例なき時代に立つ」という大見出しが掲げられていました。かつて日本は、西欧列強からの圧力にも負けず、幕末の国難を乗り切り、近代化を成し遂げました。第2次世界大戦の敗戦後は米国など先進国の背中を追いかけ、見事に復興を果たし、世界でも稀にみる2度にわたる奇跡的な経済発展を実現しました。しかし、バブル崩壊後は「失われた20年」といわれる危機を迎え、現在は、人口の減少、高齢化の進行、財政赤字という三つの難題に直面しており、経済的な衰退は、先進国の中でも先頭を走る状況であり、今後も厳しい経済状況・社会状況に直面せざるを得ないことは明らかです。

　そのような中で、若者は海外に目を向けず、「内向き志向」を強めているとの報道がされていますが、過去2度の奇跡的な経済成長を果たした背景には、海外から受けた圧力や恥辱的対応に対して、あるいは敗戦という事態に対して国民が危機感を高め、一致団結して難局に立ち向かったことがあるのではないでしょうか。元旦の日経新聞に登場した識者の多くが、現在のような危機的状況にあって、3度目の奇跡的な成長を果たし、将来の展望を開くためには、教育・徳育・文化を再構築し、力強い経済成長のモデルをつくり出し、世界における「日本の立ち位置」を明確化する必要があると主張しています。強い経済の基盤をつくるためには、「自ら考え、自らつくり出す」人材が必要なのです。今や、日本には目標となるモデルや羅針とすべき海図は存在しないのですから、わが国独自のものづくり精神と高い技術力をもって、世界を土俵にして立ち向かっていかなければならないのです。

　私たちの出版の仕事についても、同様のことがいえます。各個人が、独創性が高く社会に役立つテーマ・企画を自ら考え、模索し、自らを練磨し、努力を重ねていかないことには、会社の存立も危ういものになることは、火を見るより明らかです。年始の挨拶の中で、人材育成を今年の目標に掲げましたが、特に、20代から30代の体力と知識の吸収力のある若いうちに、先輩のさまざまな教育・指導から真摯に学び、いかに実践するかが成長するためのキーポイントになります。たとえば、1日も早くまともな仕事ができるようになるためには、多忙で仕事の処理が遅れているときなどには、ときに休日も仕事に振り向けるなどして正面から仕事に向き合い、自己犠牲の精神で仕事に打ち込むことも必要です。そうした経験によって、自身の能力を伸ばし、より責任のある仕事をしていくことを通して将来的に一人前の出版人・編集者になることができます。今年の元旦の日経新聞の論説記事を詳細に分析してみた結論は、先例なき厳しい時代にたくましく豊かに生きていくには、第1に一人ひとりが与えられた仕事と同僚・会社を愛し、人材育成教育を通して能力を向上させ、成長・発展していくための基盤づくりをすることが必要だということです。

46　職人としての高い志をいつまでももち続けたい

（平成23（2011）年2月1日）

●人に恥じない、社会に役立ち後世に残るものづくりを心がけたい

　先日、法隆寺の昭和の大改修に携わり、文化功労者にも選ばれた宮大工の故・西岡常一さんのお弟子さんである小川三夫さんが、職人とは何かということについて書かれた『棟梁——技を伝えて、人を育てる』（文藝春秋）を読みました。小川さんは鵤（いかるが）工舎の棟梁として西岡さんの技を引き継ぎ、日本の伝統工法を守りつつ寺社の修復・再

建に取り組んでいます。この本の中で小川さんは、「まず職人としての気概をもち、いい仕事をしたい、世に出して恥ずかしくないものをつくりたい」という心がけを忘れないことが大切であると述べています。

先日放映されたテレビ番組の中でも、東京タワーの建設にかかわった鳶職の方が、国家的プロジェクトに携わって後世まで残る建築物をつくることができたことが職人として一生の誇りであると話していました。

何百年も後世に残せるようなものづくりをして、目先の損得にとらわれるのではなく、社会から有用性をもって、感謝してもらえるかということを第1に考えながら仕事をしている職人の発する言葉というのは、とても清々しく心地よいものです。

われわれ編集者も、ものづくりの現場にいる人間として、このような職人の気概をもっていなければなりません。

企業は、利益を上げなければ成り立たないわけですが、利益を追求しようとする企業人としての考えと、社会や人のお役に立つ良い仕事をしていきたいという職人の考えは、場合によっては兼合いが難しいところもあります。特に、現代の利益最優先の経営理念がばっこしている中では、商品の品質や有用性について熟慮されないまま商品化されているものも一部に散見されます。しかし、そういったものづくりをしていては、その企業はやがて世の中の信頼を失ってしまうのではないでしょうか。いいものをつくろう、人に恥じないものをつくろうという志を忘れずにいれば、それが社会にも認められ、結果的に利益も後からついてくるものです。

日本の資本主義の父といわれる渋沢栄一さんの著書である『論語と算盤』の中でも、同様のことが指摘されています。明治時代の後半に、多くの経営者が「世のため人のためにいいものを真剣につくっていこう」という志を忘れて利益の追求のみに狂奔した結果、社会の信認を失って倒産に追い込まれていった様子の記述があります。そういった風潮を不安に感じ、渋沢さんは同書の中で警鐘を鳴らし、正しく誠実に仕事をすることの大切さを説いています。

　現代のグローバルな競争社会では、新製品の開発競争が激化していますが、それが世の中の人を本当に幸せにしているかどうかについては疑問に思う点も多々あります。

　電子書籍についても、他社を出し抜いて一刻も早くシェアを獲得しなければ生き残れないという過酷な戦いの中で、各社がしのぎを削って次々と市場に新商品を投入しています。しかし、商品の有用性などについてじっくり考える余裕もないまま、消費者が購入することを第1の目的としている現状から、少し立ち止まってみる必要があるのではないでしょうか。

　特に出版は国の文化を担う重要な資産として、いつまでも残っていくものですから、世に出して恥ずかしくない、人から信頼・信用されるものづくりをすることが必要です。本づくりの現場においても、出版人・編集者という職人の志を基本に置いて、みんなで議論をしながらよいものを出版していくことが肝心です。

47 「努力に勝る天才なし」の言葉を糧にして努力を重ねる

（平成23（2011）年2月23日）

●イチローさんに学ぶ「努力があってこそ結果に結びつく」という事実

　私の好きな言葉に「努力に勝る天才なし」というものがあります。似た言葉に、「天才は9割の努力と1割の才能」というものがありますが、つまりは読んで字のごとく、努力をしなければ天賦の才能も開花することはできないということです。私は、この言葉を人生のメインテーマの一つとして仕事を続けてきました。

　それを身をもって体現している人物がいます。大リーガーのイチローさんです。彼は、日本の球界で活躍している時から「天才」と呼ばれてきました。メジャーリーグに移籍してからも、同等あるいはそれ以上の

活躍をして、野球の本場アメリカでも「天才」と認められており、昨年も9年連続200本安打という前人未到の大記録を達成し、今年も活躍が期待されています。

　しかし、彼は「天才」ではなく、「努力」の人なのです。先日、『イチロー、聖地へ』（文春文庫）を読みました。石田雄太さんがイチローさんに密着し、観察、分析したルポルタージュです。幼い頃から父親の厳しい指導のもとで無類の努力を続けて独特の打撃スタイルを確立し、日本球界での活躍、メジャー移籍、年間最多安打の大記録を打ち立てるまでをイチローさんへのインタビューを通して丹念に描写しています。そこには彼の生活スタイルが表れています。生活のすべてが野球のためにあり、人から見えないところでは人の何倍も努力をしています。決して、並外れた「天才」ではなく、「努力」の人であるということがわかります。彼はよく、「天才」と呼ばれることが一番嫌いだと言います。毎日最高を目指す努力をして、ヒットを打てるよう自らの肉体に覚え込ませている、その結果を「天才」とのひと言で片付けられるのが許せないのでしょう。この本からは、イチローさんも普通の人間であり、結果を求める中での葛藤や心の叫びを読み取ることができます。

　私がイチローさんを尊敬するのは、そうした努力をして、厳しい自己管理をし、常に結果を求めている点です。小さい時から、父親との二人三脚による鍛錬によって野球選手になることが宿命づけられていたという点はわれわれと異なるかもしれませんが、努力を継続することは私たちでも真似ができます。

常識力を人材育成の柱にしないと企業は信頼を失う

（平成23（2011）年５月31日）

●新人にはビジネスに必要不可欠、重要な常識力を徹底教育する

　昨今の日本社会では、常識力の重要さがいろいろと問われています。社会全体で、「常識」という当たり前のことが求められていること自体が異常なことのように思えますが、ここ最近では、社会人として最も大切な素養は常識力であるといわれています。企業の採用担当者としては、学校の勉強ができても常識がない人間と、学校の勉強は多少できなくても常識がある人間とがいれば、間違いなく後者が採用される傾向にあります。仕事をするうえでの知識や能力は、入社した後でも経験を重ねることで身に付けることはできますが、常識力を入社後に身に付けることはそう簡単なことではありませんし、周囲の人たちにとって大変な負担となります。

　「常識」という言葉を辞書で調べてみますと、「社会的に生活するうえで必要不可欠の知識」であると記されています。少し前までの日本の社会は、たとえ両親に常識力が欠けていて、しっかりと常識について教えられる機会がなかったとしても、学校の先生や地域の人々といった周囲の環境によって教え鍛えられ、自然と身に付けてきました。しかし、地域社会が崩壊した現在、そういったしつけや教育をしてくれる機会が少なくなり、結果として常識力が身に付かないまま大人になってしまう人間が増えたのではないでしょうか。子ども同士で遊ぶ時間が少なくなってしまったことや、過保護に子どもと接するモンスターペアレンツの存在によって、教育以外の指導に時間を割くことができなくなった教育現場の荒廃も原因としてあげられます。常識力を身に付ける機会がないまま子どもたちは成長し、そして社会人となってしまうため、必然的に会社がしつけ、マナーといった教育を引き受けることになります。もし、

社員に常識力が不足しているとなれば、自身の評価を落とすだけでなく、会社全体の信用、信頼に傷を付けることにつながる危険性もあります。そうならないためにも、先輩は新入社員を厳しく指導する必要があります。

　これは会社だけではなく、社会全体にもいえることです。当たり前の常識が通じないような社会になってしまうことは、この国が長年にわたって培ってきた礼節や公徳心などの精神文化、アイデンティティーを失うことにつながります。常識が通用しないような社会にしないためには、自分の子どもだけでなく若者に対しても周囲の人間が厳しく指導していかなければなりません。

　常識力は世の中で生活するうえの基本であることを強く認識し、後輩や新人に対しては、その場その場でしっかりと教育をしていってほしいと思います。それが、結果として会社力を高めていくことにつながるわけですから。

 ## 49　人の意見・提案に対してまずは肯定をしたうえで事を進める

（平成24（2012）年6月19日）

●「Yes And 方式」の提案型による組織運営が会社力を強化する

　皆さんは「新人を『一から』育てることは骨が折れることだ」とお思いではないでしょうか。今も昔も、人を育てるということは大変なことですが、ここ十数年来は、入社してくる新卒社員には社会人としての考え方や対応の仕方といった社会性がしっかりと備わっていない人が多いため、新人教育には特に骨が折れるように感じています。新入社員に社会性や社会常識が備わっていない要因として考えられるのは、旧来より日本の社会を支えてきた大家族制の崩壊や地域コミュニティの衰退、学校教育や課外活動の性質の変化などによって、幼少期から社会の現実を

体感し、社会人感覚を磨き、研鑽していく機会が減少したことにあるのではないかと思います。また、新入社員の多くは打たれ弱く、少し嫌なことがあったり仕事の壁にぶつかってしまっただけで簡単に会社を辞めてしまう、という話はよく聞きますが、事実、最近のデータを見ておりますと、新入社員のうち3分の1が5年以内で辞めているという実態があります。

　各社それぞれ、新入社員教育には苦労させられているようですが、最近の傾向として、新入社員の打たれ弱さに配慮して優しく真綿でくるむようにして育てるという方向も注目を集めています。ですが、こと編集者という仕事において考えてみますと、こうした教育方針には疑問が残ります。それは、編集者を育てていくのは何も社内の人間に限らないということです。われわれの仕事は、社会の最前線で活躍する著者の方々と1冊の本をともに作り上げていく仕事ですから、企画や編集の仕方、仕事の進行等、さまざまな場面において、編集者が配慮を欠き、ミスを犯せば著者の先生から厳しく叱責を受けることになります。そうした経験を通して、著者の先生によって編集者が育てられていくという話はよく聞きます。ですから、著者の先生と対峙した際に恥をかかないように、時には厳しく新入社員を育てていかなければならないのです。新入社員としても、成長は少しずつしか達成されないのですから、1年、2年と辛抱強く継続していくしか仕事の楽しさや喜びを知ることはできないことを肝に銘じていただきたいのです。

　ところで、自分と異なる意見の持ち主から自分の提案をにべもなく否定をされると、その相手に反感を抱くことが多いという話はよく聞きます。その事実を踏まえて私が若い時に先輩から教えられたことの一つに、まず相手の意見を尊重し「その意見に賛成します。ですが、」という「Yes But」方式で交渉をするとうまくいくということがあります。ところが、これからの対人的な接し方について平成24（2012）年6月18日の日経新聞「春秋」欄では、反対意見でもまず肯定し、「そのとおりです、そして」という「Yes And」方式という提案型の接し方について効

果、メリットが述べられていました。この「Yes And」方式を実践すると、And を言う側がアイデアを考えるばかりでなく、言われた発案者も刺激を受け、アイデアが浮かび、結果的には大変すばらしい企画ができあがると述べており、若い世代の活動やいま伸びているベンチャー企業でこのやり方が採用されているそうです。

　常日頃から言っているように、企画力は編集者にとって必須の能力ですから、新入社員の荒削りなアイデアや提案に対して、上司、先輩が優しく「Yes And」方式を実践することによって、新入社員は意欲を削がれることなく、成長を続けられます。併せて上司、先輩にあっても、発想力や企画力を向上させることにつながり、結果として社内全体の企画力・開発力が高まっていき会社が成長していくものと思います。

50 人を教育することを通して自らも教えられることが多い

（平成25（2013）年4月2日）

●**指導する者、される者の良好な人間関係が会社発展の原動力となる**

　今年（平成25年）も4月1日は各社で恒例の入社式が行われました。テレビなどで報じられた各社代表者の言葉は、時代状況を反映して、明るいものから厳しいものまで、あるいは各社の業績の明暗がそのまま表れたようなものまでありました。その新入社員に向けたメッセージの中で共通していたものは、「会社の一員としての自覚をもって、社会人として成長するよう努力するとともに、会社の発展のために1日も早く戦力となって欲しい」という趣旨の内容でした。経営者の言葉としては至極当然のことですが、私自身常に思うことは、「人を育てる」ということは「言うは易く行うは難し」です。

　現在、スポーツ界では指導者と選手との関係のあり方が問題になっています。暴力やパワハラが依然として横行しているようですが、専門性

と密室性が阻害要因となり問題が表面化することも難しいようです。しかし、一部の勇気ある人たちによって次々に実態が明らかになりつつあります。確かに、人を育成するということは根気や寛容を必要とする仕事です。スポーツ界にあっては、結果がすべての面がありますから、指導者の指導・教育に選手が十分に応えてくれないと、感情をコントロールできない指導者は、暴力やパワハラに走ってしまう傾向にあるようです。また、スポーツ界での指導・教育は、現役を退いた先輩が担うことになりますから、どうしても「上から目線」になってしまいがちです。これは強者と弱者の関係ともいえるもので、見方によっては強制的な指導ともとらえられ、本人や周囲に暴力的な印象を与えてしまうおそれもあります。

　翻って、私たち自身のことを考えると、スポーツ界とは違い、直接的な暴力こそはありませんが、人材を育成するということはスポーツ界以上に難しいように思います。そこでは、教える側と教えられる側との人間関係が問われてきます。両者の人間関係がうまくいかないと、教える側がいくら熱心に指導・教育をしてもうまく歯車がかみ合わないことになります。では、一体どのような人間関係を作り上げるべきでしょうか。

　人を育てることは根気と辛抱が必要です。教える側は、包容力・寛容力をもって指導にあたり、「教えて、教えられる」という自覚が大切だと思います。教えることで逆に自らが学ぶことも沢山あるはずですから、それを自身の成長・発展に生かすことです。また、教えられる側は謙虚と感謝の気持で指導・教育をする人たちに接し、教える側の気持を汲みとって対応する姿勢こそが大切だと思います。その姿こそが教えられる側の人間性の向上にもつながるはずです。そうすることで両者のよりよい人間関係が作り上げられます。よい人間関係は、結果として会社発展の原動力となります。

　これからも英知を出し合い、日々、効果的な指導・教育方法を考えながら、社員間のさらに良好な人間関係を作り上げ、会社を発展させていきたいものです。

「石の上にも10年」の経験と修業をすれば一人前になれる

（平成26（2014）年5月7日）

●一人前の編集者になるためにはまずは「辛抱」することから始まる

　だいぶ昔のことですが、「人間辛抱だ！」と俳優の三船敏郎さんが視聴者に訴えかけるテレビのコマーシャルがありましたが、人は生きていくうえで辛抱をしなければならないことが多々あります。仕事も辛抱を重ねて修行をし、その過程で仕事の本質を身に付け、一人前へ成長していくのです。

　フレンチレストランの著名シェフである三國清三さんが、平成26（2014）年4月10日の日経新聞夕刊「あすへの話題」欄に"下積み10年"と題して興味深いことを書かれていました。

　三國氏のレストランに修行にくる若者の中には、修行期間がわずか3年か5年で独立する人がいるそうです。しかし、そういった若者たちは、それぞれの修行年数とほぼ変わらない年数で店を閉める結果になることがほとんどだそうです。やはり、10年以上の下積みを経験しなければ独立しても成功は難しいと三國氏は言っています。その理由は、「社会に出ると誰しも世間の荒波にさらされるし、職場での人間関係をめぐるトラブルもたくさん生じる。それでも、10年間の修行をすれば経験も豊富になり、人間的にも成長する。さらに、10年間の修行でレシピの引き出しが増えて、その応用力が自在になってくる。同時に職場での人間関係、さまざまなトラブル対策等の対人スキルを上げていくことになる。だから最低でも10年間の辛抱が必要だ」と述べています。

　私も常々一人前の編集者になるためには「最低10年の経験と修行」が必要だと言っておりますが、三國氏の主張は全く同じでわが意を得たような気持になりました。一人前の編集者になるには、編集技術や企画・立案の能力、著者との交渉力、会議の進め方、原稿督促の仕方、人脈の

作り方、トラブルの対処方法など多様なスキルを学び、身に付けることが必要となります。そして、それらを身に付けるには最低でも10年は修行（＝辛抱）が必要であり、仕事に対する自信を付けるためにも必要な時間といえます。編集者となって5年くらいで、「自分はもう一人前の編集者だ」と考える人もいるでしょう。しかし、経験的にいわせてもらえば、本当に一人前の編集者といえるようになるためには、その後の5年間で何をどう修行をしたのかが重要となるのです。しっかりと勉強をして、失敗を恐れずにチャレンジを続けられるかどうかが5年間の成果を左右します。

「石の上にも3年」という諺がありますが、どのような道であれ、現代では、一人前になるために必要な年数は「石の上にも"10年"」です。この10年の修行に耐え、辛抱することが将来の自分に大切な時間となるのです。

 **52　己を知ることによって成長する
ための課題を知ることになる**

（平成27（2015）年1月6日）

●正確な自己分析ができない人間はビジネスの戦いに勝てない

中国の春秋時代の武将・軍事思想家である孫武の作と伝えられる兵法書『孫子』の中に、「彼を知り己を知れば百戦して殆うからず」という一節があります。相手の実力をしっかり把握するだけではなく、自分の実力のほどを正確に把握して戦略を立てる重要性について述べた言葉ですが、言うのはやすく、実行するのが難しい言葉でもあります。というのも、人間はどうしても自分に対しては甘い採点をしたり、自分の実力を過大評価しがちだからです。

太平洋戦争における日本軍は、まさにその好例でした。敵である米軍を過小評価する一方で、陸軍など己の戦力を過大評価しつつ、根拠のな

い精神論で難局を乗り切れると考えて、無謀ともいえる戦争に突入し、悲惨な結果を招きました。当時の軍部は、孫子の格言を活かすことができなかったといえます。

ところで、自己評価がしっかりできれば、克服すべき課題も明確になります。明確になった課題に日々前向きに取り組み、自己犠牲を伴う努力を続ければ必ずや目標を達成でき、成長につなげることができます。逆に自分の克服すべき課題が見えないと、仕事への取組みに真剣さを欠き、企業が求める能力に届かず、その結果として近時多く見られるように不採算部門の整理や人員削減のリストラの対象になってしまいます。

年頭にあたり、皆さんに新年の克服すべき課題を提出してもらいました。自己分析がしっかりできており、将来に向けた改革目標や自分のみならず会社の将来の方向性にまで提案している者もいました。一方で、もっと真剣に自己分析をして克服すべき課題を明確にして精進して欲しい者もおります。自分が克服すべき課題のみならず、会社が目指すべき課題の両者に配慮することは、とても重要です。広い視野に立って、常に自身のことのみならず会社の将来のことの双方について、課題と克服すべき方策に考えをめぐらすことができれば、一人前の出版人・編集者として成長し評価されることになるでしょう。

本年も出版界は厳しい環境の下にあります。大学の法学部では、いわゆる自炊やコピーが横行し、卒業するだけならば、教科書を購入する必要がない状況になっています。その結果、学生向けの教科書を軸に活動してきた出版社は必然的に苦戦を強いられ、法律実務家向けの書籍を新たに刊行することで難局を打開しようとする傾向が近年は顕著になっています。当社の出版物の中核を占める実務書の出版が戦国時代に入っているのです。

このような厳しい状況の中で、勝ち抜いていくためには、一人ひとりが己の能力を向上させていくしかありません。そのためには、自己分析をしっかり行い、己に足りないものや弱点を把握し、それを克服することによって成長することが求められます。日々、各自が明るく楽しく仕

事に向き合いつつ、その中に厳しさを持って自己研鑽に励み成長していただきたいものです。

53 仕事を任せて温かく見守ってやれば人は成長する

（平成27（2015）年7月7日）

●仕事を任せ、責任をもたせ、教育できる指導者になってほしい

　上に立つ者は、部下・後輩に教えたり任せたりしながら仕事をし遂行していかなければならない宿命があります。一人前に成長してもらえる方法を教えても、成長の仕方は千差万別であり、上司・先輩の期待どおりに成長してもらえないことも多々あります。

　企業が人材を育成する大きな意義は、二つあります。一つは、企業にとって重要な戦力になってもらうためです。もう一つは、一人の人間として会社、さらには社会に貢献してもらうためです。そのほか、それぞれが成長することを通して職場に溶け込むことにより、職場の雰囲気がよくなり、各自が担う仕事もスムーズに進むということもあるでしょう。このように、人材育成は、会社を運営するうえでの最も重要なファクターなのです。

　人を成長させる有効な方法は、仕事を任せて責任をもたせることです。そのためには、仕事を任せる側は、任せられる側に事前によく説明をし、仕事をこなせるように知識・ノウハウを教授するとともに事前にある程度の経験を積ませておくことが必要です。また、任せる側には、相当な覚悟と忍耐が必要になります。任せた仕事が失敗すれば、自らも責任を問われかねないからです。仕事を任せないほうが効率がよい場合も多々あるでしょう。しかし、それでは部下・後輩は、最終的には上司や先輩が責任をとってくれるという甘えの感情を抱いてしまい、いつまで経っても一人前にはなれません。初めから全部の仕事を任せるのが難しい場

合には、少しずつ仕事を任せて経験を積ませていったり、また、任せた仕事の進め方を適宜確認するなどして、トラブルの発生を防いでおくことも必要となるでしょう。仕事を任せることは、いろいろと面倒なこともありますが、任せる側・教える側にとっても互いに成長する契機にもなります。任せる側は、任せた仕事をどのようにカバーしてあげたらよりよい成果を得ることができるのかを考える素材になるからです。

　他方、仕事を任せられる側にとっては、それまでの仕事に対する姿勢が問われる機会になります。なぜなら、仕事を任せられるだけの実力・能力が備わっているか試されることになるからです。日々、一つひとつの仕事を積み重ね、確実に自分の力になるような仕事をしていけば、こうした機会が到来した場合に十分に対処できることになります。そして、仕事を任される機会がきたら、それは成功へのチャンスと考えて、果敢に挑戦する気概をもつべきです。

　結局、任される・育てられる側は、一人前の職業人になるために、日々、研鑽をし、仕事を任されることができる人間になるために努力を続けていくことです。そして、仕事を任されることを、一人前の仕事ができる喜びにつなげていただき、より確かに成長し続けてもらいたいと思います。

⑤④ 自主・独立の精神が人として編集者としての成長を促す

（平成28（2016）年1月5日）

●一人前とは他人に頼らず自分で考え判断し、行動し、結果を出すこと

　平成28（2016）年の年頭にあたって、出版業界を俯瞰しますと、出版不況の荒波はいまだ収まらず、予断を許さない、大変に厳しい経営環境の中に当社もあるといえます。

　そこで本年は、社員一人ひとりが持ちうる能力を最大限発揮し、各人

が与えられたポジションでなしうる最高の努力を果たすことを目標に、「チーム民事法研究会」として、一丸となってこの難局に立ち向かっていこうと考えております。そこで、この1年をすばらしい年とするべく、昨年10月のラグビーワールドカップにおいて3勝という歴史的勝利をあげたラグビー日本代表の大躍進からヒントを得たいと思います。

　ご存知のとおり、ラグビーワールドカップ以降、日本中がラグビー人気に沸いています。私の住まいの近くにラグビーの聖地として名高い秩父宮ラグビー場がありますが、この三元日も全国大学ラグビーフットボール選手権の観戦のために、観戦者がたくさん押し寄せ、衰えない人気ぶりをみせていました。

　ですが、ワールドカップ開催が決まる少し前の日本ラグビー界は、今日の活気とはまさに対極の、人気低迷の中にありました。ラグビー日本代表に対しては、ワールドカップで過去一度しか勝利したことがないことを理由に、世界の檜舞台では通用しないチームであると考えられていました。何が彼らを大きく変えたのでしょうか。大躍進の原動力は、平成23（2011）年12月に日本代表ヘッドコーチに就任したオーストラリア出身で、日系アメリカ人を母にもつエディー・ジョーンズさんの類い稀な指導力と、世界一とも呼ばれた練習量、そして徹底して行われた選手一人ひとりの意識改革でした。

　ジョーンズさんは、日本代表の身に染み込んでしまっている「チームメイトに気を遣い、チームメイトの顔を見て行動する」プレイスタイルを転換し、選手一人ひとりの主体性と自主性を重んじるプレイスタイルへチームの体質を一新しました。長年染みついた習慣や意識を改めるのはそう単純なものではなく、並大抵の努力ではなかったことでしょう。結果、ワールドカップにおいて、優勝候補と目された南アフリカ代表から熱戦の末に大金星をあげることができ、さらにサモア、アメリカにも勝利して堂々の3勝と、ラグビー人気の回復と爆発に大いに貢献しました。この大躍進はひとえに、選手一人ひとりのたゆまぬ努力の賜であるとともに、オールジャパンとして一丸となって人気低迷という苦境に挑

もうとする強い目的意識とチームワークがあったからにほかならないでしょう。

　翻ってみて、このラグビー日本代表の大成果を強い会社づくりに活かすとすると、社員一人ひとりが知識・能力を向上させるとともに、自身の持ち場や立場において、人に頼らず自ら率先して考え、自ら判断し、自ら主体的に行動することを目的意識化することです。これによって、一騎当千の人材の成長につながるものと思います。そのために、社員全員が、自主・独立の精神を養うために、日々、主体性・自主性を練磨し高めることが肝要だと思います。

⑤⑤ 何事にも恐れず果敢に挑戦すればおのずと道は拓ける

（平成28（2016）年6月7日）

●「ダメ元」の精神が人を育て、人脈を広げ、会社も成長させる

　仕事への向き合い方としては、常に前向きに、何事にも積極的で迅速に行動に移すことが大切なことは言うまでもありません。特に、職業人として大切なことは、当社の社是にもあるように「行動の迅速」にあると思います。物事を考えていて、いつも机に向かっているようではダメで、歩きながら考え、考えながらすぐに行動に移すことが、人を成長させる一つの方法ではないでしょうか。

　「経営の神様」と言われ今でも多くの人に慕われている松下電機（現パナソニック）の創業者、松下幸之助さんの口癖は「やってみなはれ」だそうです。松下幸之助さんは、社員からいろいろと提案や新企画が持ち込まれたりすると、あまり詳しい話は聞かず「まずはやってみなはれ」と言って激励したそうです。人間、そう言われますと、必死になって、具体化のために知恵を絞ります。そして行動を起こさざるを得なくなります。その「やってみなはれ」という言葉は、失敗を恐れない、真

91

摯な姿勢というものを求めているようです。任された人間は、どうすれば成功するのか、必死に考えて行動することによって、能力的にも精神的にも大きく成長していくことに繋がっていきます。松下幸之助さんの狙いは、たぶんそこにあったのではないでしょうか。自分で考え、自分で判断し、自分で行動することで、何かを得ることができるのだと私は思います。

　よく言われる格言の一つにこういうものがあります。「駄目な人間はできない理由を考える、できる人間はどうしたらできるかを考える」というものです。いつも言い訳ばかりしていたり、後ろ向きな発言をしている人間には、成長、発展はないということです。人間を成長させていくには、ダメで元々という「ダメ元精神」が必要なのだと思います。

　初めから、上手くいったり、成功することがわかれば、世の中こんなに簡単なことはありません。出版企画を具体化する前にも、大いにこのダメ元精神を発揮していただきたいと思っています。「当たって砕けろ」のダメ元精神があれば、臆することなく、誰彼となくお会いすることができますし、新しい企画の意見を聞いたり、相談することもできます。それがきっかけとなって、新しい人脈作りにも繋がります。さらにその人から新しい人の紹介を受けることによって、人脈関係の連鎖を作ることにも繋がっていくわけです。私はよく、若手社員と一緒にいろんな人と会うようにしているわけですが、それにはそこから次の人脈に繋げてほしいという意味を込めています。現在の私の人脈を介して、さらに次の人脈を作ってくれれば、うちの会社は安泰だという、シグナルを送っているわけです。私が紹介した人脈で終わるのではなく、そこからさらに発展させ人脈を繋げていくということが、極めて重要な役割だと思います。

　ダメ元精神は人脈形成の面でも良い方向へと作用しますが、それにはまず小さな勇気をもって、当たって砕けろの前向きな思考を作ることが必要です。どんなに名の通った著名な人物であっても、鬼や化け物ではないわけですから、こちらから真摯に、情熱をもって説明し、協力を要

請すれば、必ず引き受けてくれるはずです。特にこれから当社を担っていく次の世代には、臆することなく挑戦する、失敗を恐れないダメ元精神を身に付けて欲しいと願っています。

　何事もやってみて、そこから始まるものです。物事は考え通りに進むことはないわけですから、何事にも恐れずにチャレンジしていくということを基本姿勢にし、頑張っていただきたいと思っています。

56　企業の底力は商品企画力の豊かさによって決まる

（平成28（2016）年8月2日）

●個々人の企画力の優劣・格差は知識量・情報量に比例する

　現在、わが社では、さまざまな研究会・勉強会が行われていますが、企画力を向上させ、成果に結び付けるには、ただ漫然と研究会・勉強会に参加するだけではなく、何より社員一人ひとりが編集者という仕事をよく理解し、自覚をもって研究会・勉強会から何かを学びとることが必要です。「編集者は企画を立てて、書籍をつくってなんぼ」といわれます。企画力を高めるには、数年から10年、さらには20年にわたって人一倍の努力を継続することが求められます。私は編集者として50年近く生きてきましたが、現在も、地道に多くの書籍や雑誌を読み、感性を研ぎ澄ましているからこそ、第一線で働くことができているのだと思います。

　他社よりも先んじて品質の高い商品を開発することが、企業の活力になり、競争力が生まれます。ただし、現在売れている商品がいつまでも売れ続けるとは限りません。対抗商品が生まれれば、直ちに商品価値を失うかもしれません。常に変化と進歩を重ねることが、今日のヒット、明日のヒットにつながります。企業の底力は商品企画力であり、その力が如実に企業間格差を生じさせるのです。大競争時代にある出版界においては、時代に対応できる企画力がなかったり、企画力が鈍化・劣化し

て衰退し、消えていった出版社の例を数多く見てきました。私が常に企画力の大切さ、その向上を図ることの大切さを口酸っぱく言っているのは、企業力とは商品企画力そのものであることが現実だからです。社会から受け入れられ継続できる企業の未来・将来は、企画の立案と実行があって、その先にあるものです。

　企画力は、知識量・情報量に比例します。毎日、新聞をよく読んで社会・経済の動きを鋭敏にとらえ、多くの分野、幅広い分野の知識・情報を身に付けるといった、極めて地道な努力を積み重ねてこそ、少しずつ企画力を高めていけるのです。こうして得られた知識・情報は、脳内で結合・融合し、ひらめきや発展へとつながるのです。

　これは営業部の担当者にとっても同じことです。営業力とは、知識量・情報量に比例します。知識・情報から営業戦略のアイデアが生まれてくるのです。

　大ベストセラー『思考の整理学』の著者、外山滋比古さんは、知識は丸暗記するのではなく、社会の役に立つように、目的をもって主体的に集積して、それらを一体として思考することが大切だと言っています。今からでも遅いということはありません。思考をめぐらせて、社会にとって有用で良質な企画を立案し実行して、企業の底力をつけていかなければなりません。

57　追い詰められたときにこそ飛躍のチャンスがある

（平成29（2017）年4月4日）

●困難な状況になってもポジティブにとらえられる人材に育って欲しい

　現在、「週刊文春」の編集長である新谷学さんの著者『「週刊文春」編集長の仕事術』を読んでいるところですが、その中で新谷さんは、いわゆるゆとり教育世代を中心とした最近の若者について、「歯をくいしば

って自己実現するのが難しい」、「仕事で壁にぶつかったときに乗り超える信念を持てず、自分には向いていないからと簡単に辞めていってしまう」という特徴をあげています。

　さらに、今朝のテレビの情報番組で作家の伊集院静さんが、「仕事が辛いのは当たり前であり、すぐに役立つものは、すぐに役立たなくなることを、最近の若者はわかっていない」と苦言を呈していました。私も大いに共感するところですが、とりわけ出版の世界においては、知識・創造力・企画力などのほか、人間力や人脈を構築するスキルなど多くの能力が必要となりますので、人材育成の困難さはより大きいといえます。一朝一夕では、一人前になれないうえに、出版の仕事にはマニュアルがないため、ファストフードの仕事のようにマニュアル通りにこなせば、一定の成果をあげられるという仕事でもありません。そこには、創意工夫と自己研鑽による成長が不可欠です。若いうちは、不安になったり壁にぶつかって挫折しそうになることもあります。そういうときにも自分を鼓舞して乗り超えることで、達成感が得られ、仕事が楽しくなるのです。すなわち壁にぶつかることは飛躍のチャンスでもあるのです。

　さて、バブル経済の崩壊を境にして雇用の流動化が加速しています。折角、採用しても入社して１～２年程度で３割近くの新人が辞めてしまう傾向が強くなったことで、企業側は社員教育にお金や時間、労力をかけてもコストに見合わないと感じるようになりました。そこで、比較的コストをかけずに即戦力にすることができる経験者採用が増えてきています。出版界についてみると、短期間で戦力になる人材に育成するのは至難のわざだといえます。少なくとも５年は教育期間が必要であり、教育期間中は会社への貢献はあまり期待できません。他方で、雇用が流動化している現状では、人材育成に人的・時間的コストをかけるのはリスクが高いといえます。

　今後のわが社の人事戦略を真剣に考えていかなければなりませんが、拙速に人材補充を図るのでは会社の発展は難しいといえます。単なる人数合わせ的な採用では、かえって教育に人的・時間的コストをかけてし

まい他の社員の足を引っ張りかねません。そこで比較的短期間に成長を見込める地頭のしっかりした優秀な人材を採用する必要があります。

　すぐに人材補充するのが困難な中で、社員一人ひとりが効率的かつ迅速に責任をもって仕事を遂行し、各自の能力を向上させて対応する必要があります。追い詰められたときこそ、良いアイデアや企画が生まれるということは、出版界でよくいわれることです。現状は厳しいものの、与えられた条件をポジティブにとらえて、自己研鑽をして飛躍できるように力を合わせていって欲しいと願わざるを得ません。

58 社会にとって有用な存在であり続ける企業を目指したい

（平成29（2017）年10月2日）

●受け身の仕事をなくせば会社は長きにわたって成長を継続できる

　「創業は易し、継続は難し」といわれます。わが社が誕生して再来年で30年となりますが、長期にわたり事業を継続し、健全な経営をすることは難しいことだとつくづくと感じています。統計では、創業から3年で80％、5年で90％の会社が廃業しています。数多くのIT企業が毎年誕生するといわれるシリコンバレーでも、成功するのは1％ないし2％といわれています。

　会社の創立を可能にするための条件は、①創業者のアイデアと実行力、②多少強引であっても、信念を貫く強いリーダーシップ、③会社に利益をもたらす人脈、それから、④時代的、社会的要請に合致するといった運の強さ、が必要だと思っています。そのため、私の周囲をみても創業者はよくいえば個性的、悪くいえばアクが強い人が多いように思います。

　では、創業者の果敢な挑戦によって設立をされた会社が順調に継続していくためには、何が必要でしょうか。それは、第1に社会にとって有用な存在であり続けることだと思います。ですから、長期にわたって事

業を継続している会社は、社会からの信用・信頼も厚いのです。

　しかし、現在は、社会の変化が激しい時代です。これまで事業が継続できていても、今後も社会にとって有用であり続けられるとは限りません。第4次産業革命といわれる今日の世の中にあって、今後は、これまで以上に迅速・的確な商品開発を継続し続けた企業が存続していけるように思います。つまり、少しでも努力を怠っていると、あっという間に衰退して消え去ってしまいます。

　これは会社に限らず、われわれ編集者も同じです。日々の中で、驕りや油断をせずに、努力を重ねていけば、仕事の真髄がわかる時がやってきて、飛躍に結びつけることができます。その時がくれば、さまざまなノウハウを身に付け成長を実感することができますし、また、真剣に仕事に取り組めば人脈も広がるはずです。こういった一つひとつの成果は、努力が結実した結果ですので、これに慢心することなく少しずつでも己の実力を高めていってほしいと願っています。

　これからのわが社の最大の課題は、創業者抜きでも事業が発展・継続できる企業の体質をつくっていくことです。これまでは、創業者の強いリーダーシップで事業を導いてきました。しかし、いつまでも創業者が経営を続けられるわけではありません。会社を強くして継続していくためには、受け身で仕事をすることをやめて、一人ひとりが自らの仕事に対して自己完結できる能力をつくるための努力をしてほしいと願っています。そのためには、それぞれが実務能力、企画力、構想力を身に付けることです。各人がしっかりと自らの役割を果たし、「脱」創業者経営をめざしていくことで、集団指導体制を構築し事業をしっかりと継続していけると思います。そのキーワードは、日頃から、社内全体の風通しをよくして意思疎通をしっかりととっていくことだと思います。日々の積み重ねの結果が会社力を高めることにつながります。

59 「どうしたらできるか！」を第1に考え行動できるようにする

（平成30（2018）年5月1日）

●「成せば成る」の精神で貪欲にチャレンジすることが実力を高める

　当社には、著者の先生方や法曹関係者から、「ぜひこんな書籍を出版したい」、「こんな論文を発表したい」といった企画の相談や、「こんな調査に協力してほしい」といったリクエストが数多く持ち込まれます。当社が多方面からお声をかけていただけるのは、これまで着実に事業を継続して人脈と信頼関係を築き、それによって社会的信用を高めてきたからにほかなりません。

　事業を進めるにあたっては、まず採算を考えることが大切ですが、長年お付き合いのある著者や法曹関係者から持ち込まれる企画やリクエストに対して、採算という一面的な要素のみをもって、安易に採否を判断すべきではなく、その企画やリクエストが将来どのように事業として展開できるか、それに取り組むことによってどのような人脈や信頼関係を築くことができるのかなど、多角的・多面的な視点で十分考えることが大切です。採否の検討にあたっては、採算の面から多少厳しいものであったとしても、チャレンジすることによって何か得るものはあるのか、採算性以外の点で当社にとってメリットはあるのか、まずプラス面を積極的にとらえてチャレンジすべきだと思います。

　人間は安易で楽な方向に流されやすいものですし、厳しい、あるいは難しい仕事をできるだけ避けたい、困難な仕事から逃げたいと思うのは人間の性であり、仕方がありませんが、それでは人間として進歩・向上をすることはできません。

　この点については、阪急電鉄や宝塚歌劇団をはじめとする阪急東宝グループの創業者である小林一三さんは、「できないというのは自分への甘えである」、「金がないから何もできなという人間は、金があっても何

もできない人間である」などの名言を残していますが、実に含蓄のある言葉だと思います。また、小説家の井上靖さんは、「努力する人は希望を語り、怠ける人は不満を語る」と述べていますが、この言葉も人間の弱さや世の常を表していて反省させられます。

　難しい仕事がやってくると、まずできない理由や、引き受けた後の負担や失敗のリスクばかりを考える人がいますが、このような執務姿勢では成長はおぼつきません。与えられた仕事に対し、常に前向きに、貪欲にチャレンジすることによって、自身の実力を高め、ひいては人脈と信頼関係を築き、それによって会社の社会的信用を高めることにつながるものと思います。

60　困難でも地道な努力を継続することが成功に導く

（平成30（2018）年12月4日）

●長い時間がかかっても目標をあきらめず実行すれば成果につながる

　新規事業や立案した企画を成功に導くために必要なこととは何か。私のこれまでの経験をもとにすれば、まず、第1に方向性をしっかりと見据えること、第2にさまざまな課題や困難に遭遇してもひるまずに立ち向かい諦めないこと、第3に日々工夫を重ねることだと思います。最近、次の論文を読み、あらためてそれらの重要性を痛感しました。それは、「クロマグロ完全養殖への挑戦」（パテント2018年10月号76頁掲載）で、近畿大学（以下、「近大」という）水産養殖種苗センターのセンター長である岡田貴彦さんが書かれたものです。

　近大における養殖研究は、初代総長の世耕弘一さんが、戦後間もない1947年に、「海を耕す」つまり養殖によって限りある天然資源を保護し、魚の安定供給と漁業の拡充発展をめざすべく水産研究所を設立したことからスタートしました。その世耕さんに請われて水産研究所2代目所長

に就任したのが原田輝雄さんです。この方は、水産技術の発展に大きく貢献したことから「養殖の父」と呼ばれています。それまでの築堤式養殖法（海面を堤で仕切り、その中で魚を養殖する方法）を改善して、小割式網生簀養殖法（海の中に網の生簀を設置し、その中で魚を養殖する方法）を開発しました。

　この養殖法によって、海から網を引き上げ、魚の成育状況を観察することが容易になり、これまで難しかった品種改良を重ねることが可能になりました。水産研究所では、この技術を活用して多くの種類の魚を養殖して市場に流通させ（現在は20種）、それによって水産研究所の財政基盤が確立され、独立採算制で運営されています。

　さて、水産研究所のクロマグロの養殖研究は、水産庁の委託研究において、水産試験場、東海大学とともに近大が招聘されたことから本格的にスタートしました。もっとも、研究は困難を極め、研究開始から3年後には成果が出ないまま、近大を除く研究機関はやむを得ず研究から撤退しました。しかし、近大は研究を継続できました。それが可能だったのは、水産研究所が独立採算制のもと、上記のとおり確固たる財政基盤を構築できており研究予算を確保し続けられたからです。完全養殖を達成するまでの道のりはとても厳しく、失敗の連続でしたが、1979年に人工ふ化に成功し、研究に着手してから32年後の2002年に世界初の完全養殖に成功しました。成功まで長い年月がかかりましたが、当時不可能といわれたクロマグロの完全養殖が可能となったのは、この長い年月の継続した研究があったからにほかならないのです。

　私たち出版の仕事も、書籍の企画から出版に至るまで長い時間を要します。その際、高い目標をもつこと、実現するために地道な努力を積み重ねること、そして最後まで諦めない忍耐が、最終的な成功を収めるための鍵になります。

「袖触れ合う縁」を生かせる人材に育ってほしい

（令和元（2019）年5月7日）

●人縁を大切にすることで個人も企業も成長・発展することができる

　人間は一人だけでは生きていくことができません。誰もが人との縁を
もつことで初めて生きることができます。同様にビジネスの世界でも、
いかに多くの人脈を築き上げられるかが重要であり、人縁なくして成功
することはできません。人縁は、ビジネスの成功や本人の仕事に対する
姿勢・関わり方に強い影響があります。

　近時は、若いうちから各種の研究会や異業種交流会などに出席して、
人縁の輪を広げる試みが多くなされています。人脈が豊富であることは、
それだけ多くの人たちから協力を得られるということであり、人脈を活
用すれば新たなプロジェクトを始めることもできます。人縁・人脈はど
のような仕事を進めるにあたっても必要不可欠であり、人縁・人脈をい
かに拡大できるかはビジネスの成否を大きく左右する要素です。

　人縁・人脈を拡大する方法については、3月11日付けの日経新聞「あ
すへの話題」欄に掲載された、NEC会長・遠藤信博さんの「柳生家の
家訓」の話は参考になります。柳生家の家訓とは、「小才、縁に出会っ
て縁に気付かず。中才、縁に気付いて縁を活かさず。大才、袖触れ合う
縁をも活かす」というものです。遠藤さんによると、柳生家の家訓にい
う「才」とは鋭い感受性であり、感受性は必要な能力だが、感受性だけ
では縁を活かせないといいます。感受性の豊かさは生来のものではなく、
むしろ強い意志こそが不可欠であるとのことです。たとえばお客様に接
した時も、お客様が何を求めているかいろいろな角度から分析し、お客
様を理解する努力をする。その継続によりお客様や市場のもつ本質的欲
求を理解できるようになり、さらに強い意志で欲求にこたえる解決策を
提示できるようになり、ひいては企業を通じて人間社会に貢献できるよ

うになるといっています。

　柳生家の家訓と似たことばとして、「一期一会」があります。「一期一会」とは、一生に一度の出会いであるということを心得て、いまこの出会いを大切にして誠意を尽くすことをいいます。柳生家の家訓も一期一会もともに人の縁を大切にすることで共通しています。

　出版社の仕事も人の縁が極めて大切であり、強固な人縁を築き、人縁を拡げていけばさまざまな企画の立案や企画の発展につなげられます。私は知的財産法分野の中山信弘東京大学名誉教授、労働法分野の髙井伸夫弁護士、消費者法分野の松本恒雄一橋大学名誉教授や木村達也弁護士、成年後見分野の新井誠中央大学教授や大貫正男司法書士をはじめ、各分野の第一人者といわれる数多くの著名な学者や法律実務家の先生方と人縁ができ、そこから拡がった人脈により多くの書籍を刊行してきました。

　このように、積み重ねられた人縁により、わが社は事業を展開できています。これからも柳生家の家訓にある「袖触れ合う縁をも活かす」精神を社員全員が大切にしていってほしいと思います。人縁を大切にし、より拡げていくことこそ、新元号「令和」にあたり、われわれの進むべき道として銘記しなければなりません。

62　1日も早く後輩を指導する立場になることで自らも成長できる

（令和元（2019）年11月5日）

●うまくできたらほめてやれば指導された者の自信と成長につながる

　令和元（2019）年11月の日経新聞「私の履歴書」欄は、株式会社ファンケル創業者で会長の池森賢二さんが担当しています。創業40周年を迎え、今年8月にキリンホールディングスに全株式を買い取ってもらったそうです。親族が株式をもっていると時間の経過とともに株式が分散し、将来、経営上の混乱を招くおそれがある。それならば、信頼する会社に

託すほうが最善の方法と判断したのです。逆 M&A ともいえます。

　ファンケルの経営も決して平坦ではなく、ここまで至るには苦労も多かったと述べています。統計では１万社のうち、30年残る会社は0.25％の25社だそうです。先月、わが社は創立30周年を迎えましたが、これは誇ってよい実績だと思います。次は40周年に向けて油断なく歩みを進めていきたいと思います。

　さて、今回は同一労働・同一賃金の問題について考えてみたいと思います。非正規・正規の雇用者間で解決すべき本質的な問題でもあります。現在では労働者全体の約４割が非正規雇用だとされています。しかし、この割合を放置しておくと将来、年金制度をはじめとした社会保障制度が破綻することは目にみえています。同一労働・同一賃金の問題は、非正規雇用を正規雇用へと転換することと、非正規雇用者の賃金を正規雇用者に近づけていくことによって、社会保障の費用負担を増やしていこうとする意図が透けて見えます。

　一方で、東京一極集中が進んでいるため、地方の労働力不足が深刻だともいわれています。採用については、日本型の新卒一括採用から通年採用へ移行しようとしている企業も出てきたようです。特に外国人人材を採用したい企業は、国際基準に合わせて10月からの採用を開始しています。これは外国人人材を採用をしたい企業にとっては必然の流れであるのかもしれません。

　グローバル化が進む今日、企業間競争がますます激しくなっており、企業は即戦力の優秀な人材を求めています。かつての新卒一括採用だけでは、人材の確保に対応できない事態となっている証左といえるでしょう。これは同時に、企業が十分な入社前教育をする余裕がなくなってきたことも要因としてあると思います。かつては、企業として使用しやすい社員になってもらうために、企業の考え方や経営方針を徹底して教育するなどして会社への忠誠心を涵養するのが終身雇用を前提とした社員研修でした。現在は、２〜３カ月かけて新人教育を行う余裕がない会社も多く、一方で、雇用が流動化し、業務もますます細分化していますか

ら、各職場での OJT を通した現場での実践的な教育・指導方法が効果的かつ効率的となっています。新人を OJT により教育や指導をすることで、現場の活性化や教育する社員の能力の向上、あるいは新たな仕事の課題を発見する機会にもなります。

　旧日本海軍連合艦隊司令長官の山本五十六さんは、「やってみせ、言って聞かせて、させてみせ、ほめてやらねば、人は動かじ」との格言を残しています。この言葉の意味するところは、指導をする人間のあるべき姿勢とともに、指導を受ける人間に対してやったことを褒めてやることでお互いの信頼関係が築かれることをいっています。

　私が社会人になった頃は、どこの職場にも鬼軍曹といわれる人がいて仕事に関しては厳しく指導し、間違いを犯せば容赦なく叱責されたものでした。もっとも、仕事以外では優しく接してくれてよく面倒をみていただき、フォローをしてくれました。今にして思えば、それだけ自分の仕事に誇りと責任をもっていたのでしょう。

　新人も、少しずつ仕事を覚えてきたら、先輩から教えていただいた知識、ノウハウ等を、後輩に丁寧に教える責任があります。その期間としては、数年もあれば誰でも人に教える立場になれるのではないかと思います。いつまでも人に頼るのではなく、1 日も早く人に教える、指導できる立場になれるよう、日々精進してほしいと願っています。

第3章 編集者は社会や国家とどう向き合うべきか

63 日々、徳を積める人生を送ることを一つの目標としたい

（平成21（2009）年11月17日）

●今こそ若者の公徳心・公共心を向上させる方策を真剣に考える時だ

　最近、若者が空き缶やタバコの吸殻、ゴミをポイ捨てする光景をよく目にします。電車内や路上などの公共の場で、自分の行動を省みずに、わがもの顔に振る舞い、注意をする人に対してはすぐに暴力に訴えたりする報道に接していると、最近公徳心や公共心が著しく低下しているように感じます。地域や社会との関わり、幼少期からの教育を通して育まれるはずの社会的規律心が、なぜ低下してしまっているのか考えなければならない時期にきているのではないでしょうか。

　日本人は、長い歴史を通して積み上げられてきた伝統や精神文化に培われた公徳心・公共心をもっていました。江戸時代に日本を訪れた外国人は、江戸の街にゴミが一つも落ちていない清潔さに驚いたといいます。私たちは、社会生活を営むうえで、他人に迷惑をかけない、不快感を与えない、街を汚さないなどといった公徳心・公共心を一つの文化としてつくり上げ、DNA に刻んできたのではないでしょうか。

　公徳心・公共心が低下した原因としては、戦後の自由主義・民主主義教育の理解が未熟であったことや、幼少期の家庭での躾や学校教育において、そういった社会的規律心を育む教育・指導が十分にできてこなかったことが考えられます。私たちの世代は、家庭教育では当然のこと、義務教育の中でも、善し悪しは別として「道徳」という授業や、学校の図書室などで内外の偉人伝などを読み学ぶことなどを通して、公徳心や公共心を学び、人間として恥ずかしい所作とは何か、社会生活を営むうえで必要なルールとは何か、といった社会生活を送るためにバックボーンとなるべき規範を育んできました。

　人間として生きていくための最も大切な基本は、他者への思いやりで

はないかと思っていますが、今日の「自分さえ良ければよい」という利己的な社会的風潮が、若者たちの社会的規律心の低下に大きな影響を与えているように思います。孔子も、世の中に対して自分がどう生きるかについて思索し、「徳を積む」ことの大切さを説いています。いまこそ、教育や家庭の現場も含めて、社会全体で公徳心・公共心を培うための行動を起こす必要があるように思えてなりません。

　私たち出版人・編集者は、社会に文化を伝えリードしていく仕事をしているのですから、常日頃から高い公徳心・公共心をもって行動していくことが求められます。日本人が伝統的に培ってきた文化とは何かを歴史に学びつつ、「徳を積む」努力を不断に行わなくてはならないのではないでしょうか。

⑥④ 日本的精神文化を育み人にやさしい社会や職場にしたい

（平成22（2010）年7月13日）

●近代合理主義の過度の依存をやめ日本独自のやさしい社会を目指せ

　参議院議員選挙が先の日曜日（平成22年7月11日）に行われ、民主党の大敗という結果に終わりました。日本中に閉塞感、不安感が充満しており、先行きがどうなるのか皆が心配している中の国政選挙でした。

　そんな中、原宿にある太田記念美術館で、「北斎とその時代」を鑑賞してきました。葛飾北斎の『富嶽三十六景』を一堂に展示したすばらしい内容でした。三十六図が発表された後、好評を博したため版元の要請で十図が追加され、計四十六図を擁する有名な風景画は、富士山を背景とした庶民を描き、遠近法を用い、日本の美術史の中でも革命的な作品群といえ、葛飾北斎の力量を存分に今に伝えています。また、この作品群には、江戸の庶民がたくさん描かれていますが、そこからは、江戸の人々が自然を愛し、自然と共生している様子が感じ取れます。

　黒船来航以来、数多くの西洋人が江戸の街にやってきましたが、彼らが一様に驚いたことは、その清潔さ、安全さ、人々の心の豊かさ、識字率の高さなどでした。さらに、自然との共存・共生にも感嘆しています。来日外国人による当時の日記や紀行文が数多く残っていますので、ご覧になるとよりそうした感想を知ることができるでしょう。

　一方で、16世紀のルネッサンスを起源とする近代合理主義は、極端な個人主義、人間は自然をはじめとしてすべてを支配できるという人間万能主義、弱肉強食、強欲、利那主義的考えを精神のバックボーンにするものであり、その行き着く先は、「富めるものはますます富み、窮するものはいよいよ窮する」といった格差と貧困の世界です。20世紀に入ってから近代合理主義が世界的規模で拡大した結果、地球全体で自然破壊が加速度的に進み、第三世界の発展という要素も加わり、このままでは21世紀中には地球規模的な破壊に至ることは誰の目にも明らかです。

　先日、中谷巌さんが2年ぶりに著した『日本の「復元力」』の中では、こうした状況において、われわれに必要なことは「足るを知る」、「和をもって尊しとする」、「自然を愛し、自然によって人間が生かされているという調和の精神」といったわが国に古来からある精神ではないだろうか、と述べられています。会社経営を例にとれば、欧米流の成果万能主義の下、MBAの教育プログラムがもてはやされた時期もありましたが、その教育を受けて、日本の企業経営に参画したMBAホルダーが大きな過ちを犯すといった事例は枚挙に暇がありません。西欧流近代合理主義は日本の社会、企業経営と調和しないということです。

　日本中に閉塞感、不安感が充満している今こそ、欧米のものまねをやめ、日本的精神に回帰する必要があるように思います。たくさんの日本論・日本人論の書籍が出版されている現状は、時代がそれを求めていることを示しています。西欧流近代合理主義に決別し、「やさしい社会」に転換し、共存・共栄の精神で働きやすい、暮らしやすい環境を実現することが、日本が誇りをもって世界に発信できる未来社会のあり方のように思います。そのためには、日本の歴史を振り返って、日本の誇るべ

き精神文化のすばらしさ、アイデンティティを学んでもらいたいと思わずにはいられません。

 ## 65 津谷弁護士殺害事件の警察の不手際に見るこの国の箍（たが）の緩み

（平成22（2010）年11月9日）

●職業人としての誇りと規律のある組織をいかにしてつくり上げるか

　自身の著書の出版を始め、長年にわたりわが社に対し温かいご支援をいただき、個人的にも長くご交宜をいただいてきた津谷裕貴弁護士（秋田）が、去る平成22（2010）年11月4日の未明に自宅で暴漢の凶刃に倒れ、お亡くなりになられました。津谷さんは、日本弁護士連合会の消費者問題対策委員会委員長の要職にあり、先物取引被害救済の第一人者として活躍されてきた人間的にも魅力のあるきわめて優れた弁護士でした。56歳という若さであり慙愧（ざんき）に堪えません。

　突然の出来事で、現在の情報は混乱をしていますが、今後徐々に真相が明らかになっていくと思います。大まかな事の次第は、受任した離婚事件の元夫が逆恨みをして、未明に自宅に押し入り、所持してきた拳銃を津谷さんが取り上げたところを警察官3名が到着、津谷さんを犯人と間違えた警察官が津谷さんを押さえ付けたところに、犯人が改造して持ち込んだ剪定バサミで突進、それを警察官がよけたところで、津谷さんに危害が及んだというのが事の真相のようです。到着した警察官は防護服や警棒すら身に付けていなかったようです。国民の生命を守るという職責すら果たさない、大変な不祥事であり、秋田県警にとっては畠山鈴鹿被告による幼女連続殺人事件での初動捜査のミスに続いての大失態です。宇都宮健児日本弁護士連合会会長をはじめ、葬儀に参列された方々みなが徹底的な真相究明の必要性を訴えていました。

　弁護士という職業は、紛争等の事件を解決する場合に一方当事者の側

に立って職務を全うする仕事ですので、どうしても相手側の人から恨み
や怒りを買うおそれがあり、日頃から身辺に気を配っている人が多いよ
うです。弁護士に対する業務妨害事件が近年増加しており、弁護士会で
は若手の弁護士に対して業務妨害への対応について研修を行っています
が、強い殺傷の意図を持った者への対応はそう簡単なことではありませ
ん。それにしても、この事件への警察の対応はあまりにお粗末なもので
あったとしか言いようがありません。

　今日、日本国全体の箍が緩んでいるように感じます。それは、あるべ
き職業人としての誇りや志、規律が希薄化しているところからきている
のではないでしょうか。特に国家権力を担う組織にその傾向が顕著で、
警察は今回の事件に加えてテロ情報の流出もあり、検察庁は大阪地検特
捜部の証拠改ざん、防衛省関係ではいわゆる「尖閣ビデオ」の流出があ
りました。立て続けの不祥事に、多くの国民が不安を感じています。強
大な権力を持つ者ほど、強い規律と謙虚さが求められます。魚は頭から
腐っていくといわれるように、トップやトップに近い者が規律を失えば
組織だけでなく国家が弱体化し衰退していきます。国家権力の巨大な組
織である警察、検察、防衛の組織力が劣化することは国力の低下につな
がります。想像するに、日々惰性で仕事をしていて、向上心がなく、職
責を忘れて、既得権益を守ることにのみ汲々とする組織になり下ってし
まっているのではないかと気にかかります。活力があり、規律と国を守
る気概に燃えた組織をつくっていくためには、常に時代の変化に対応で
きるよう個々人が日々精進を継続していかなければなりません。

　津谷さんの葬儀に参列し、この度の事件から何らかの教訓を得て、今
後に活かしていかなければならないと感じたしだいです。合掌。

会社を中心にして老後も安心な「有縁社会」をつくりたい

（平成22（2010）年11月30日）

●社縁社会をもっと強化すれば長い人生を有意義に生きやすくなる

　「無縁社会」という言葉が社会的な関心を集めています。平成22（2010）年1月31日に3時間にわたって放映されたNHKスペシャル「無縁社会―"無縁死" 3万2千人の衝撃」は、高齢者層だけではなく、30歳代や40歳代の比較的若い世代からも大きな反響があったようです。その反響を受けてか、このほど、NHK「無縁社会プロジェクト」特別取材班に加わったメンバーが執筆した同じタイトルの書籍が発刊されました。早速読ませていただきましたが、孤独死をしなければならなかった現場での悲惨な状況を感じ取ることができる衝撃的な内容でした。書籍では、テレビ放映された内容に加えて、取材班がどのように協力者を得て取材を進めたか、現場ではどのようなことが起こったのか、といった番組の舞台裏まで明らかにされており、臨場感あふれる内容となっています。この書籍は、われわれに対して極めて切実な問題を提起しています。

　人間社会には、三つの縁があるといわれています。一番強い縁が親子や親族などの「血縁」であり、その次がコミュニティを支える「地縁」、最も弱いものが会社を通しての人と人の結び付き「社縁」です。われわれは今、人間関係が希薄化し、これらの縁が崩壊し極めて生きにくい時代に存在しているといえるかもしれません。こうした傾向はますます進んでいくとの予想は、そう違わずに現実のものとなるでしょう。普通に暮らしている人が、孤立を深め、孤独になっていく、いつ自分がそのような状況に陥るのかわからないという現状に、悲しみと憤りを強く感じます。背景を探ると、グローバル化した経済における厳しい競争、その結果としての貧困や格差社会がみえてきます。無縁社会に落ち込んでい

ってしまう人々の多くは、生活困窮者であるとの報告がそれを裏づけています。年をとって体の自由がきかなくなったときに、ある程度の資産があれば有料老人ホームに入居して、介護・介助を受けながら安心して老後を送ることも可能です。しかし、生活に困窮している人は、小さなアパートで一人寂しく閉じこもって生活し、徐々に社会から切り離され、最後は誰にも看取られずに孤独死をしていきます。非正規雇用が労働者全体の30％以上に上る現代社会においては、無縁社会に落ち込む人の予備軍は相当数存在すると考えられます。

　血縁、地縁、社縁という三つの縁のうち、今の時代のように血縁と地縁が希薄化していくと、人間にとって最後の砦が社縁となります。一生のうちで、最も長い時間を過ごす会社の存在が無縁社会の防波堤とならなければこの現状は救えません。江戸時代後期から明治時代初期にかけて、わが国を訪れた外国人が感嘆した「貧しいけれど皆が助け合っている人情味あふれる社会」を再構築していくには、会社、つまり社縁が鍵となるように思います。働けるうちは働くことができる体制をつくり、社縁を強化して、無縁社会に立ち向かうために、今から皆で知恵を絞って道筋をつけなければならないと考えています。

 # 67　会社の重要な役割の一つは一人前の社会人に育て上げること

（平成22（2010）年12月7日）

●人生の過去は変えられないが、未来は変えることができる

　さまざまな事情から親と一緒に暮らせない子どもは4万人にも上るといわれています。それに加えて、離婚率は30％に達し、子どものDV被害も増加の一途をたどっている状況では、今後も家庭が崩壊し家族が離散するという事例が増大していくと考えられます。

　厚生労働省はこの事態に対応すべく、平成21（2009）年にファミリー

ホーム制度を導入しました。従来、そのような環境にある子どもの福祉政策は、「児童養護施設」や「里親制度」によって支えられてきました。里親制度とは、自治体等から支給されるわずかな支援金はあるものの実質的にはボランティアとして、里親が不幸な環境におかれた子どもを引き取り、中学校・高等学校を卒業して自立できるまで育て上げて、世の中に送り出すという制度でした。それに代わって、国は子どもたちがより家庭的な環境で暮らせるようにと、ファミリーホームという制度を新たにつくったわけです。

　先日、テレビの報道番組「NEWS ZERO」で、「ファミリーホーム」について取材映像が放映されていました。この番組は、ファミリーホーム制度とは何か、子どもたちはどのように暮らしているのか、その実情を取材し紹介したものでした。ファミリーホームとは、民間の事業体であるということが特徴で、子どもたちの最低限の生活費は自治体等から支給されているようです（運営費として子ども1人当たり毎月15万円が支援されます）。

　ファミリーホーム「すずきさん家」を運営する鈴木さんは、「（親と暮らせないという事情に関して）子どもに責任はない」、「親と同等の愛情をもって育てる」という強い社会的責任感からファミリーホームを開設しました。運営の基本的方針として、①常に子どもの立場に立って接する、②自分の子と思って育てる、を掲げています。彼女は、「過去は変えられないけれども、未来は変えることができる」との信念のもと、子どもたちが経験したつらく悲しい思いを忘れさせ、未来の希望や幸福に向かって前向きに生きていく手助けをしているのだと話していました。彼女たちの涙ぐましいばかりの努力の成果が、こうした社会制度として結実したということは、大変喜ばしく、また不幸な立場におかれている子どもたちにとっても未来へ向けたすばらしい制度だと思います。

　会社という組織も同様に、新人を受け入れて一人前の社会人に育て上げています。失敗にいつまでもくよくよせず、己の不運不幸を恨まず、常に対人関係を大切にして、前向きに向上心をもって生きていくことの

できる立派な社会人に育て上げることが、会社の使命の一つでもあります。「過去は変えられないけれども、未来は変えることができる」という鈴木さんの言葉に、人を育てるという会社の使命について改めて考えを深めた次第です。

 68 しっかりと社員教育をして美しき日本の伝統を守り残したい

（平成22（2010）年12月21日）

●一人前の社会人として恥じない美しい立ち居振る舞いの大切さを知る

　先週、出張先から帰る途中、自宅の最寄り駅に近いラーメン店に昼食をとるために入りました。店内には一人の20歳前後の若い女性が食事をしていましたが、その姿は何とも姿勢が悪く、前につんのめった猫背の格好で麺をすすっていたので、気になりました。そこで、注意してよく見ると、何と足を組んだままで前のめりになって食事をしているではありませんか。これでは姿勢が悪いのも当然だし、周りから見ても女性として極めて見苦しい立ち居振る舞いであり唖然としました。なぜ、両親や周囲の者が、この年齢になるまで食事中のマナーとして足を組むことはよくないことだと注意してあげてこなかったのか不思議な気持にもなりました。

　わが国では、祖父母や両親が子どもに対して礼儀作法などを厳しくしつける伝統があったように思います。たとえば、自分のことを例にとれば、食事においては、昭和40年代頃までは一般家族ではちゃぶ台のような座卓が多かったので、姿勢を正してきちんと正座をするということをしつけられましたし、近年になってイスに座って食事をするようになると、姿勢をよくして食事中は肘をつかない、足を組んで食事をしない、箸は正しく持つ、といったことなどは、口酸っぱく言われて教育されてきました。

　最近、死語になりつつある言葉に、「立ち居振る舞い」があります。似た言葉に「マナー」がありますが、本質的な意味は異なると思います。立ち居振る舞いは、わが国の伝統文化の一つであるといえます。祖父母や両親から厳しくしつけられ、また、自身が親になっては子どもに伝えていく、世代を超えていく価値観です。たとえば、畳の縁を踏まない、廊下は静かに歩く、箸は正しく持ち片方の手はテーブルの上に置く、正しい食器の持ち方、障子や襖は静かに開け閉めする、スリッパの音を立てずに歩く、といったことがすぐにあげられます。少し前までは、その人の立ち居振る舞いをみれば、育った家庭環境がわかるとまでいわれ、直接にその人の社会的な評価にまで影響を与えていました。今では、会社面接の際に影響が出ることもあって、ビジネスマナーについて学生が入門書を読んで対策を講ずるようですが、立ち居振る舞いは一朝一夕で身に付くものではなく、ベテランの面接官がみればすぐに見破られてしまいます。

　ところで、本年は平城京遷都1300年の記念の年です。そこで、飛鳥時代から平安時代に隆盛を誇った宮廷文化、その後に続く、鎌倉時代からの武家文化に思いを馳せますと、その時代その時代で、人々はその所属する社会階層にふさわしい立ち居振る舞いが厳しく求められ、そのための教育やしつけがなされたことと思われます。恥の意識が根底にある日本的な美学に適う人間として、人前で恥ずかしくない立ち居振る舞いをすることが基本的な条件であったのでしょう。すなわち、歴史の積み重ねに敬意を払い、立ち居振る舞いがきちんとできる人の姿は、現代人から見ても美しく感じられます。

　私たちは、立ち居振る舞いの重要性を見直し、生活の中にしっかりと根付かせていく必要があります。伝統文化としての正しい立ち居振る舞いを、大人が子どもにしっかりと教育していくことが重要です。どこに出しても恥ずかしくない一人前の大人となるには、日々教えを受け、実践して、よき日本の文化と伝統を守っていく意識が大切です。私たち社会人としても、立ち居振る舞いの善し悪しが周囲からの人物評価に大き

く影響することをしっかりと認識すべきでしょう。

 69 危機管理は繰り返し訓練をし継続していくことが大切

（平成23（2011）年3月15日）

●未曾有の大災害となった東日本大震災を教訓化し後世に伝える

　平成23（2011）年3月11日（金）に東日本大震災が発生しました。まずは、社員の皆さんの無事に安堵しているところです。しかし、現地では、想像をはるかに超えた大津波によって、多くの人命が失われ、いまだ行方不明者が多数おられます。自然の破壊力は、人間の力では及ばないおそろしいものだとあらためて感じたしだいです。われわれは、この度の経験をこれからの被災地の復興や防災のために活かしていかなければなりません。また、この大震災を教訓化して、後世の人に伝えていくことも求められます。それが、多くの亡くなられた方々に対する責任です。とりあえず、今は、ともに助け合って、しっかりと働いていくことです。国民はこの度の大震災に際して、助け合って、冷静・沈着に行動しています。海外においてもこのような行動は感嘆・賞賛をもって報道されており、国難を乗り越えて、これから国際社会の舞台で活躍するに際して、この大災害に立ち向かった国民の振る舞いが、わが国および一人ひとりの信頼感を高めることにつながると思います。

　一方で、この大震災は、われわれの日頃の危機管理に対して、大きな課題を突き付けました。多くの犠牲者を出した三陸海岸一帯では、以前から津波がくることが予測され、明治時代には明治三陸地震津波により約2万人が亡くなったという歴史的な教訓もありました。ところが、住民には歴史を教訓化する危機感がなかったのではないでしょうか。三陸海岸では、昔から地震があった後には津波が襲ってくるから迅速に高台に避難するよう言い伝えられていましたが、過去に度重なる津波警報が

出されても実際にやってくることはなかったという経験から、地震に対する感性が鈍ってしまい、慢心、心の緩みがあり、逃げ遅れた人が多かったのが犠牲者を大きくした原因のようです。

　結局は、防災の基本は、その時々の情報を軽くみることなく、市民と行政が一体となった対策が必要で、繰り返し災害に対する訓練をしていくしか方法はないということです。本当に災害が起きたときにどのように対応していくか、時間とともに大きくなる心の緩みをどのように引き締めていくかを日常の問題として捉え、日々危機管理を継続していくことは企業経営でも同じです。

　長引く経済停滞とこの度の大震災によって、日本国は重大な危機に瀕しています。利己主義・個人主義に陥ることなく、個人的な都合はとりあえず横におき、国民一人ひとりが苦難を分かち合い、助け合って難局を乗り越えていくべきです。まず、今われわれができることを考え、行動に移していくことです。第一段階として、会社として義援金を送ることにしました。皆さんも金額は少なくても結構ですので、被災地の支援のためできる限り協力をしてください。混乱した状況が落ち着いた後には、第二段階として私たちがすべきことがみえてくるでしょう。

⑳ 他者への思いやりの心は日本人が誇る大切な精神文化

（平成23（2011）年3月22日）

●日本人の「慈しみの心」と「助け合いの精神」を大切にしたい

　東日本大震災の発生から10日経ちました。この間、現地の被害状況や被災した住民の避難生活の様子が報道され、あらためて被害の甚大さに心が痛みます。この国難ともいえる惨状を目の当たりにして、私たちは、一体何ができるのでしょうか。現地に行って直接的に被災者の方々の支援をすることは難しいと思います。その代わりに、今私たち一人ひとり

ができることを行動に移すことが大切だと思います。社員の皆様には義援金を集めて送っていただきましたが、会社としても義援金を送りました。それ以外に緊急を要することは、被災者の方々の生活が少しでもよくなるように、日本各地から避難生活に必要な物資を供給し、また、その物資を現地に届けるためのガソリン等の燃料を確保することです。そのためには、多少の日常生活の不便や不都合、物の不足には耐えていくことが今必要なことです。この間、食料・日用品の買占めなどによって、被災者に物資が十分に行きわたらないといった利己主義・個人主義が跋扈するようでは、この国の未来は危ういといえます。

　私たちは、目の前にある被害に対してできる限りの支援・協力をしていくだけではなく、それと同時に、心を落ち着かせて、これからの日本のことを考えていかなければなりません。この度の大震災は、大正期の関東大震災、昭和の第二次世界大戦敗戦に続く、第3の国難であるともいわれていますが、日本人としての連帯の心、助け合いの精神をもって叡智を結集し、痛みを分かち合っていくことができれば、必ず乗り越えていけるものと信じています。日本人の底力によって、東日本大震災を早期に克服することができるものと信じます。

　これから国民が具体的に取り組む課題としては、「危機管理」と「日本人が育んできた慈しみの心」の重要性を教訓化することではないかと考えています。危機管理については、わが社を例にしていえば、たとえば、安否確認等の連絡網を整備・管理するなど、同じことの繰り返しになろうとも、緊急時に備えた行動を目的意識的に行うことが要諦だろうと思います。

　また、「心の劣化」「精神の劣化」を防ぐことも必要です。大震災に対する海外の報道をみていますと、被災者の方々の忍耐強さ、規律心、奥ゆかしさや道徳心の高さに、賞賛や感嘆の声が寄せられています。この大震災を機にして、私たちも、「世の中は自分ひとりで生きているのではない」ことを再認識し、思いやりの心、人の役に立ちたいと思う心、人から与えられることへの感謝の気持を大切にする社会をつくらなけれ

●本書に対するご意見や、出版してほしい企画等をお聞かせください。

■ご協力ありがとうございました。

住　所（〒　　　）

フリガナ
氏　名
（担当者名）

TEL.（　　）
FAX.（　　）

Email：

お得な情報が満載のメルマガ（新刊案内）をご希望の方はこちらにご記入ください。
（メルマガ希望の方のみ）

注文申込書

ご注文はFAXまたはホームページにて受付けております

FAX 03-5798-7258
http://www.minjiho.com

市民と法【年間購読】 年6回刊・年間購読料 9,600円（税・送料込）

　　　　冊　　　　　号から継続申込み

本申込書で送料無料になります

※弊社へ直接お申込みの場合にのみ有効です。

※ホームページからご注文する際は、下記の
クーポンコードをご入力ください。送料が
無料になります。

クーポンコード　minjiho2020
有効期限　2021年3月31日まで

（新刊案内2006）

お申込日
令和　　年　　月　　日

書籍名

個人情報の取扱い　ご記入いただいた個人情報は、お申込書籍等の送付およびび書籍等のご案内のみに利用いたします。

ばなりません。

　それとともに、国民一人ひとりが当分の間の生活について多少の困難や不便を覚悟して、犠牲者や被災者の方々の痛みを心に受け止めながら、それぞれの与えられた場所で、勇気と希望をもって全力で働くことが日本社会の活性化と復興の一助になると信じています。

71 東日本大震災を教訓にし働けることの喜びを感謝したい

（平成23（2011）年4月5日）

●それぞれの与えられた場所で一生懸命に働くことが国家のお役に立つ

　昨今の出版不況に加え、東京電力福島第一原発の津波による損壊によって、節電による営業時間の短縮や自粛ムードにより、書店経営が厳しい状況に陥っています。日中や帰宅時の来客数が激減し、如実に数字に表れているようです。これは出版界にも大きな影響を及ぼすことになりますが、「これから日本は必ず復興する」ことを見据え、良書の出版を通して日本経済の復興に貢献し、出版人としての使命を果たしていきたいと考えています。

　津波により工場や会社が消失し、職を失う人間は相当な数に上るといわれています。原発の問題は電力や放射性物質の問題だけでなく、その周辺で働く人間、そしてその家族にも大きな影響を与えました。

　福島第一原発は昭和42年に着工、地元の人間が多数建設工事に従事し経済的に大変潤ったようです。建設後も保守・管理などの下請けなどとして職を得ていたわけで、福島第一原発に関係する労働者は数万人ともいわれております。しかし、今回の事故で原発に関係してきた多くの人が職を失うことが予測されます。原発周辺地域一帯は経済的にも大きなダメージを受けることになるのではないでしょうか。

　影響を受けているのは原発周辺にいる人間だけではありません。東京

の築地で魚の卸売り会社を経営する友人の話によりますと、同業者の中で「今後の生活が成り立たない」と、事業の清算を視野に入れている同業者が出てきていると言っておりました。被災地である気仙沼や石巻などの漁港から魚を仕入れ、飲食店へ卸していたようですが、自粛ムードと海の汚染や加工工場の損壊、漁船の流失による漁獲量の激減などの影響が大きく、3月の売上げは激減し、借金の返済や従業員の給料の支払い、これからの事業資金の工面などが心配だと心情を吐露していました。海の再生には多くの時間を要し、また風評被害などの影響もあることから、今後廃業に追い込まれる被災地の漁業関係企業が続出するのが危惧されます。

　この度の大震災により、雇用問題が大きく取り上げられています。被災された方々や職を失ってしまった方々を長期にわたって支援するためにも、国民がそれぞれの場で一生懸命に働き、経済を回し、国力を再生していかなければなりません。働きたくても働くことができない被災者のことを考えれば、働くこと、働ける場所があるというすばらしさをもう一度実感し、現状に感謝しなければなりません。

　働く喜び、働ける喜びを実感できれば生きることへの大きな力となり、多少の困難や苦労にも立ち向かえるはずです。

72　他人の不幸にいつでも寄り添えられる人間でありたい

（平成23（2011）年4月12日）

●集中して好きな読書ができる平和で穏やかな環境に感謝したい

　東日本大震災から1カ月が経過して、ようやく好きな読書に集中できる時間が増えてきたように思います。地震発生直後、大津波が押し寄せ街中を破壊しながら津波に飲み込まれていくおどろおどろしい様子や、津波が去った後の瓦礫の山となった被災地の惨状などが、テレビで繰り

返し放映されていました。それらの映像が日々流され、加えて余震が続いていると、直接の被災者でもないのにいつしか被災地の惨状が頭の中に焼きついて離れず、心が動揺しているのがわかります。そんな精神状態ではじっくりと本を手に取るような気持になかなかなれません。

　私たちは、平和に日常生活を送れていることを普段は意識していませんが、この度の大地震のような大災害に見舞われると、普通の日本人の感情であれば、被災者の置かれている厳しい環境と自分たちの恵まれた環境との落差に愕然とし、常に被災地の惨状を考えざるを得なくなり、その結果心の動揺が起きてしまいます。そして、心の動揺が続いていると物事に集中して取り組むことが困難となり、結果として好きな本を集中して読むことすら難しいという事実を実感しました。

　大震災から１カ月が経過して、仮設住宅の建設など被災地が復興に向けて動き出している様子がテレビで放映されるようになりました。少しずつ進んでいる復興に向けた映像を見ることで、ようやく心の動揺が収まり、安定を取り戻すことができたように感じます。大震災という経験を通じて、ほとんどの人々は悲惨な環境におかれている人たちの痛みに少しでも近づきたいとする優しい心の持ち主であることを実感するとともに、人間の精神や心は意外と弱いものだということも痛感しました。

　世界に目を向けると、リビアでの戦争やガザ地区でのイスラエルとパレスチナの長年にわたる紛争によって日常的に銃声が響き、砲弾が飛び交っていますが、こうした地域が世界中には多くあります。それらの地域はもちろん、大震災に被災され避難生活を余儀なくされている方々も、とても安心して本を読める環境に置かれていないと思います。被災地で仮設住宅の建設が進み、プライバシーが守られて、安定した住環境が確保できるようになってからでないと、真に本を読む楽しみを味わうことは難しいでしょう。

　読書ができる喜び楽しみを満喫できるのは、平和な環境、心の安定を保てる環境があるからです。私は、この度の大震災を通してこのことを強く実感しました。

　私たちは、被災された方々に思いを馳せ、寄り添い、少しでも力になるための行動をするとともに、今の恵まれた環境に感謝する気持を忘れてはなりません。

AI時代を生き抜いていくためには智力が求められる

（平成29（2017）年1月5日）

● AIがつくる未来社会はさらに厳しい競争社会が出現するように思う

　元旦に、各社の新聞を読むと、不寛容、不確実、一国主義、保護主義、多文化主義の危機、大衆迎合社会などという言葉がさまざまな記事の中で使われていました。このことは、これまでの常識や経験の延長線上にはない新しい時代、つまり大きな変化・変革の時代が今年は押し寄せてくるであろうことを意味しているように思います。

　ご存知のとおり、昨年、AI技術の発達が大きな話題になりました。現在、世界中の企業でAIの開発競争が始まっており、その開発の優劣が企業の存亡を左右する時代に入ったといっても過言ではありません。たとえば、自動車産業は、AIを使った自動運転技術の開発や他の産業との連携にしのぎを削っています。それは、現在の自動車開発技術の中心にあるガソリンエンジン車が、その地位を電気自動車に取って代わられる時代がすぐそこまできているからです。現在の自動車業界は、ガソリンエンジンについては、百数十年にわたって蓄積してきた技術・ノウハウがありますが、電気自動車の開発ではそうした技術はほとんど役に立たず、他の産業からも比較的容易に自動車産業に参入が可能になりました。つまり、自動車産業の近未来は、AI技術が存亡を左右する時代に入っていこうとしているわけです。

　また、1月4日の日経新聞の「春秋」欄では、「公認会計士の仕事——簡単にいえば、企業の会計帳簿のチェック・精査——がAIに置き

換わられる時代が目前に迫っているのではないか」と問題を投げかけていました。超難関の国家試験に合格して手にしたプロフェッショナルライセンスといわれる仕事でさえ、AIの技術はいとも簡単に奪ってしまう可能性があることを示唆しています。

私は、このAI時代を生き抜くためのいとぐちは、「智力」ではないかと考えています。智力とは、豊富な知識やこれまで積み上げてきた経験・体験をもとにして物事を多面的・多角的に見る力・考察力、そしてそれらによってひらめきを生み出す鋭い感性や論理的思考力です。AI時代を生き抜くために必要な能力こそ智力であり、この智力が厳しく問われる社会こそ、AI時代だと思います。

出版界では、近年、IT技術の発展によって書籍の電子化が急速に進みました。私たちが携わる法律実務書などの超専門的分野においては、電子書籍化の影響は比較的少なかったわけですが、今後も影響を受け続けていくであろうことは予想されます。この電子書籍化の流れとAI時代の大きな流れは、出版界にも大きな影響をもたらすことでしょう。

私は、出版社の未来も、この智力が左右するのではないかと考えています。智力を向上させて、私たちがめざすべき、社会のお役に立つ出版活動に邁進していくことが強く求められます。

74 「慢心・驕り」が不祥事につながり会社の存立を危うくする

(平成29（2017）年7月4日)

●市民・消費者の目線の意識を失った権力は必ず腐敗し堕落する

平成29（2017）年7月2日（日）は、記憶に残る出来事が二つありました。一つは将棋の藤井聡太4段が30連勝を逃したことです。人は一生勝ち続けることは不可能です。彼はまだ14歳。これから一段と精進して、将来の将棋界を担う人材になってほしい。もう一つは東京都議選で自民

123

党が議席を大きく減らしたことです。安倍一強政権が負けたといっても
よいのではないかと思います。「勝っているときこそ慎重であれ」とい
う意識が希薄化して、イケイケドンドンで、周りへの配慮を欠いた結果
の表れでしょうか。

　次の事例は、「慢心・驕り」は身を滅ぼすという一つの例示のように
思えます。自動車のエアバックのリコールが端緒となって、製造業とし
て戦後最大の負債を抱え民事再生法の適用を申請したタカタ株式会社、
森友学園の不透明な国有地取得、加計学園の獣医学部建設地無償譲渡な
ど、市民や消費者をないがしろにした企業経営者や権力者のニュース報
道が続いています。

　平家物語にも「驕れる者久しからず」とあります。タカタ株式会社は、
平成20（2008）年ころから発生した製品の欠陥が原因の死亡事故の検証
をしっかりと行っていれば、民事再生法の申立てには至らなかっただろ
うという識者もいます。また、安倍晋三首相についても、ひとたび国民
に疑惑を抱かせたのなら、国民の納得がいくまで十分説明をする責任が
あるように思うのですが。

　タカタ株式会社と安倍晋三首相に共通するのは、社会に対する「慢
心・驕り」があったのではないか、ということです。特に、タカタ株式
会社は上場企業でありながら、65％以上の株式を創業者一族が保有して
います。これでは、ヒラメ社員ばかりとなり、トップの顔色ばかり気に
し、消費者目線が欠落していたに違いありません。事故対応は後手後手
に回り、タカタ株式会社はあっという間に優良企業から経営破綻へと転
落したのは必然です。

　タカタ株式会社は、エアーバックの欠陥を知ってから数年間、何の抜
本的対策を立てずに放置し、その間、日に日に増えるリコール費用がか
さみ、周りの企業からの信用を失い経営破綻へと突き進みました。安倍
晋三首相にいたっては、40年来の刎頸の友である加計学園理事長との関
係について、詭弁・強弁で押し切りました。前川喜平前文部科学省事務
次官の告発、次々と明らかになる内部文書など、権力者の意向が働いて

いなければ説明できないことについても、安倍晋三首相は国民に納得のいく説明を回避しました。中国の故事に「李下に冠を正さず」という言葉がありますが、安倍晋三首相はこの意味するところを知らなかったように思います。

　二つの不祥事の共通点は、いつの間にか市民・消費者の視線に鈍感になり、「傲慢・驕り」につながったことが大きな要因となって引き起こされたのではないでしょうか。「権力は必ず腐敗する」とはよくいわれることです。権力者は謙虚で謙抑的でなければなりません。権力の源泉とは何かを真剣に考えてほしいものです。信用・信頼を失っては、安倍晋三首相本人も言っていますが、「築城3年落城1日」です。

　私たちは、「人の振り見て我が振り直せ」という気持を忘れずに、常に謙虚でありたいものです。

75　働き方改革とは自らの仕事を極めることにある

（平成30（2018）年2月13日）

●仕事に喜びや生きがいを感じられる職場づくりが働き方改革の方向性

　安倍内閣の重点政策の一つである「働き方改革」とは何なのか、そして、その前提にある働くことの本質とはどういうことなのか、ということについて、私なりの独断と偏見で意見を述べてみたいと思います。

　私たちの世代が社会に出たのは高度成長期の真っ只中であって、企業戦士といわれた諸先輩方から、毎日一生懸命働くことこそが自分のためになり、ひいては家族、社会、国家のためになるという価値観に、強く影響を受けたことを覚えています。「幸せになること＝一生懸命働くこと」という価値観の方程式に、何の疑問も感じていませんでした。今日からみたら、社会的批判を浴びそうな長時間労働が当たり前の厳しい労働環境でしたが、そうした厳しい環境下でも周りの人たちが希望をもっ

て責任ある仕事をしていたのは、時代が上昇気流に乗っており、将来が明るいものになると信じていたからなのかもしれません。

　ところが昭和50年代後半に入ると、強い経済力の背景にある日本人の働き過ぎに対する厳しい批判が先進諸国から湧き上がりました。週休2日制の導入をはじめ、さまざまな労働法制が充実したのは、アメリカを含めた諸外国からの日本人の働き過ぎ批判がきっかけとなったといってもよいでしょう。その後、バブル経済が崩壊し、極めて厳しい平成長期不況に陥りました。各企業が大規模なリストラを行い、特に正社員のリストラを行うことによって、非正規雇用へ代替させるといった転換を図ることをどこの企業も積極的に推進していました。人件費を抑制し、企業を存続させることが当時の最大の眼目であったわけですが、世界がグローバル経済へと大きく変化していった時代になり、企業は国際競争力を高め、世界との大競争時代に打ち勝つために、徹底した合理化と長時間労働を強いることで難局を乗り切ろうとしたわけです。

　こうした時代の流れをみてみると、安倍内閣の重要政策の一つに働き方改革が取り上げられたことに、驚きと時代の現実を痛感します。働き方改革を進めるうえで重要なことは、単純に長時間化した労働時間にメスを入れたり、非正規雇用の所得を引き上げることだけではないと私は考えています。働き方改革に実効性をもたせるためには、自らの仕事に誇りをもつこと、仕事を通して生きがいや働きがいを感じる職場づくりが前提条件だと思います。つまり、仕事に誇りを感じ、働くことを通して生きがいや喜びを感じることができる職場環境を整備していくことが、われわれの目指すべき働き方改革の方向なのではないかと考えています。働き方改革を実現するためには、個々人にとっては何が必要になるのでしょうか。まずは自らに与えられた仕事、自ら選択した仕事を極めることに尽きると思います。そうすることにより、仕事への愛着が湧き、仕事への自信が生まれます。また、自らの仕事が社会と密接に関連していることを強く意識して、社会に少しでも貢献しているということに喜びを感じられる働き方こそが、大切なあるべき方向のように思います。

　出版に携わる私たちにとっての働き方改革とは、日々努力を重ね、自らの仕事を極めるということだろうと思います。そのためには、私が年頭に掲げた「自立」というテーマが必要不可欠です。自立して働くことができなければ、仕事をいくらやっていても働くことに面白さや楽しさを感じません。自分が責任をもって仕事に従事することができれば、働き方改革を通した素晴らしい未来に希望がもてるのではないかと思います。仕事を極めていくという気概をもって働くことが、働き方改革の第一歩のように思うのです。

76　子どもに社会生活の常識・素養を身に付けさせるのは親の責務である

（平成30（2018）年7月3日）

●「他人の振りを見てわが振りを直す」ことを日常的に実行する

　最近、電車に乗ったり、街を歩いていて、不愉快なことが目立ちます。特に若者のマナー違反に対して不愉快な出来事が目立ちます。昔から「最近の若者は！」という言葉を発するようになると年を取った証拠だといいますが、どうもそれだけではないように思います。電車内で若者が大股を開いて座ったり、足を組んだり、前に足を投げ出して座ったりとマナー違反が目に余るのは、結局、周囲の大人たちや両親がしっかりと世の中のルールや常識を教育してこなかったことが原因ではないかと痛感します。

　ひところ、すぐに切れて暴力行為に及ぶ若者が社会問題化した時期がありました。その理由はわかりませんが、近年はあまり話題にならなくなりました。かといって、今日の若者の知的水準が上がったとか、他者に対する思いやりの心や社会的マナーが向上したとは到底思えません。いろいろと意見や批判があった小・中学校での「道徳」の教科が昨年から導入されましたが、道徳教育を受けた世代が高校生、大学生、社会人

と成長していったあかつきには、日本人の他者への思いやりや公徳心、マナーの向上が図られているのか、今から成果が楽しみです。

　しかし、本来は、公徳心や社会生活上のマナーやルール、弱者への思いやりの心などの社会的教養は、両親や家族がしっかりと子どもたちへ教えるべき常識であり、学校教育の現場はそれをサポートする脇役・補助者でしかないわけです。子どもの教育やしつけの基本はあくまで家庭の責任であるにもかかわらず、それを学校が教えてくれるものと勘違いをしている親が多いようです。子どもは親の背中を見て育つといいます。親の日常の仕草や態度、言葉遣い、食事のマナーなど、子どもはしっかりと親の所作から自らの行動規範を学んでいるのです。たとえば、食事の際に足を組んだり、テーブルに肘をついて食事をする姿を日常的に見ていれば、子どもはそれがよいことと学び、自らも同じ行動をとるものです。子どもを見ると、だいたい親の社会性や知的水準、公徳心などが映し出されていることがわかります。子どもはしっかりと親のマネをしますから、嘘はつけないのです。

　さて、そこで言いたいことは、自分は常に人から見られ、評価されているということを意識すべきだということです。良い面も悪い面もしっかりと観察して、その人の評価をしているわけです。その反対に、自分も他人を観察し、その人の態度や行動、仕事ぶりや熱心さ、理解力などのすべてから、自分に足りないもの、自分が学ばなければならないものは何なのかを知り、謙虚に反省し活かすことが、自身を向上させるうえで大切ではないでしょうか。完全無欠の人間はいないのですから、少しでも他人から尊敬され、模範としてみられるような人間になるために、日々少しずつ努力していくことが自らを向上、発展させていくことにつながるように思います。まさに、「人の振り見て我が振り直せ」の精神で日々努力をすることが求められているわけです。

自らの頭でとことん考えて行動できる者のみが生き残れる

(平成31 (2019) 年1月7日)

●一人ひとりは小さな力でも一つになれば大きな力を発揮できる

　平成最後の新しい年は、どんな年になるのか、まずは現状を俯瞰して みたいと思います。現在の日本経済を取り巻く環境は二つのキーワード で言い表せるのではないか。一つは世界全体の不透明感が強くなること、 もう一つは、IT社会がますます進展することでわれわれの生活や経済 に大きな影響を与えることになるだろうということです。

　世界全体の不透明感が強くなっていることは、日頃のニュースでも見 聞きできるように、米中の貿易摩擦による世界経済へ与える影響が初め にあげられます。

　米中間では、貿易赤字の解消を名目とした中国からの輸入品に高い関 税がかけられ、中国も、対抗措置として関税をかけるという応酬が行わ れています。表面的には貿易赤字の解消という大義名分ではありますが、 実際のところは、知的財産権や軍事技術、通信技術の覇権争いとみるべ きとの考えもあります。これに影響してか、平成30年10〜12月までの統 計では、中国経済の鈍化が急速に進んでいるとの報道がされています。

　米中間の貿易摩擦に加えて、欧州では英国のEU離脱の問題がありま す。これも英国とEUとの間で、主に英国離脱後のEUとの貿易のあり 方をめぐる交渉が難航しているわけです。結果として、ヨーロッパ経済 の今後について全体的な不透明感が覆っているように思われます。

　少し話題が逸れますが、10年ほど前に、ガルブレイス著『不確実性の 時代』(講談社学術文庫・2009年) を読んだことを思い出しました。本 書では、高度に発達した資本主義の未来を予測しております。たとえば、 超巨大企業による世界支配や貧困、環境問題などが悪化していくと予測 しています。今日のわれわれを取り巻く経済環境に照らせば、いま世界

129

中が危惧をしている GAFA（グーグル、アマゾン、フェースブック、アップル）とよばれる巨大 IT 企業が代表的でしょう。予測は見事に的中したといえるでしょう。

　このような世界情勢の中、われわれ個人や企業、経営者、国家はどのように行動すればよいのでしょうか。まずは、現在がすでに従来の思考方法では十分に対応できない時代であることをよく認識することから始めることだと思います。そのうえで、個々人の考える力を鍛えるほかないのではないと思います。

　もう一つのキーワードである IT 社会は、われわれにどのような影響を与えるかについて、2018年にノーベル生理学・医学賞を受賞した本庶佑京都大学教授は、「教科書を疑え」という発言をされています。ここでは、ほかから与えられた情報を鵜呑みにせず、自らの頭でとことん考えること、興味のあるテーマがあれば、これまでの考えにしばられず取り組むことを強調していると受け取るべきでしょう。たとえ今後 AI が人間に取って替わり、われわれの自由な時間が増えたとしても、すべての人が幸福になる世の中になるとは思えません。

　出版界全体には先行きが不透明な現状ではありますが、光明が少し見えてきています。文芸ものやいわゆるビジュアル系雑誌の売上げが相変わらず厳しい現状ではあるものの、児童書は売上げを伸ばしているとの報道があります。また、相変わらず電車内ではスマートフォンを見入っている人がほとんどですが、文庫本や書籍、新聞を読んでいる人も少しずつ増えているように見えます。スマホ離れとでもいうべき現象が、知識層の間に広がっているのではないでしょうか。一部の知識層の人たちは、スマホでは体系的知識を得ることができないと気がついたのでしょう。子どもの学力は、スマートフォンをいじる時間が長いほど低下していくことが調査結果によって証明がされております。私見ではありますが、どれほど AI が発達しても、体系的知識・思考力・考察力を養うためには結局のところ書籍が一番すぐれていると思います。

　そう考えると、私たちの目標は質の高い良書を発刊することに尽きる

帖合・店名

冊

部数　発行　書名

（株）民事法研究会
TEL 03/(5798)7257
FAX 03/(5798)7258

著者

編集者の磨き方

田口信義

ISBN978-4-86556-353-5
C0095 ¥2000E

定価
本体2,000円+税

業の価値は社会的価値と経済的価値の二つの総和から成
す。質の高い良書を発刊することによって「社会に必
社会的価値の高い会社になりたいと考えています。
良質な出版企画を進めつつ、個々人の能力を高め
・連絡・相談プラス確認」を徹底して、風通
全員が力を合わせて大きな力としていくべ

産性の高い働き方を　き方改革の本質

（令和元（2019）年6月4日）
が一層求められる時代になる
改革関連法」が順次施行されて
おり、　　、わが国には長時間労働とい
う悪しき　　　との比較における労働生産性
の低さ（20　　　加盟36カ国中21位）も、かねがね指
摘されていま　　　さらに、長時間労働に伴う過労死・過労自殺も多発
していました。これらの問題を改善するために、今般の働き方改革では、
長時間労働を規制し、快適な職場環境を整え、ワーク・ライフ・バラン
スの実現を図ることで労働生産性を向上させることが目的の一つとされ
ています。

　政府主導でこの改革が推し進められる要因の一つとなったのは、2件
の電通社員過労自殺事件といえるでしょう。1件は、過労自殺という言
葉が耳目を集める契機となった1991年の事件であり、自殺した社員の長
時間労働につき使用者である電通に安全配慮義務違反が認定されること
となりました。もう1件は、2015年に、当時、電通の新入社員であった
高橋まつりさんが、毎月120時間を超える時間外労働による過労を苦に

売上カード　書名　発行

(株)民事法研究会
TEL 03(5798)7257
FAX 03(5798)7258

著者

編集者の磨き方

田口信義

ISBN978-4-86556-353-5
C0095 ¥2000E

定価
本体2,000円+税

自殺した事件であり、裁判所は違法残業をさせた電通の労働基準法
を認めました。これらの事件から、わが国の長時間労働への反省と、
き方改革推進への機運が高まり、国は、これを大きな政策目標として
腰を入れて取り組むことになったわけです。

　働き方改革関連法では労働基準法が改正され、残業時間の上限が月45
時間、年360時間が原則とされました。これにより、企業においては、
社員一人ひとりが労働時間内で効率的に働くこと、成果に結び付く中身
のある働き方をすること、がさらに強く求められることになるでしょう。

　具体的な成果を上げるために必要なのは、集中力だろうと思います。
人間が集中力を継続できるのは2時間程度といわれており、これを超え
ると注意力は散漫となり作業効率も低下します。そこで、たとえば8時
間の労働時間であれば、2時間程度集中して仕事をする時間と、脳を休
め気分を転換するため休憩をとることを3、4回繰り返す働き方が、理
論上最大の成果を上げる方法といえるでしょう。

　加えて、個々人の資質を高め能力を向上させることも重要になります。
近時、情報通信技術が発展・普及していますから、定型的で単純な仕事
はいずれAI等に代替されることになるでしょう。現にメガバンクにお
いても、定型的で単純な業務の機械化により人員や支店の削減などの効
率化が急ピッチで進んでいます。したがって、私たちは、想像力、構想
力、企画力、交渉力などのソフト面の資質を高め能力を向上させること
に努めなければならなくなります。

　働き方改革によって長時間労働が抑制されるということは、個々人の
自由な時間が確保されることでもあります。この自由な時間を有効に活
かし、個々人が資質を高め能力を向上させるために努力をすることが、
これからの時代を生き抜くために必須であると思います。

時代の変化についていけない企業が亡びるのは歴史の教訓

（令和元（2019）年9月3日）

●長年にわたり大蔵行政に依存してきた金融界の未来は厳しい

　来る10月1日はわが社の創立30周年の記念日です。ひとくちに30年といっても、「十年一昔」を3回重ねたことになります。ある面では、あっという間の30年でもあり、ある面では長い道のりでもありました。

　当社を設立する前、20年間にわたりお世話になった社団法人金融財政事情研究会（当時）では、銀行を主たる取引先として編集の仕事をしてきました。当時、高度経済成長を支えた銀行は、経済の血流として資金を供給する役割を果たし手堅い経営で信用を得て大きな発展をとげてきました。ところが、今日、その銀行が経営の大きな岐路に立たされて、大リストラ時代が不可避な状況を迎えています。昭和43（1968）年に入社して以来の金融機関の歴史をかけ足で振り返り、私たちにどのような教訓を残してくれたのか考えてみたいと思います。

　大学生の就職人気企業はその時代を表す花形業種であり、優秀な人材がたくさん応募します。私の学生時代は製鉄・造船・重機・石油・機械などの重厚長大といわれ、1960年代から始まる高度経済成長を牽引した大企業が人気業種でした。当時大企業は、増資や社債発行だけでは莫大な資金需要を満たすことができなかったので、銀行は零細な個人から広く預金を集めて大企業に資金を供給し発展を支えていました。そこで、都市銀行や長期信用銀行、信託銀行、地方銀行が就職人気業種の一角を占めていました。また、金融機関は大蔵省の強い指導の下、護送船団方式による行政指導が行われ、経営効率の高い銀行ほど莫大な利益を得ることができて、それに伴い銀行員は高収入を謳歌していました。

　1980年代になりますと、米国との貿易不均衡が顕著になり日米通商交渉が始まります。そこでは、日本市場への参入障壁の撤廃、金融の自由

化を強く迫られ、銀行行政も改革・開放へ変化せざるを得ない状況が生まれました。しかし、大蔵省は金融の自由化を急激に進めると経営が立ちいかなくなる銀行も出てくるなどの影響が大きいこと、昭和60（1985）年頃からバブル経済が発生したことにより、本格的な金融の自由化は先送りされます。銀行は、バブル景気に乗って不動産・株式やゴルフ会員権などの資産購入資金の融資を積極化することで莫大な利益を上げていました。しかし、平成3（1991）年に始まるバブル経済の崩壊により、銀行は不良債権処理のため大きな痛手を被りましたが、一方で経済が低迷したことにより、日本経済再生のために金融自由化を進めざるを得なくなり、ニューヨークやロンドンに並ぶ一大金融センターの創設を目指しました。平成8（1996）年～平成13（2001）年の橋本政権により、金融ビッグバンといわれる抜本的な金融制度改革が実行され、金融自由化政策が導入されました。一方で、銀行と大蔵省の長年の癒着関係による天下りや過剰接待問題が次々と明らかになり、社会から大蔵省に銀行の監督権限があることに対する強い批判が起こり、その結果、大蔵省から金融庁として分離・独立することになりました。

　バブル崩壊後、「失われた20年」といわれる長期にわたる経済不況に陥ることになり、世界の中の日本の存在感は小さくなっていきました。

　平成24（2012）年、第二次安倍内閣では、アベノミクス（経済成長戦略）によって超金融緩和政策がとられ、平成28（2016）年1月からは日本銀行がマイナス金利政策を導入し、銀行は日銀依存の経営体質から脱却し自ら知恵を働かせて稼ぎ出す経営の大転換が求められました。マイナス金利政策開始から4年近くが経過していますが、一部の地方銀行はこれまでの内部留保を切り崩して、ようやく経営が維持されている状況です。今後もマイナス金利政策が続くと、いよいよ抜本的な対策を立てなければならなくなり、その一つの方策として金融庁は合併や提携による経営の効率化を促しています。夏休みに読んだ本の1冊に、日本経済新聞社編『地銀波乱』（講談社）があります。全国の地方銀行で今何が起こっているのか、これから地方経済の疲弊が進み銀行は生き残ってい

けるのか、再生の途はあるのか、多面的な取材を通したレポートです。メガバンクでも数千人規模のリストラ、大胆な店舗削減が進められていますが、体力の弱い地方銀行は、現在のままではそう簡単に生き残っていくのは難しいといわれています。今年の大学生の就職活動では、内定者ゼロの地方銀行がいくつもあるといわれれています。最近の地方銀行による不祥事の多発や経営の先行きに対する不安から、よい人材も集まりません。

　これらのことから学ぶべきことは、時代や環境は必ず変化するということであり、将来の変化を予測することは、極めて重要で常に油断は禁物ということです。そして、行政依存のぬるま湯体質に長い間つかって経営を行っていると、危機が迫ってきてもそこから脱却できないということです。競争社会で生き残るためには、変化に適切かつ迅速に対応できなくてはなりません。今日の金融機関の状況をみていると、これまで安泰といわれてきた企業であっても時代に迅速に対応できないと存亡の危機につながることを肝に銘じて、日々の準備、備えを怠らないことが重要です。

⑧⓪ 同一労働同一賃金は働く者の意識の変革を迫る

（令和2（2020）年2月4日）

●心の通じ合える人間味あふれる職場環境をつくりを目指したい

　働き方改革関連法の改正に伴い、同一労働同一賃金を定めるパート有期法などの関連法が本年（令和2年）4月1日に施行されます（中小企業については令和3年4月1日施行）。この給与体系の根本的な見直しが意味するところや、社会に与える影響などを考察し、当社としてもどう対応すべきかを考えていかなければなりません。

　先日、「男はつらいよ　お帰り　寅さん」を鑑賞しました。上映30分前

にはすべての席のチケットが完売するという盛況ぶりでした。この映画シリーズは、1969年の第1作目から50年の長きにわたり、多くの国民に愛されてきました。上映中は、終始、笑いが絶えることがなく、老若男女を問わず、幅広い年齢層の人々に支持されていることが実感されました。この映画シリーズは30作を超えた時点で、「一人の俳優が演じた最も長い映画シリーズ」としてギネスブックにも認定されました（1983年）。

　1969年といえば、私が就職した翌年でもあり、社会人になってからのお正月には、この「男はつらいよ」シリーズを観るために映画館へ通ったものです。また、当時は、カラーテレビが普及しはじめた時期であり、日本映画衰退のはじまりの時期でもありました。

　シリーズ初期の作品である1、2作目では、50年前の日本の庶民の様子が活き活きと描かれていました。東京都心でも舗装されていない道路や、活気あふれる商店街などが映し出されています。それらを観て思うことは、当時は、人と人との連帯感や絆があり、お互いがお互いを思いやる気持をもって笑顔の絶えない日常生活をしていたという点です。「男はつらいよ」シリーズは、このような心のふるさととともいえる昭和時代の世相を反映しているが故に国民的支持を得ているのだろうと思います。

　昨年の12月14日の日経新聞に、山田洋次監督のインタビュー記事「寛容さ失った50年『寅さんが生きづらい時代に』」が掲載されていました。その中で、山田監督は「今の時代はいかに人々が孤独に生きているかということじゃないかな。50年前に比べると、この国は住みづらく、寂しくなった。そんな時代になってしまったという感慨が僕にはある。50年前の日本人は今より幸せだったんじゃないかな」と語っています。また、「自問しなくてはいけないね。今、幸せなのか。コンピューターの時代で幸せなのか。人間より賢いAIが登場するけれど、それは素晴らしい時代が来ると考えていいのか。それは恐怖かもしれない。50年前は未来にもっと期待していた。一生懸命に働けば、車が買えて、カラーテレビ

が買えた時代だよ。69年は」とも語っています。

　1969年は街に活気があふれ、がんばればがんばっただけの成果が望めました。ところが、この50年間で、世の中が便利で豊かになるにつれ、他者への思いやりや寛容さが失われてきているような気がします。

　このような時代にあって、働き方改革関連法の施行に際し、当社はどう対応すべきでしょうか。

　同一労働同一賃金制度は、年功序列から成果主義へ、一括採用から通年採用へと日本の労働慣行を大きく変革する契機になるものです。こうした変化に対応していくためには、お互いに助け合うことが重要です。企業である以上、当然、利益を上げていかなければなりませんが、そのためにも、個人のスキルアップ・底上げを図り、仲間・同僚を大切にし、働きやすく、楽しい職場環境をつくることが何よりも大切であると考えます。経営環境の厳しい今だからこそ、よりよい職場環境づくりに力を合わせて邁進していきたいものです。

第4章

リーダーの役割について考える

81 「氏より育ち」は社員教育のあり方にも当てはまる

（平成22（2010）年4月6日）

●人が伸び伸びと育っていける良好な職場環境をつくることが重要

　いわゆる「ゆとり教育」を受けた第1世代が、平成22（2010）年4月に大学を卒業し新入社員として社会へ出ることになりました。ゆとり教育は、平成4年度に学習内容・授業時間数が削減され、平成7年からは完全週休2日制が、平成10年度には「ゆとり」を重視した学習指導要領が導入されるなどして、段階的に実施されてきました。しかし、その結果、子どもの学力低下が顕著になったとして、ゆとり教育の見直しに着手し、来年度（平成23年度）からは、新学習指導要領の下でゆとり教育からの転換が図られることになりました。

　新年度を迎えて、ゆとり教育から生じた新社会人の常識力・コミュニケーション力の劣化が問題視され、各種報道では、誇張も含めておもしろおかしく取り上げられていますが、これらは学校の教育体制や学習指導要領だけに原因があるわけではありません。親が子どもの教育を学校に任せっきりにして、家庭の中で教えなければならない躾や社会常識を教え育む義務を怠ってきた結果ではないかと考えます。

　「氏より育ち」という諺があります。長い歴史があって資産や格式のある立派な家柄に生まれたことが重要ではなく、人としての躾や教育、作法を体得したり社会常識や高い教養を身に付けることができる環境で育てられることにより、人間の価値が決まるという古くからの教えです。社会人としてのマナーや基礎的な教養の有無、品位や品格の高さ、人物としての評価には、両親の家系・家柄の善し悪しは全く関係ありません。良識を身に付け、他人とコミュニケーションをする中で自己の社会的存在の意義を十分に理解し、社会人として必要な思考力のあり方、技術や能力を磨く姿勢を育てていく周囲の環境が整っていることが何より大切

なのです。

　企業にとって、人をいかに教育し育てていくかは、大事な使命の一つです。社会のお役に立とうとする姿勢や物事の道理や考える力の重要性を教え、優秀な人材としていかに育て上げるかは、企業としてのあり方にとって重要な問題なのです。「氏より育ち」ということは、企業の社員教育についてもあてはまるのではないでしょうか。どんなに有名で、世間から老舗と呼ばれるほどの歴史や格式がある企業でも、それに胡坐をかいて、日常的に上司・先輩が熱意をもって新人教育に取り組み、学ぼうとする本人の成長を促し、しっかりとした社会人として育てていくことを怠っていると、いつか衰退の道をたどることになります（三越はその例の一つであるように思います）。私たちは、ゆとり世代の人材を迎えるにあたって、社会人として通用する人間にいかに育てるかという、企業の大事な使命について真剣に考えていかなければならないのです。

82　リーダーは発した言葉のもつ重みや怖さを認識する

（平成22（2010）年6月9日）

●自らの言動と行動に責任をもつことが信頼と信用につながる

　平成22（2010）年6月2日に鳩山総理が辞任し、菅政権が発足しました。鳩山政権はもう少し長く続くものと期待していましたが、普天間基地移設問題についての不用意な発言の責任をとり早々に辞任する事態となりました。言葉のもつ怖さを実感しました。

　この問題が混乱を招く原因となったのは、普天間基地移設問題についてマニフェストの中では直接触れられていなかったにもかかわらず、連立政党を意識したのか、「海外移転、最低でも県外移転を目標とする」と公言したことです。在日米軍基地の約75％が沖縄県内にあり、戦後65年間にわたって基地の重圧を感じてきた沖縄県民は、時の総理の発言に

より、普天間から県外に基地が移設される実現可能性が高まったと思い期待したことでしょう。平成18（2006）年に、米国との間でキャンプ・シュワブ沿岸部（辺野古）移設について合意ができた際に盛り上がっていた基地移設反対運動も、4年という歳月の経過の中で沈静化していましたが、鳩山総理の不用意な発言が再び反対運動に火を点けてしまいました。

　そもそも外交政策、特に国家間の約束事は、一度決定すると政権が交代したからといって簡単に変更することはできないものです。特に基地移設問題については、日米安全保障条約の問題が深くかかわってきます。今回の発言は、2006年に自民党政権下で交わされた日米合意に反するものであり、沖縄県民に対してはもとより、アメリカに対しても信頼を失わせてしまうものでした。総理大臣のような時の権力者が、自らの言葉、発言に責任をもつのは当然のことですが、われわれ一般人についてもそれはあてはまるように思います。社会に対する言葉の波及力、影響力こそ違いますが、自分の言動に責任をもつことが信用・信頼につながっていくという重みは同じです。

　日々生活している中でいろいろな人に会っていると、口舌滑らかに多くのことを話す方もいますが、中身の軽重や信頼に足る内容かどうかは言葉の端々に表れてきます。言葉というのはただ話して相手に伝わればいいものではなく、自分の真意と誠意を相手に伝えるための重要な道具でもあります。言葉は、人から理解を得たり人を説得したりする際には大きな武器となりますが、その反面、大きな失敗や失態にもつながる面ももっています。

　この度の鳩山総理辞任劇で思い出したのは、先日読んだ本の中に記述されていた「言は行を顧み、行は言を顧みる」（『中庸』13章）という中国の古典の一説です。これは、「何かを発言するときには行動が伴っているかどうかを確認し、何か行動を起こすときには、自分の発言を思い出すべきである」という意味です。

　現実的な行動が伴わない発言は信用することができませんし、行動が

普段の発言と一致しないものであっては信頼を得ることはできません。

　社会人であるならば言葉の重みを日々感じながら、自分の言葉と行動を照らし合わせ、それに対してしっかりと責任をもたなければなりません。

⑧3　リーダーには立ち居振舞いの美しさが求められる

（平成22（2010）年7月20日）

●存在感のあるリーダーとは知識・教養と人間的魅力に裏づけられる

　暴力団との関係が露呈し、社会問題に発展している相撲界ですが、平成22（2010）年7月17日付の朝日新聞では、貴乃花親方の新弟子勧誘会での暴力団幹部との親密な関係が報じられました。暴力団は、相撲界だけではなく、私たち一般市民の生活にも深く静かに浸透しています。たとえば、この時期、各所で行われ夏祭りや花火大会会場に多くの露天商が出店しますが、その関係者にはいわゆる「テキ屋」と呼ばれ暴力団の影響を強く受けた者も多いといわれます。昔からヤクザ（暴力団）をかっこよく美化したり誇張したりする映画も多数製作されてきました。

　暴力団は、暴力装置を使った反社会的勢力であり、近年では、その周辺者も含めて、官民あげて排除活動が進められてきました。暴力団対策法は、平成4年に施行され、当社でも『暴力団対策法の解説』をいち早く出版しました（現在では『注解　暴力団対策法』として刊行しています）。その後、暴力団の「経済ヤクザ化」に対応するために、平成5年の大改正を始め時代に対応して改正が重ねられ、平成20年には、公共事業においても、フロント企業等を介して暴力団が行政にも浸食してきたことを受け、同法9条の暴力的要求行為類型によって、アリも通さぬほどの規制の網を張り、暴力団の行政対象暴力を排除しています。

　バブル経済期には、暴力団とのつながりを背景とするデベロッパーや

143

大手の金融機関によって悪質な不動産取引や地上げ、株の買占めが行われ、暴力団へ多額の資金が流れ込み大きな社会問題になりました。ある民暴専門の弁護士の見方では、暴力団に3兆円もの「ヤクザマネー」が当時蓄積されたと推測しています。最近出版された『憚りながら』（宝島社）の著者で元後藤組組長の後藤忠政さん（現在は出家をして僧籍をもつ）は、山口組系の経済ヤクザとして名をはせた人物です。バブル期には政治家や有名企業、宗教団体と相互に利用・協力関係を築いて甘い汁を吸い、まさに濡れ手に粟で巨額の資金を収奪してきた一人です。また、バブル経済崩壊後は、ヤミ金や証券取引、企業買収の場面において暴力団が暗躍し、近年、ベンチャー企業を中心とするIT業界では、即時・即金の調達が可能な「ヤクザマネー」による資金繰りが増え、株の買占めなどを通じて実態的には会社を支配されている状況もみられるようになり、反社会的勢力は表向きの企業間取引において深く静かに影響力を及ぼしているといいます。

　暴力団やその周辺者・共生者、それを利用する者との付き合いの中で人間を見極めのし上がってきた後藤元組長は、前掲書の中で、彼らの世界において「信頼できる人間の条件」について次のように述べています。①信念に揺るぎがなく、②筋が通っており、③気骨があり、④度胸が据わっている者である、と定義しておりますが、この条件は一般的なビジネス社会のリーダーにも求められる人間像でもあります。後藤元組長を美化し礼賛するつもりは全くありませんが、彼は単なる山口組直系の暴力団の組長であっただけではなく、優れたリーダーとして君臨できたのは、知識・教養、人間的魅力に裏づけられた存在感のある人間であったからではないでしょうか。どのような組織にあっても、信頼される人間として立派な立ち居振舞いができるかが重要なのです。

84 人を信じて任せることもリーダーの大切な仕事

（平成22（2010）年10月26日）

●しっかりと人材を育成することが将来の企業の根幹を支える

　このところ円高が急速に進んでおり、政府による為替介入も行われましたがほとんど効果が出ないまま、史上最高値の円高に迫る状況になっています。日本の経済を支える輸出企業にとっては大変厳しい状況で、多くの企業がいっそう海外移転を進めていくものと思われます。海外展開に向けて社内の公用語を英語にする企業も増えていますが、一方で日本経済の空洞化や雇用問題への影響が懸念されます。

　しかし、企業が活動の場を海外へシフトしていくとしても、重要となるのは結局人材に尽きるのではないでしょうか。いかに上手に人材教育を行うことができるかどうかが企業経営の未来を左右すると思われます。

　IT企業の中で成長著しいオービックの社長兼会長の野田順弘さんは、日経新聞で本年6月1日から1カ月にわたり連載されてきた「私の履歴書」において、自らの経験をもとに同様のことを述べられていました。

　創業してから数年後に社会全体のコンピュータ化が加速化し、順調に企業を成長させた野田さんは、さらなる拡大を図ろうと人材を中途採用に頼ってきた時期があったそうです。しかし、中途採用した社員に裏切られるということが何度もあり、この失敗から人材育成の大切さを身にしみて感じたと述懐しています。

　この苦い経験から、オービックでは現在でも一切の中途採用は行わず、一から人材を育てているそうです。現在でも採用は、創業時から二人三脚で支えてきた常務取締役でもある妻のみづきさんと二人の責任で行っているそうです。

　ある時期、野田さんは、毎朝会社の近くにあるホテルのレストランで朝食をとりながら、目の前の道路を通り出勤する社員をチェックしてい

たそうです。そして、気になる社員がいれば本人に一言声をかけるなどして、体調の不良やさまざまな悩みなど、社員が抱える問題を芽のうちに摘み取るように心がけてきたとのことです。人間を大切にする経営姿勢が伝わってきて、大変感銘を受けました。

　長期的な戦略よりも短期の利益が求められる今の時代に、新卒しか採用しないというのは、大企業では特に珍しいことです。しかし、かつて中途採用社員に裏切られたという実体験があるため、新卒から育てるということを頑なに守っているのです。

　このように、成功体験からよりも苦い失敗体験からのほうが、より多くの大切なことを学ぶことができます。人を信じて任せていても、簡単に裏切られてしまうのが現実でもあり、それが人間関係や会社経営の難しさだと感じます。

　しかし、人を信じるというのは、リーダーとして何より大切なことです。人を信じることができなければ、社員も仕事に自信をもつことができませんし、会社との信頼関係を築くこともできないからです。経営者は、社員に対して時に厳しく接する場面があっても、根本では社員を信じて任せ切ることが大切だと思います。

85　危急時にこそリーダーの実像が見えてくる

（平成23（2011）年3月29日）

●被災地の経営者が教えてくれた真のリーダー（経営者）の条件とは

　テレビを通して東日本大震災の被災地の各自治体の首長や中小企業の経営者の映像に接しておりますと、リーダーとしていざという時にどのような行動をとるべきか、そして、リーダーの責任とは何かを考えさせられました。工場が全壊し、従業員も行方不明者がおられる経営者の苦闘・苦悶する姿をインタビューを通して見ていると、同じ経営者として

心中察するに余りあります。同時に被災した経営者が発する復興・再生への力強い言葉には感動を覚えました。大震災によりすべてを失い、まさに一からの再出発を余儀なくされた経営者の語る内容は、これからの従業員の生活への配慮をはじめ事業の資金の調達等多岐にわたっていますが、その根底には従業員への深い愛情がみて取れます。経営者としての自覚・責任感のなせるわざであると強く感じました。

　この度の東日本大震災を通して痛感したことは、会社のリーダー、つまり経営者になるためには最低限以下のような五つの条件が備わっていなければならないと実感しました。

1　強力なリーダーシップが備わっていること
2　会社・社員への責任感・使命感が強いこと
3　迅速かつ的確な決断を下せること
4　周囲への目配り・気配りができること
5　すべての者への愛情や優しさを備えていること

　以上のような条件は日々、目的意識的に鍛錬・訓練をしないと簡単に身に付くものではありません。また、いくら鍛錬・訓練をしたとしても、すべての人が経営者としての器量・力量を身に付けることはできないことも確かです。教えたわけでもないのに子どもの頃からリーダーシップを発揮する者もいれば、消極的で引っ込み思案な者もいます。努力だけでは克服ができない、生まれもって備わった器量・資質があることも事実です。

　そこで、それぞれの性格・特性・能力・資質によって自分に合った分野で活躍し、社会のお役に立っていくことが大切なわけですが、経営者としての資質が備わっていない者の下で働く従業員は不幸です。このような経営者では、大震災などの危機が発生した際に的確な対応をとれないばかりか、いつ倒産の憂き目にあい、従業員、家族が路頭に迷うかもしれないからです。

　東日本大震災は、私たち、いや日本人全員にさまざまな課題を突き付けることになりましたが、今、私たちにできることは与えられた場所・

立場で最大限の努力をし、社会にとって有用な人間になることだと思います。大震災の報道を通して、リーダー（経営者）の苦労や責任の重さを少しでも理解することができれば、当社においても編集、営業担当を問わず、その道のスペシャリストになる努力はできるはずです。

 86　会社の発展は個人の力よりもチームの力の結集にある

（平成23（2011）年9月29日）

●創業者の理念と理想、高い志などを承継し会社力の向上を図る

　平成元（1989）年の10月1日に創業してから、22周年を迎えました。創業時は、バブル経済の真っ只中でしたが、翌年にはバブル経済崩壊の兆候が現れ始め、平成3年にはバブルがはじけ、その後、大手ゼネコン、金融機関、証券会社等の破綻をきっかけに日本経済の凋落が始まりました。その後、わが国の経済は「失われた20年」といわれる極めて厳しい経済状況に追い込まれ、今もあえいでいます。さらに、本年（平成23（2011）年）3月11日に発生した東日本大震災は、第2の敗戦と比喩されるほどにわが国を危機的状況に陥れました。しかし、ここにきて日本人の魂、歴史、文化を再認識し、日本再興に向けて、人々が連帯・協働を求めようとする動きがみられ、少しずつ将来への希望の灯りがともりつつあります。

　そんな中、これからのわが社は、「個人の力からチームの力へ」という目標を掲げて一層の発展をめざしていきたいと考えています。どんな企業や組織においても、創業当初は、まず主宰した創立者個人の力に大いに頼らざるを得ません。それは、企業や組織を立ち上げるには、創立を企図した人間の熱い想いがあってこそなしうることだからです。理念、理想、高い志、ロマンなどの精神性が結集し凝縮できてこそ、創業という困難な作業に立ち向かえるからではないでしょうか。

　その結果、創業から一定期間は、創業者の個性を色濃く出しながら、目標に向かって邁進していくことになります。創業者個人の強力なリーダーシップとアイデアなどのすべてが源泉となって、企業や組織が成り立っていくのは仕方がないことです。そうしなければ、創業してから日の浅い期間では、組織を維持することすらままならないわけです。

　しかし、年月の経過とともに、人材が集まり、一つひとつの組織的な動きが可能となり、創業者の個性や能力だけでは、経営や組織全体を動かしていくことが難しくなります。つまり、個人の力だけでは限界がみえてくるわけです。そこで、創業者の理念、理想、高い志などを引き継ぎつつ、組織全体というチーム力が次第に個の力を上回っていくようになっていく必要が生じます。個の力が弱められ、薄められていくことによってチーム力が高まっていくことができるのだと思います。つまり、当社は創立22周年を迎えて、これからは「個人の力からチームの力の時代へ」と大きく脱皮していかなければならないと考えます。企業や組織が、いつまでも個人の力に頼っていては、組織としての脆弱性がいつまでも克服されないということです。創業者個人の力は、ひらめきや想像力・構想力といったクリエイティブな面ではいつまでも大きな力となり得ますが、経営や組織全体を強化し将来に向かって磐石な体制を構築していくには、チーム力に負う面が極めて大きいと思います。いつまでも個人の力に頼りきっている組織では、想像を超える大きな困難・苦境が発生したときに対応ができなくなります。危機管理の一つであるリスク分散についても個人の力からチームの力へと転換しなければなりません。

　この間、目的意識的にチーム力の強化を図ることを最大の目標にして議論をしてきましたが、初期の目標に到達した思いがいたします。それだけ、当社の個々人の能力が大きく成長してきたからにほかなりません。これからの2、3年で、さらに当社のチーム力を強化するために、力を注いでいきたいと考えております。それが、創業者の責任であり使命だと考えるからです。これからわが社を支えていく皆さんが、この仕事を人生の生きがいとし、日々有意義に社会のためにお役に立てる人生を送

れるように、しっかりと指導・育成・教育をしていきたいと考えております。そして、私の人生もこれらからも皆さんとともに、楽しくすばらしい仕事を通して、ともに夢を追っていきたいと考えております。それが、創立22周年を迎えた心境です。

　チーム力とは、一体感・信頼感を共有し合うことであり、1プラス1が2ではなく、3にでも4にでもなり会社力を強化することができるものです。

　まさに、聖徳太子が制定した十七条憲法の冒頭にあるように、「和を以って貴しとなす」精神で民事法研究会というチームづくりに邁進していってほしいと思います。そうすれば、どんな困難・苦境に直面しても十分に立ち向かうことができるはずです。

87 リーダーは多くの人に直接会い 顔を見て話すことを習慣化する

（平成24（2012）年8月7日）

● IT社会が進むほどビジネスは直接人に会って話すことが重要になる

　近年、コミュニケーションの手段はIT技術の発達に伴い、メール、SNS、ツイッター、ライン等いろいろなツールが開発されました。これらのコミュニケーション手段の発達は、私たちの生活を格段に便利にしました。しかし、いくら便利になったとはいえ、コミュニケーションの手段として最も大切なことは直接人に会い、顔と顔とを突き合わせて言葉をやりとりすることだと考えています。

　日本は四方を海で囲まれ、外国からの侵略を受けることなく、長い間にわたり太平の世が続いてきたという歴史があり、単一民族、単一言語ということもあって言葉を発しなくても顔の表情や態度・雰囲気などから以心伝心でコミュニケーションが図れるところが多々ありました。事実、「沈黙は金なり」、「不言実行」という言葉が尊ばれていることから

もわかります。このことは多民族、多言語、多宗教、多文化を常識とする世界では異質なことです。国際社会では、自分の思うところを言葉にして発して正確に相手に伝えなければ相手は正しく理解してくれませんし、コミュニケーション自体がうまくいきません。

　この点、現代の日本においても顔色を見て相手の気持を理解したり、以心伝心でお互いが理解できる時代は過ぎ去り、言葉を発し、説得をしないと人は動いてくれないシビアな社会に変化してきました。会社においても、全体のコミュニケーションがうまく機能しないと組織が成り立たなくなってきました。特に、リーダーとなるべき者は言葉の重みを理解し、適時、適切な指示を出さなければ人は動かず、成果も上がらないという難しい時代になってきました。

　平成24年5月14日の日経新聞夕刊のコラム「あすへの話題」に日立製作所会長の川村隆さんが、「リーダは大切な意思決定やその伝達はメールではなく顔と顔とを突き合わせて、顔を見て、言葉に出して確認するべきである」という趣旨のことを書いていました。「メールが完全に定着し、社内外との連絡は迅速かつ多面的になりましたが、相手の顔を見て発する言葉による伝達が大事なことである」とも述べております。

　最近の若い人の中には、相手にメールを送りさえすれば重要な意思決定や仕事上の依頼が伝わったと思う人がいます。大きな仕事、大切な仕事であればあるほど、顔と顔とを突き合わせ、声を発し、耳を通して納得をし確認をしてもらわなければ重大な失敗につながりかねません。IT社会の発展により、幅広く迅速かつ容易にコミュニケーションが可能になりました。だからこそ、人と人とが顔を合わせることがいかに大切なことであるか、そして言葉のもつ重み、重要性を認識して欲しいのです。

　アメリカではIT社会が発達し、ビジネス関係の情報量が飛躍的に増大するに伴って国内航空便の利用率が同時に高くなったといいます。これは「IT社会におけるビジネスにおいては、直接人と人が顔を合わせ、言葉を発して互いを信頼し合うことがいかに大切かが広く認識された結

果だ」という話を聞きました。

　このように IT 社会が進むほどに、直接人に会って顔を見て話すことの重要性がより高くなりますから、言葉の重みを意識しながら日々の仕事を行うようにすれば、結果として相手の信頼を得て大きな仕事を任せられることにつながるはずです。日々できるだけ多くの人に直接会うよう心がけていくことで、信頼関係と人脈の形成につなげていってほしいものです。

88 前向き思考で挑戦し続けることからチャンスは生まれる

（平成24（2012）年11月6日）

●編集者の能力が厳しく問われる時代だからこそ腕の見せ所も大きい

　わが国の家電メーカーが危機的な状況にあります。パナソニックやソニーは巨額の赤字を計上し続け、シャープは台湾企業との提携交渉が難航し、このままいくと相当に不利な条件での身売りをせざるを得ないのではないかとの憶測が流れています。数年前まで、日本のメーカーは、高い技術力を背景に世界の白物家電市場において圧倒的な存在感を誇っていました。それがわずかの期間に、このような苦境に立たされるに至ったのです。

　その最大の要因は何かと考えたとき、「内向き思考」であったことがあげられるのではないでしょうか。これまで、世界市場、特に多くの人口を抱えるアジアなどの新興国市場を相手にすることなく、もっぱら国内市場にばかり目を向け製品をつくり続けた日本のメーカーが、世界市場を主戦場として事業を展開してきた韓国や台湾のメーカーに敗北するのは当然といえます。この間、iPhone に代表されるように、世界経済の変化、技術の進展は相当なスピードで進んでいます。判断を誤れば、すぐに、坂道を転げ落ちるように、厳しい状況に追い込まれてしまうの

です。われわれは、大きな誤りを犯した家電メーカーと同じ轍を踏むことなく、常に感性を研ぎ澄まして、消費者と向き合い、外部環境の変化を素直に受け止めることが求められています。

　ところで、高度経済成長時代においては、だいたいのものは作れば売れたものでしたが、今日はたいていのものが売れません。消費者は必要なものを厳選しています。特に、平成20（2008）年のリーマンショック、平成23（2011）年の東日本大震災以降はその傾向が一層顕著です。出版界においても、読者は購入する書籍を厳選していますので、市場は縮小傾向にあります。ただ、編集者としてはおもしろい時代でもあると思います。バブル景気の時代には、企画がおもしろくなくとも、本を出せば一定程度は売れる環境にあり、編集者の企画力、構想力といったものはあまり問われなかったのですが、今は編集者の能力が厳しく問われます。競合他社と、企画力で勝負し、良書を世に問う、まさに編集者の腕の見せ所でもあります。

　こうした変化が速く、ものが売れない環境においては、家電業界のように、内向き思考で凝り固まれば、すぐさま脱落してしまいます。ですが、消費者のニーズを的確につかむことができれば飛躍する可能性も高いわけですから、常に前向き思考をもって臨めば、チャンスも広がる時期ともいえるでしょう。

　出版界では、アマゾンの Kindle をはじめとした電子書籍端末が出そろい、今後、電子書籍と紙の書籍の棲み分けはどうなるのか、どの端末がコンテンツをより多く集めフォーマットを押さえるのかといった点が注目されています。われわれもその動向を注視しなければなりませんが、まずは出版社として、読者のニーズに応える、よりよいコンテンツを提供していくことが求められています。決して内向きにならず、前向き思考でチャレンジをしていくことこそ重要です。

89　人を大切にする人間経営と成果主義とのバランスを上手に取る

（平成25（2013）年 7 月 2 日）

●出光佐三の掲げた「人間経営」に学び、誇りをもって仕事に励む

　出光興産創業者である出光佐三さんをモデルにしたスケールの大きい一代記、『海賊とよばれた男』（百田尚樹著）を読みました。本屋大賞を受賞し、たいへんなベストセラーとなっていますので、すでに社員の中でも読んでいる人もいるかもしれません。本書は、簡潔にまとめると、国内においては官僚と大手石油業界の癒着、さまざまな規制による参入障壁、海外においては国際石油メジャーの圧倒的な力に、出光興産をモデルとする国岡商店がいかにその壁に挑み、度重なる危機をいかにして切り抜け発展していったかを描く波瀾万丈の物語です。この小説を通して、出光佐三さんが掲げていた、大胆かつユニークな経営方針に特に注目をしました。社員を家族として扱い、何度となく襲ってくる会社の危機に際しても、社員に全幅の信頼を寄せ、人間を大切にする「人間経営」で難局を克服していきました。たとえば、終戦直後、会社自体に仕事がない状況で、戦地から続々と戻ってくる社員を一人残らず再雇用し、自らで仕事をつくり出して乗り切り、また社員を信用し出勤簿もタイムカードもない、といったエピソードが小説でも紹介されています。

　ところで、こうした「人間経営」の対極にあるものが、成果主義です。働く人間そのものにはあまり関心を示さずに、主に成果に着目する成果主義に、私は以前から疑問を感じていました。成果主義は、日本の風土、歴史、文化、そして日本人の精神構造に合わないのではないかと考えています。日本でいち早く成果主義を導入した富士通の顛末は、城繁幸著『内側から見た富士通「成果主義」の崩壊』に詳しく紹介されていますが、職場の人間関係がぎすぎすする、職場での連帯感や協調性が損なわれる、足の引っ張り合いが起こり社員のメンタル面に問題が発生する、

といった弊害が生じがちです。成果主義は欧米から伝えられた経営手法ですが、生まれた時から厳しい競争社会にさらされるのが当たり前の環境にいる欧米人、人間関係や人と人との協調や信頼に大きな価値をおく日本人の違いが会社文化にも現れています。競争を全く否定するのではなく、成果のみに片寄ることもなく、ゆるやかな競争の中で、互いに切磋琢磨し協力し合ってやっていく、こうした環境がわれわれには合っていると思います。

　少し前まで新自由主義がもてはやされ、利益を上げることがすべてであるかのようにいわれていましたが、それもリーマンショックを境にして厳しい目にさらされ、短期に成果を上げることが強く求められるその弊害も広く認識されるようになってきました。出光佐三さんが成し遂げた「人間経営」を、経営の基本におくことが今日求められているように思います。日本的なるものへの回帰が注目されているように、会社においてもその流れは無関係ではありません。出光佐三さんの理念のすべてが今日通用するわけではありませんが、その中核たる「人間を大切にする」ことを軸足にして、働くことに誇りと喜びを感じ合えるような会社にして仕事をしていきたいと痛感した次第です。

90 価値ある情報は人とのつながりの中から見つかることが多い

（平成26（2014）年2月4日）

● きめ細かに情報を収集・分析することが新たなニーズを掘り起こす

　情報の大切さというものは今も昔も変わりません。戦国時代においても、敵方の情報をいかに集めるかが戦いのキーポイントであり、かの有名な桶狭間の戦いにおいても、劣勢と言われていた織田信長は情報収集の面で優位に立ち、劇的な勝利を収めています。また、大航海時代においても、商人たちは情報をいかに多く、早く集めるかということに注力

し、その結果、莫大な富を築くことができたといわれています。戦国時代、大航海時代においては、たくさんの人を使い、現地で情報を集めるのが基本でしたが、今日ではインターネットで情報を集めるのが基本になりつつあります。そのために簡便、容易かつ大量に情報を集めることが可能になりましたが、そうした簡単に集まるような情報にはそれほど高い価値があるようには思いません。やはり、直接人に会って、その人しか有しない、あるいはその人でしか感じることのできないピンポイントの情報こそが価値のある重要な情報なのではないでしょうか。

　ダイエーの創業者である中内功さんの秘書を務めていた恩地祥光さんの著書『中内功のかばん持ち』では、中内功氏がいかに情報収集を重要視していたかというエピソードに触れています。ダイエーの経営戦略の中核は情報の正確さ、早さ、そして活用方法であったといいます。情報をいかに広く、早く収集するかのこだわりこそが、流通革命の旗手としてダイエーの快進撃につながったとも言われています。

　これはわれわれ出版社にも同様のことがいえます。正確な情報を広く、早く収集し、出版企画を立案・実現していかなければなりません。また、新聞、テレビ、インターネットなどの各種メディアで流れる情報を収集するだけでなく、そうした情報の中からニーズを読み取り、敏感に反応し、素早く行動していかなければなりません。情報に対する鋭敏さを身に付け、いかに出版企画へと結びつけるかが私たち出版社に課せられた命題となっています。

　ただ、今まではマスメディアも含めて、多様なメディアから情報を収集し、出版企画へと結びつけていくことが主でしたが、それだけでは通用・成功しない時代になりつつあります。今一度、原点に立ち返り、日頃仕事で接している身近な人々から直接情報を集め、きめ細かいニーズを探り出す必要があるように思います。そこに宝の山が隠れているのではないでしょうか。

　まだ表立って世間で知られていないような微細な情報を収集し、この情報から新たな出版のニーズを掘り起こしていくためには、まず多くの

人と会い、そして人の意見をよく聞いて、今社会で何が求められているのかを分析していかなければなりません。これまでに築き上げてきた人脈を最大限に活用し、そこから価値ある情報、新たなニーズを掘り起こして出版企画につなげていくことを重点目標にして編集活動を行う時代になったように思います。

91 「企業の寿命30年説」に対抗し未来へ挑戦していきたい

（平成28（2016）年5月10日）

●社員一人ひとりが自らの課題をもって克服していけば道は必ず拓ける

　法曹人口が増加しているにもかかわらず、『六法全書』がなかなか売れないという話を聞きました。法律出版界も厳しい経営環境が続いています。しかし、逆に、このような時だからこそ、良い本をどのように作るか、チャレンジ精神をもってこの不況を乗り越えたいところです。

　「企業の寿命30年説」について考えてみたいと思います。

　多くの企業は設立して10年ほどの間で消滅していくといわれています。そのような中で30年間、経営を続けていくことは至難の業です。当社もあと2年半で30周年を迎えます。この30年の壁をいかに乗り越えるかが現在の大きな課題です。

　では、なぜ「30年」なのでしょうか。

　最大の理由は、創業当時の緊張感、仕事に対する活力や真摯な姿勢が徐々に失われていき、チャレンジ精神旺盛な会社の柱ともいえる人材が徐々に減少する一方で、会社に依存し、業績にぶら下がっている社員が増えてくることによるものと考えられます。

　30年を目前に控えたこの時期に、当社もしっかりメンテナンスをしておかないと会社の将来はありません。

　「経営の神様」といわれる京セラの創業者、稲盛和夫さんも「企業寿

命30年説」をとらえて、「会社は30年経つとガタがきて傾くのが普通らしい。京セラも30年を迎えるが、なんとしてもみんなで力を合わせて、傾かせないようにするどころかさらに立派な会社にしていこう」と創業30年を前に社内で警鐘を鳴らしたといいます。

　ある経営者は社員一人ひとりに課題を与え、１年経っても成長がみられなければ、その社員に辞めていただくことで、会社を発展させたという話を聞いたことがありますが、今日の労働法制を考えればこうした思い切った対応はできません。

　そこで、各社員が自らの課題に真摯に向き合い、課題克服に向けて、努力することが求められるわけです。

　社員一人ひとりが「一騎当千の強者」といわれる、会社を支える人材に育ってほしいと思います。そのことが、次の世代に会社を引き継ぐことにもつながります。一人ひとりが自らの課題をもち、それを克服する努力・自己研鑽を怠らなければ会社の未来は開かれます。

 ## 92　楽しく働ける現場こそ「ものづくり」の原動力である

（平成29（2017）年5月2日）

●働きやすい職場環境をつくれば社員に強固な信頼関係が生まれる

　先日、北海道小樽市にある石原裕次郎記念館が、建物の老朽化などを理由に８月末をもって閉館するというニュースがありました。石原裕次郎さんといえば、昭和の大スターであり、戦前戦後世代にとっては憧れの的でした。時の流れの宿命なのでしょうが、石原さんを知っている世代はだんだんと少なくなりました。

　また、今年は、松方弘樹さんや渡瀬恒彦さんなど、映画ファンにとっては大変残念な訃報が相次いでいます。松方さんは、父親である時代劇俳優の近衛十四郎さんの血脈といいましょうか、時代劇や任侠映画の黄

金期のスターでした。1960年代、1970年代当時、学生運動に没頭していたわれわれ世代は任侠映画に親近感を覚え、松竹、東宝、大映、日活、東映から毎週のように封切りされる映画を楽しみにしていました。映画は、昭和の時代の最大の娯楽だったといえます。松方さんをはじめ、当時の銀幕のスターたちは、映画の中だけでなく、その豪放磊落な生き様という面でも話題を提供していました。

ところが、1964年に開催された東京オリンピックの開催を契機としてテレビの普及率を大きく押し上げることになり、隆盛を極めていた映画界は、産業構造の変化により国民的娯楽の地位をテレビに譲ることになり、衰退の時期を迎えます。その後、映画界から国民的スターの生まれない時代へと移ることになりました。

文藝春秋の2017年2月号で、「大女優9人が語る昭和の映画」と題する特集が組まれていました。岸恵子さん、八千草薫さん、香川京子さん、佐久間良子さんなど往時の名優たちが黒澤明さん、小津安二郎さんら名監督との交流を語るものです。その特集の中で、『悪い奴ほどよく眠る』『赤ひげ』など黒澤監督の代表作に出演した香川さんが、黒澤監督との思い出を語っていました。当時は、監督のお目にとまった俳優は、その監督がメガホンをとる作品に立て続けに出演することが慣例となっていました。監督と俳優との信頼関係によって結ばれた絆はことのほか強く一心同体ともいえるもので、カメラマンや大道具などのスタッフとも強固なスクラムを組み、これらを一体とした態勢で映画が製作されていました。黒澤監督が手がけた後世に残る名作は、「黒澤組」と呼ばれる固定したスタッフで製作されたものでした。

さて、「ものづくり」という点では、われわれ出版界も学ぶべきところがあります。黒澤監督は、スタッフや俳優に対して要求の水準が高く、厳しい人物であったとされていますが、一方で「現場が楽しくなきゃ、よいものはできない」と言って、現場の環境づくりに細やかな神経を使っていたようです。われわれの仕事も同じように厳しく、時にはつらいこともあるものですが、現場の指導者は、「ものづくり」の原動力とな

るような楽しい職場の環境をつくっていくこと、そのための心配りをしていくことが、重要ではないかと思います。

93 常に創業の原点を忘れずに励めば経営の軸足はぶれない

（平成30（2018）年10月2日）

●正直、謙虚、感謝の気持でお客様や社会の信頼を第1に考える

　本日、創立29周年を迎えましたが、創立記念日のたびに心に誓うことがあります。それは、会社を創立した時の目標、原点について再確認することです。そのことによって、改めて次の1年に向けての目標となり、自らの気持を鼓舞することにつながっています。

　常に、会社の原点を確認していかないと、経営の軸足となるべき原点が時代が経過するとともに忘れ去られ、経営方針が定まらなくなったりして迷走してしまいます。会社の創立時に立てた会社の原点を見失ってしまうと、間違った方向に舵を切って誤った方向へ進んでしまう例が多々あります。バブル崩壊によって、歴史のある企業や著名な企業が次々につぶれていきました。その原因は、家業や本業をおろそかにし、不動産や株式投資などの財テクに走り安易な金儲け主義に走った結果、バブル崩壊によって破綻に至ったわけですが、中でも住友銀行の事件が忘れられません。住友家は400年続く名門で、「浮利を追わず」という家訓があります。浮利とは、まともなやり方でない方法で得る利益、あぶく銭のことをいいます。努力せず、価値創造を伴わない利益を得てはいけない、と戒めているわけです。この家訓をおろそかにして、バブルに乗って利益追求に走った代償はきわめて大きなものになりました。一方の三菱銀行は、バブルの時でも、「石橋をたたいても渡らない」といわれるほど慎重な経営姿勢を貫き、結果として不良債権を最小限に抑えることができたわけです。そのため、経営不振に陥ったUFJ銀行の救済

の受け皿となり、今日では名実ともにトップメガバンクとして君臨できることになったわけです。

　歴史のある名門家や素封家には、遺訓、家訓が多く残されています。これは成功譚でなく、忘れてはならない大失敗を家訓としたもので、同じ過ちを繰り返さぬようにと、後世の人のため残しているケースが多く、伝統を守り、家業に励むようにと伝える、先人の知恵が詰まっています。

　ひるがえって、当社は29周年を迎え、次代に残すべき原点が大切になってきます。13年前、私が還暦のときにまとめた社是は、私の経験を踏まえて、編集者として出版人としてあるべき姿勢を12項目にして指針としたもので、実体験に裏打ちされた大切な内容です。冒頭の「良書の出版を通して社会に貢献する」が当社で最も大切にしなくてはならないバックボーンであり、今後の経営を継続していくにあたって大切な教えになります。また、本づくりのあり方も重要なテーマであり、粗製濫造であってはお客様からの信頼は得られません。良書を通して社会に貢献することを第1にして、読者から信頼され、社会から信用・信頼される出版活動を行うことによって、世の中の評価はその結果によってついてくるものです。

　出版不況は深刻で、特に文芸関係の出版社がもっとも打撃を受けているといいます。9月25日に『新潮45』の休刊の発表がありましたが、その原因はLGBTへの人権侵害を擁護する記事を掲載したことによって長い間培ってきた読者からの信頼がなくなり、世の中から厳しい批判を浴びたことに対する措置です。企業が第1に大切にしなくてはならないことは、社会やお客様から信頼を得ることです。そのためにも、社会に対して、正直、謙虚、感謝の気持を忘れてはなりません。慢心、傲慢、独善に陥らないように日々用心し、こうした姿勢を忘れなければ、これからもまだ着実に継続・発展していけると思います。

94 危機は常に突然に襲ってくることを覚悟し備えをする

（令和2（2020）年4月7日）

●新型コロナウイルスの終息後の社会の風景は一変する可能性がある

本日（4月7日）夕方に、新型コロナウイルス対応の特別措置法に基づく緊急事態宣言を7都府県に出すことが発表されました。新型コロナウイルス問題は、世界に大きな変化をもたらす恐れがあります。

昨年（2019年）12月に中国の武漢で発生が確認された新型コロナウイルスは、発生が確認されて4カ月以上過ぎた現在も世界中で感染が拡大しています。感染の拡大は社会経済に大きな打撃を与えており、世界経済とりわけマクロ経済に深刻な影響を与えると私は憂慮しています。飲食店、旅行会社、ホテルなどの宿泊施設は甚大な影響を受けていますし、鉄道、バスなどの交通・運輸産業にも大きな影響を与えています。さらに問題が長期化すると、今後は企業の雇用の縮小や経営の破綻が予想されます。

この度の新型コロナウイルスの脅威を目の当たりに経験して、世界中の人々は想像だにしない危機が突然にやってくるということを痛感させられました。3カ月前に、新型コロナウイルスがここまで蔓延することを誰が予想できたでしょうか。アメリカ国内での急激な感染拡大をトランプ大統領は予想していなかったでしょうし、発生源となった中国政府も発生当初に情報を隠蔽し、初期対応に大きな遅延が生じたといわれています。新型コロナウイルスの危険性を甘くみていた結果といわざるをえません。

新型コロナウイルスの世界的な蔓延から人類は何を学ぶべきでしょうか。歴史的にも有史以来、人類はペストやスペイン風邪、SARSをはじめさまざまなウイルスと闘い、それを克服しつつ発展してきました。科学や経済が発展し、生活は豊かになっても、それは見せかけのもので実

は常に危機と隣り合わせで生活が成り立っているわけです。仮に首尾よく新型コロナウイルスを克服しても、歴史的にはさらなる未知のウイルスとの闘いが待ち受けているでしょう。われわれは、阪神淡路大震災や東日本大震災などの未曾有の災害を通じてもさまざまなことを学びましたが、災難は突然やってくることを改めて心にとどめる必要があります。

　人間は、自然の脅威の前では非力であることを知り、自然に対しては畏敬の念を持ち、常に謙虚であるべきです。新型コロナウイルスとの闘いは長期化することが想定されます。今後も生活全般について、ますます厳しい影響があることを見据える必要があります。外出自粛の長期化など陰鬱な状況が続き、景気や経済への影響は一段と大きくなります。国連事務総長アントニオ・グテーレスさんは、新型コロナウイルスの大流行について「第二次世界大戦以来の最大の試練である」と表明しています。今後、アフリカなど医療の体制整備が遅れている途上国に感染が拡大する恐れもあり、今後の対応が懸念されています。

　世界を巻き込んだ人類全体の危機の中で、われわれの対応としては何ができるでしょうか。それは、感染予防対策を各人が責任持って実施することに尽きます。十分な感染予防対策を各人が心がけ、多少の不便には耐えることが必要です。若者はすぐに治る、若者には感染しないという誤った情報が初期の段階で流布したため、若者を中心に無責任な行動に走った結果、現在では若者の間にも感染が大きく広がっています。外出自粛・短縮営業などの対策が講じられていますが、新型コロナウイルスの感染拡大はさまざまな業種に悪影響を与えるでしょう。出版界にも少なからず影響があり、当社への影響も覚悟すべきですが、全員が強い自覚をもってこの難局を乗り超えていかなければなりません。リーダーには、突然、予期しない危機が襲ってくることを常に意識して備えを固めておく必要があることを痛感した次第です。

第5章 出版社経営はどうあるべきか考える

95 会社経営の最大の課題の一つは人を育てること

（平成21（2009）年8月4日）

●山本五十六が残した言葉を実践し日常的に社員教育に力を注ぎたい

　私は、日頃から人を育てることが会社を経営するうえで最も大切な課題だと考えています。私どもの会社は、無から有を生み出すために、想像力・構想力・企画力など知的な能力を媒介にして一つひとつ手作りで書籍をつくる仕事をしております。このような知的な能力を備えた人材を育成していくことは、一般の会社以上に、指導する側の人間の苦労は大変なのではないでしょうか。しかし、人間を育てることを継続してやらなければ、企業の存続はすぐに危ういものとなります。

　先輩は、いかに後輩を指導・教育するのか。また、後輩はいかに先輩の指導・教育を真摯に受け止め、自分のものとし、それを自分の後輩のためにいかに継承していくのかが重要です。最近の若者は経済的に恵まれていますから、私たちが若かった頃に比べて働く意欲・情熱に乏しい人が多いように感じます。そのため、仕事の厳しさに耐えかねてすぐに辞めていく人が多いのは、何不自由なく豊かな時代に育った現在においては、ある程度仕方ないことかもしれません。私たちが若かった頃は、社会全体が貧しかったこともあり、向上心に満ち、ハングリー精神旺盛な人間であふれていました。だからといって昔も今も変わらないのは、先輩からいくら立派な指導・教育が行われたとしても、それが成果として結実するためには最終的に本人の努力と精進にかかってくる面が大きいのも事実です。

　私たちは、会社の将来のためにOJTを含めて日常的な教育、人材の育成に力を注ぐべきだと考えます。人を育てるために上に立つ者のあるべき姿勢については、ご存じの方が多いと思いますが山本五十六さんの有名な次のような言葉があります。山本さんは、日米開戦時の連合艦隊

総司令長官であり、海外駐在経験が豊富であったため国際情勢に明るく最後まで日米開戦に反対しておりました。しかし、当時の軍部の流れに抗しきれずに開戦に至ると、自ら連合艦隊を率いて対米開戦の火ぶたを切らなければならなかったわけです。部下の信認も非常に篤い立派な軍人であったと、時代を超えて高く評価されています。

　「やってみせ、言ってきかせて、させてみて、ほめてやらねば人は動かじ。話し合い、耳を傾け、承認し、任せてやらねば、人は育たず。やっている姿を感謝で見守って、信頼せねば人は実らず」という言葉に、人を育てるための上司、先輩の日々のあるべき姿、行動規範が凝縮しているように思います。特に新人には、「丁寧に教えて、やってみせ、業績をほめてやる」ことが、やる気につながり成果が上がるように思います。上に立つ者は、日々の仕事の中で、山本五十六さんの言葉をかみしめて実践していくことが大切だと思います。

96　世の中の変化といかにして向き合うべきか

（平成21（2009）年10月1日）

●変化に対応できる前向きで明るい会社づくりを常に目指していきたい

　本日で創立20周年（平成21年10月1日）を迎えたことになります。今、20年前のことを思い起こすと、気がかりなのは、日本中に元気がなくなってしまったことです。このような中で、特に心配なのは、若者から未来への夢や希望が失われているように思えることです。

　その大きな要因は、中国、東南アジアを始めとする新興国に経済成長の軸足が移り、わが国が得意とした同一規格大量生産型のものづくりが立ち行かなくなってしまったからだと思います。これからは、物の豊かさが幸福と思えた近代工業社会から、人々の満足感が幸福とされる堺屋太一さんのいう「知価社会」へと変化せざるを得ないわけですから、新

たな成長戦略をどう構築していくかが、これからのわが国の命運を左右
していくものと思います。こうした社会の変化に対応していくことこそ
が、将来を明るいものにしていくことにつながるわけです。日本人は、
大きな試練にぶつかるごとに団結をして乗り越えてきた幾多の歴史があ
るわけですから、再び日本および日本人が新しい時代の世界のリーダー
として活躍していくことができる時代がやってくると確信しています。

　一方、明治維新以後続いてきた官僚主導による国家・社会体制は、今
回の総選挙（平成21年8月）で民主党政権が誕生したことで大きく転換
していくことになることが予想されます。国民主導による社会経済体制
へとスムーズに移行できれば、これまでと違った社会が造り出され、再
び社会・経済とも活力を取り戻していくことができるものと期待したい
と思います（大きな期待をされた民主党政権は、結局は内部抗争と足の
引っ張り合いによって分裂を繰り返し、国民の信認を失い自滅していっ
てしまいました。その要因としては、政権運営の経験不足が大きく影響
していたようです）。

　わが国も世界も、これからの20年は今までの20年以上に大きく変化し
ていくものと思います。私たちの会社も、これからの20年に向けて、大
きく変化していくことになるだろうと思いますが、常に社会の変化と世
界の潮流に遅れることなく、前向きに明るく、よい仕事ができるように
努力していってほしいと思います。

97　連帯感、気配り、思いやりがで きる会社づくりをしたい

（平成21（2009）年10月13日）

●皆が周囲に気遣いをしていけければメンタルヘルス問題は起きない

　昨今、うつ病などの精神疾患や職場のメンタルヘルス問題が新聞報道
などで頻繁に取り上げられています。労働問題を専門に扱う弁護士に話

を聞いてみても、企業からの労務相談の半数以上は社員の精神疾患を含めたメンタルヘルスの問題だといいます。たいへんな事態だといえますが、その原因はいかなるものなのでしょうか。私は、小泉政権による市場原理主義の推進がその一つの発端になったのではないかと考えています。企業収益に対する市場の過敏な反応、株主利益の最大化を旗印にした過度な企業間競争、さらには、経営者は株価の動向に過敏になり利益拡大のみに汲々としています。結果として、正規社員を減らし、非正規社員を増やしてきたように思います。やはり、経営者にとって利益を上げるには、人件費を削ることが一番手っ取り早い手段でもあります。そうして、正規・非正規社員間での人間関係のあつれき、トラブルの発生、正規社員の仕事の負担と責任の増大、さらにはし烈な競争原理が職場内にも持ち込まれてきたことによる職場環境の悪化などによって、精神疾患を患う社員が急速に増えていったのではないでしょうか。

　私たち戦後直後に生まれた世代のことを考えてみますと、社会に出た当時は現代に比べて職場環境全体はのんびりはしていましたが、ある面で労働環境は劣悪であったように感じます。企業戦士といわれた先輩の指導のもとやたらと長時間働いていましたし、週休２日制はまだ導入されておらず、労働関係法令の整備も十分ではありませんでした。そんな環境にあっても、精神疾患を患うような話はあまり聞いたことがありませんでした。一方、現代のサラリーマンは、仕事量も含めて個々人の負担は増大しているように感じますが、昔と比べて労働環境は決して悪くないはずです。

　私が若い頃と現代の違いはいろいろあろうかとは思いますが、精神疾患者が増えてきた最大の理由に、職場における社員間の連帯感、気配り、思いやりの心が希薄になってしまったことを一つあげることができるのではないでしょうか。私の若い頃は、上司や先輩の方々が、仕事の厳しさに対応して気を遣ってくれましたし、仕事が終わるとよく飲みに連れていってくれました。悩み事があったとしても、酒席で上司・先輩に気軽に話を聞いてもらえる環境がありました。忙しい人がいれば、皆が手

助けをしてくれるような連帯感もありました。つまり、仕事が厳しくても忙しくても、そういったことが救いになっていたのです。

　悩み事があったら一人で悩まずにまず一歩前へ進み出ることが大切であり、そのうえで、誰でも気軽に相談できる社内体制をつくりあげることが職場のトラブルを予防し、労働環境を向上させることにつながるはずです。ぜひ、全社的な連帯感、気配り、思いやりの心を浸透させていただきたいものです。

98　「和」「信」「誠」を大切にする 100年企業に学ぶ

（平成21（2009）年12月8日）

●「売り手よし、買い手よし、世間よし」の「三方よし」を大切にする

　先日、日本銀行が発表した20兆円に上る金融緩和政策によって、ドバイ・ショックをきっかけとした円高対策への効果が期待されるところです。米国では、雇用情勢が回復傾向にあるという報道もありますが、一般消費は依然として回復せず、一部には来年には景気は二番底を打つといった見方もあるようです。

　今日の厳しい経済情勢にあって、企業はリストラや経費削減などの策を講じて、いかにして生き残っていくかに腐心しています。賃金の総支給額は、統計によると20年前の1990年の水準に落ち込んでいるようです。この状況では、消費の低迷は避けられず、円高による物価の下落に加えて、消費者は節約志向を強めますから、事業者は物が売れないためにさらに安値で商品を販売します。そうすると利益率は下がり、従業員の賃金を引き下げざるを得ない状況になります。私は、このようなデフレ・スパイラルの傾向は平成22（2010）年の夏くらいまで続くのではないかと考えています。

　企業が、このような経済変動の中で生き抜いていくために必要なこと

は何でしょうか。帝国データバンク資料館が平成20（2008）年3月に、明治45（1912）年までに創業、または設立した企業の中から400社を無作為抽出してアンケート調査を実施した興味深いデータがあります（帝国データバンク資料館・産業調査部編『百年続く企業の条件』朝日新書）。厳しい経済変動や先の第二次世界大戦を生き抜いた老舗企業に対して、「大事なことを漢字一文字で表すと何ですか」という質問の回答は、第1位に「信」、第2位は「誠」という漢字がほかを大きく引き離して断然多く、また、社風を表す漢字には、第1位に「和」、それに続いて「信」「誠」が4位以下を大きく引き離しています。

この調査によると、老舗企業が大切にしてきた経営指針・価値観は、「信用」や「誠実」であることがわかります。老舗企業の多くの経営者は、「企業が老舗になるためには、樹木が年輪を重ねるように、一歩一歩着実に実績を重ねることだ」と語っています。近江商人の教えにある「売り手よし、買い手よし、世間よし」という「三方よし」の心得をもって、お客様の存在や自然の恵み、周りの人々への感謝の気持を育むことが会社経営にとって大切なのです。倫理・節度を失い短期的な利益を過度に追求する強欲で独善的な企業は、いつかは社会から淘汰されるのです。厳しい経済情勢・経営環境を乗り切るために、感謝の気持をもって、一歩一歩着実に実績を重ねる充実した仕事をしていきたいと願っています。

99　明るく、楽しく、前向きに仕事に取り組んでいきたい

（平成22（2010）年1月5日）

●多様な経験を通し心に栄養を与え続けることが生きる活力を育む

平成22（2010）年の新春を迎えても、世間の空気は極めて重苦しいものがあります。厳しい経済情勢の中で、年末年始のテレビ報道等をみて

いると、東京都などが住居や仕事がない人たちへ臨時の宿泊所・食事を用意したところ、約1000人が殺到している様子が映像に流れていました。そこに集まった方々がテレビのインタビューに答えていましたが、「所持金が数十円しかない」「3日間食事をしていない」「この先どうなってしまうのか」など、極めて厳しい生活状況におかれていることがひしひしと伝わってきて、胸が締め付けられる思いがしました。こうした厳しい世間の現況を垣間見ることで、今の自分が置かれている環境に感謝と幸せを感じます。

　そうはいっても、いつまでもこのような悪い経済状態が続くわけではありません。政府においてもさまざまな対策を講じていますので、景気も回復の兆しがみえてくるのではないかと考えています。「朝が米ない夜はない」といいますし、いかなる状況であっても着実に前向きに仕事をしていくべきでしょう。

　今年はどういう態度で仕事に臨んでいこうかと年初にあたって考えておりましたが、次に述べる2点を重点目標にしたいと考えています。

　第1は、明るく、楽しく、前向きに行動をしていくということです。仕事をしていれば厳しいこと、苦しいことがあり、悩んだり落ち込んだりすることもあるでしょう。しかし、常に明るく前向きに物事に取り組むことによって、必ず乗り越えることができるはずです。

　第2は、心に栄養を与え続けるということです。年末年始にかけて、伊藤忠商事の取締役会長である丹羽宇一郎さんの著書『人は仕事で磨かれる』（文春文庫）を読んでいましたら、次のようなことが書いてありました。「人間の生きている証は、心に栄養を与えるということです。人間と動物を分けるのはこの点にあります。心の栄養とは、知識ではなく、感激や感動、他者への優しい目線、強い者、不正な者に立ち向かう勇気などです。心に栄養を与え続けるには、多くの仕事や人に接し、多様な本に触れ、洞察力や論理的思考を高めていくしかありません」。日々クリエイティブな仕事をするわれわれ出版人にとっても、極めて大事な言葉だと思います。

172

　会社が向かうべき方向の一つとして、新春の目標が実現できるように、全社一丸となって努力していきたいものです。

⑩⑩ 何があっても品質こそ最優先にすべき経営課題である

（平成22（2010）年2月9日）

●トヨタ車の大規模リコール問題を「他山の石」にして現場に活かす

　ハイブリッド車「プリウス」のブレーキに不具合が発生し、トヨタ自動車の4車種にのぼる大規模なリコール問題と対象車種が販売・生産停止に追い込まれ、世界に冠たる「品質のトヨタ」の看板に大きな傷が付く事態になっています（平成22（2010）年1月）。一方、GMは、トヨタ車から乗り換える顧客に頭金を最大1000ドル補助する特典やゼロ金利ローンの提供などを表明しており、トヨタの失策を攻勢への好機に把えようとする動きをみせており、今般のトヨタ車の大規模リコール問題は、アメリカの新聞・雑誌などのメディアによる報道姿勢も含め、ある種の政治的陰謀ではないかという一部のうがった見方も出ているほどです。

　「安全」は自動車メーカーの基本中の基本です。トヨタは「品質第一」を経営方針に掲げ、新しい生産方式を次々に生み出してきました。そのビジネスモデルは「トヨタ方式」と呼ばれ、世界一の品質管理体制を築いてきました。製品の付加価値を高めないようなムダを最小化するために、極力在庫を持たず、必要なものを必要な時に必要なだけ生産する「ジャスト・イン・タイム」という生産方式もその一つです。これは、使用した部品の補充を知らせる帳票をカンバンということから、カンバン方式とも呼ばれています。また、生産ラインで製品の不具合につながる異変に気づいたら、即時に生産ラインを停止し、すぐさま問題を解決する「アンドン方式」など、独自の生産方式をつくりあげ、世界に冠たる自動車産業に成長したのです。

　「好事魔多し」といいますが、トヨタ銀行といわれるほどの財務体質の強さで、何兆円もの潤沢な資金をもち、世界随一の販売台数と技術力を達成したことによって、現場において気の緩みや奢り・慢心があったのではないでしょうか。企業は、「追いつけ、追い越せ」の発展段階にある時は、よりよいものをつくろうという緊張感に溢れ、品質の面での大きな問題が生じることは少ないのですが、目標を達成した時に、社内全体・従業員に気の緩みや慢心が生まれやすいのではないかと思います。特に、自動車メーカーは「命を預かる」製品を作るわけですから、品質への懸念はすぐさま企業の信用崩壊に結び付きます。トヨタは今後、莫大なリコール費用と、大きなダメージを受けた信用回復への取組みに追われることになりますが、影響を最小限に抑えてほしいと願っています。

　もちろん、私たちの出版の仕事も、現場での気の緩みや慢心が、品質への懸念、信用の崩壊につながります。今般のトヨタ車リコール問題を「他山の石」とし、常に真摯に品質が第一を追求するという姿勢を忘れてはなりません。

 「知識経営」の手法で失敗事例に学び次の成功に結び付ける

（平成22（2010）年3月16日）

●**失敗事例を共有化し組織として資源化することで会社力を強化する**

　最近、社内で仕事上の失敗が続いたようです。これらの失敗のほとんどが報告、連絡、相談、いわゆる「ほう・れん・そう」と「確認」をおろそかにしたことが主な原因といえます。常々申し上げているように、すべての仕事で「ほう・れん・そう」と「確認」を実践することが、会社の組織運営を健全に保ち風通しのよい職場にするための基本動作です。組織人としては肝に銘じて日々仕事をすべきだと思います。

　そうはいっても、人間誰しも失敗はするもので、どんなに気をつけて

いても起こるときは起こります。そこで重要なことは、その起こってしまった失敗を単なる失敗に終わらせないことです。「失敗は成功の母」ともいいます。失敗した事例をみなで共有化し、資源化するのです。

　会社経営の側面からみますと、昨今「知識経営」という手法が注目されています。難しい概念ですが、一言でいうと「個々人の持っている情報を全体で共有・活用し、優れた価値を生み出していく」経営のことをいいます。つまりは、個々人の情報を共有し、活用することで、会社組織が多様化、専門化し、商品開発の面でも他者との差別化が図れ、ひいては経営の合理化・効率化にも大きな力を発揮するという考え方です。いうまでもなく、個々人が知識と経験を積み上げていくことは非常に大切なことではありますが、組織にとっては共有され活用できないものはどんなに有用なものでも意味はないのです。

　失敗した事例も、全体で共有・活用すべき立派な会社の資源といえます。すんだことをくよくよするのではなく、これからどうするのか意識し、組織としてきちんと内実化していくことこそ大切なのです。

 公正な競争が行われてこそ組織に活力が生まれる

（平成22（2010）年4月27日）

●常に競争を通じて切磋琢磨し続けなければ組織は衰退し滅亡する

　今、まさに政府の行政刷新会議で独立行政法人の事業仕分けをしているところですが、平成22（2010）年5月末からは公益法人の事業仕分けもスタートします。経費の無駄遣いをなくそうとする試みですが、つまりは、天下りをはじめとしたこれら独立行政法人・公益法人と各省庁との馴れ合いともいえる関係を断ち切ることに大きな目的があります。財政難の折、政府からの補助金等に頼ることなく、各組織が独立して収益を上げ自立することが求められています。自民党長期政権下の、いわゆ

る「政官財の鉄のトライアングル」のもと、なかなか構造改革のメスが入らなかった闇の部分が次々と国民の前に明るみになり、改革の道筋が少しずつ見えてきたことは、政権交代の成果の一つだといえるでしょう。

　このように、独立行政法人・公益法人改革が進む中で、この問題に関連する 2 冊の本を読みました。1 冊は、元 NHK チーフプロデューサーで国民的人気番組であった「プロジェクト X」を手がけたことで知られる今井彰さんが、NHK の経営内部の暗部を告発した『ガラスの巨塔』です。もう 1 冊は、日本航空の現役・OB を含めた複数の客室乗務員等有志が著した『JAL 崩壊』です。どちらの企業も国策企業として、長らく国家の厚い庇護を受けてきましたが、NHK は天皇と呼ばれた海老沢会長時代に数々の問題が明るみに出て、第三者委員会が設置され経営が外部者の監視下に置かれる事態となり、日本航空は本年 1 月に長年の経営不振・債務超過を理由に会社更生法の適用を受け、企業再生支援機構をスポンサーに再建を図ることになったことは記憶に新しいと思います。どちらの本も、組織の腐敗・不条理を訴えた告発の書であるといえるでしょう。

　組織は、「潰れるおそれがない」と、いつしか社会的・公共的な目的から離れて内向き思考となり、自分たちだけの論理や思考に凝り固まって、それが社会の非常識となっていることに気がつかないことが常態化してしまうのです。組織や個々人のみの利権を拡大し、それを守っていくことが目的化し、社会の変化に対応できずに腐敗の一途をたどることになります。そうなると、組織は活力を失い、内部では人間関係にねたみ、嫉妬などの私怨が蔓延して、内部抗争が日常化してしまいます。

　今後、NHK は第三者機関の監視の下、ますますの透明化が求められ、日本航空は大規模なリストラを通して組織の再建が図られることになります。

　私たちは、日常、競争社会にあって、よりよいサービス・製品を提供することを求めて、多くのライバル会社と切磋琢磨しております。そうして、常に活力を維持していかなければ、淘汰され、倒産、退場してい

くのです。皆さんも、仕事に生きがいをもって汗水たらして働くことで、日々、社会のお役に立つ商品を作り出していかなければなりません。2冊の本は、そうしなければ、組織は必ず衰退し消滅してしまうことを教えてくれます。

 # 変化が激しければ激しいほど現状維持は退歩につながる

（平成22（2010）年5月11日）

●来るべきミドル・メディアの時代に備えて発想の転換を図る必要がある

　平成22（2010）年5月9日の日経新聞の記事によれば、日本人の正規社員として働く者の平均年収は1990年の水準の620万円まで減少し、その減少傾向は今後も続くと予想されています。グローバル経済の中で、特に製造業に顕著ですが、より安い製品が海外から次々と供給されるという世界的な大競争に、日本のビジネスモデル・賃金体系が対応していないことが、その原因としてあげられるでしょう。国内の市場を主たる事業の対象としている会社は、製造業のように直接的な影響を受けるということはまだ少ないでしょうが、私たち出版業界では、アメリカで始まった電子ブックの開発・発売が大きな話題になっています。

　アメリカでは、アマゾンのKindleとアップルのiBooksが熾烈な競争を繰り広げています。また、大手書店チェーンのバーンズ・アンド・ノーブルが「ヌック（Nook）」を発売するなど、電子ブックの開発・販売競争は百花繚乱の状況で、いよいよ、グローバル市場で誰が電子書籍のプラットフォームを制するか、という生き残りをかけた競争が激化しようとしています。

　日本でも、平成22（2010）年2月には、講談社や集英社、小学館など国内大手出版21社が電子書籍の業界団体「日本電子書籍出版社協会」を設立し、電子出版事業に関する制作・流通等の調査研究・情報収集、法

環境の整備・提言などのルール作りの検討をし始めたところです。そもそも、アメリカとは出版事情が異なりますから、現在アメリカで起きている問題がそのまま日本にも当てはまるわけではありませんが、佐々木俊尚さんは著書『電子書籍の衝撃』と題する本の中で、この10年で音楽業界が音楽配信サービスの登場によって、壊滅的ともいわれる影響を受けてビジネスモデルの転換を余儀なくされたように、私たち出版業界もそれと同じように、対応を迫られるのではないかと述べています。

　また、佐々木さんは『2011年新聞・テレビ消滅』と題する別の本では、マス・メディアの象徴であった新聞・テレビは、インターネットの世界的な普及・発展によってアメリカが経験したのと同様に衰退が始まっており、その役割は縮小を余儀なくされることは明らかで、これからはインターネット上の個人のメディアとの中間に位置する、ミドル・メディアの時代になってくるとも述べています。

　私たちは、未来を見据えて、今日から来るべき電子ブックの世界、ミドル・メディアがつくるミドル・コミュニケーションのあり方について真剣に考えなければなりません。すべてが急速な変化への対応を迫られている今日にあって、現状維持は退歩につながるのです。上記の2冊の本をきっかけに、これからの次代を担う皆さんが、従来からの発想や今まで培ってきたビジネスモデルから脱却し、10年先、20年先を見据えて真剣な議論・研究を重ねることが重要です。そうしなければ、出版業界に身を置く私たち企業の将来は暗いものになってしまいます。

104　経営者の使命と責任の一つは先を読むことである

（平成22（2010）年5月25日）

●10年後、20年後に存続できる会社の将来像を描くことができるか

　新聞やテレビといったマスメディアは、広告収入によって支えられて

います。しかし、昨今の厳しい経済情勢の中、その広告収入が減少し、地方の支局や支社はもちろん、大キー局や大新聞社であっても、人員削減や経費削減を余儀なくされ、リストラに踏み切らざるを得ない企業も出てきそうです。テレビ業界は、従来高額であった給与・ボーナス、番組制作費を大幅に削減して、また、新聞社においては、記者・編集者のリストラを進めて、この状況に対応しているようですが、これらはいずれも根源的な解決にはなりません。

　最近、目につくマスコミの崩壊を論じる書籍や新聞記事を読みながら、経営者の使命と責任について考えてみました。経営者には、月並みですが、5年先、10年先の会社のビジョンや将来像を描き、会社全体を導いていく使命と責任があります。また、会社の経営に関して一丁事が起これば全責任を負う覚悟ももたなければなりません。しかし、日本のマスメディアの経営者は、インターネットの登場によって、アメリカでは10年前からすでに始まっていたマスコミの崩壊という事態を十分に予測できずに、しかるべき手を打ててこなかったように思います。

　先日、お世話になっている司法書士の事務所を訪ね、愛知県東海市の尾張横須賀という町を初めて散策しました。尾張横須賀は、江戸時代には尾張徳川の別邸が置かれ、海上交通の要衝として、知多半島と三重県との県境に近い桑名との海上交易の中継地として、また漁港としても大いに栄えた場所です。戦後は町村合併により東海市となり、中部工業地帯が造成され、新日鉄（現日本製鉄）をはじめ著名な企業が多数進出しました。近年では、中部国際空港とを結ぶ特急電車の停車駅ということで25〜30分ほどで名古屋駅に出ることもできます。しかし、このような恵まれた周辺地域の環境にあり、かつては蔵造りや破風様式の建物の老舗が立ち並ぶ由緒ある街並みであったであろう商店街は、現在ではシャッター通りとなり、小規模なスーパーマーケットやコンビニが細々とあるだけの寂しい街並みになっていました。地元の方の話ですと、商店街を再建するチャンスは2度ほどあったようですが、商店組合は補助金などの目先の利益に目がくらんで、将来を見通した抜本的な再建策を具体

179

化できず、現在のような惨状を招いたのだとのことでした。

　現在繁栄している産業が、10年後、20年後に継続できているという保証はほとんどありません。最近の例では、自動車産業の中枢を担うエンジンの開発・製造が、電気自動車の登場によって大きく変わろうとしています。電気自動車には高度のエンジン技術力は不要ですから、どの企業でも簡単に自動車を製造できる時代になってきました。中国も莫大な投資をして次世代の輸送手段である電気自動車の開発・製造に力を入れ始めていますから、世界のトヨタのような大企業であっても、10年後、20年後にはどうなっているかわからない状況にあります。

　経営者は、正確な情報を収集し、それを戦略化し、10年後、20年後の企業の将来像を描かなくてはなりません。人的・物的資源が流動化している今日のグローバル経済にあって、組織人一人ひとりがそのような使命と責任をもち、描いた将来像に向かって果敢にチャレンジしていくことが、企業が生き残るための条件であると思います。

105　コンピュータ社会の発展はミドルメディアの存在感を高める

（平成22（2010）年9月7日）

●良質な情報と「良い本」を企画・提案できる営業戦略が求められる

　新聞・テレビなどのマスメディアは、情報の伝達手段として大きな役割を果たしているものの、インターネット環境の整備・発展によってその影響力は少しずつ後退し役割も変わろうとしています。さらに、リーマンショック以後の企業の広告費の削減などによって、経営上も厳しい環境になっています。内田樹さんの『街場のメディア論』（光文社新書）をはじめとして、さまざまな人が論じていることですが、マスメディアは今後さらに衰退を余儀なくされ、これからはミドルメディアが堅実かつ安定的に成長・発展していくといわれています。ミドルメディアとは、

その対象を少人数の愛好者や同じ価値や目的を持つ限定された者、あるいは専門的な資格・職業に属する限定された人たちに対して迅速に良質な情報を提供していくメディアのことをいいます。私たちが発刊している法律実務書は、社会のお役に立つ新しい情報を常に求め、積極的に活用しようとする司法書士・弁護士をはじめとする法律実務の専門家が読者の対象ですから、まさにミドルメディアとしての位置づけであり、今後はいっそうの存在意義やニーズが高まるものと考えています。

　また、新聞・テレビの影響力の低下とともに、出版をめぐる状況も急速に変化しています。原因は多々考えられますが、まず、IT化による印刷技術の進歩によって出版点数が急増したことです。小規模の書店では書棚のスペースに限界がありますので、多様な情報を求める消費者に対応できずに次々と閉店し、大型書店へ統合されています。また、価値観が多様化していることから、書店担当者と出版社の営業担当者や編集者との間で、「良い本」の評価・認識のギャップが顕著になっています。これからは、一般書やビジネス書、文芸書といった分野の書籍は、次第に電子書籍へと移行していくことも考えられます。

　かつて、アマゾンの登場が出版革命とまではいかないまでも、出版流通業界の革命を起こしましたが、そのアマゾンや大手印刷会社が情報やノウハウを蓄積して電子書籍出版へ参入する動きが明らかになっています。従来型の出版社、印刷会社、取次、書店といった垂直型の業界の構造は、5年後、10年後には大きく変貌することが予想されています。

　このような状況を受けて、私たち出版社は営業スタイルを変更しなければなりません。まず、情報を必要としている方々に対して、適時・的確・迅速かつ確実に届くような情報を発信していかなければなりません。さらには、書店の担当者との信頼関係を構築し、ミドルメディアとしてふさわしい情報を提供できるフェアなどを展開して著者のファンやその分野に関心の高い読者に必要な情報を提供したり、書籍を実際に手に取って、思索を深め想像力を働かせることを好む「読書人」に向けて、「良い本」を提供する提案型の営業スタイルを構築すべきです。それに

は、営業担当者と編集者が連携と討議を繰り返して、販売戦略を立てることがますます重要になるものと考えています。

　いま、世界中のあらゆる産業は、クラウドコンピューティングの登場によって、よりいっそう厳しい競争環境の中で生き残りをかけた戦いが繰り広げられることは間違いありません。メディアもまた同様です。

 企業は社会の公器としての役割を果たさなくてはならない

（平成22（2010）年9月14日）

●企業が存立し活動する理念を忘れずに社会のために役割を果たす

　平成20（2008）年9月15日にアメリカの大手投資銀行であるリーマン・ブラザーズが破綻してから丸2年が経とうとしています。これが引き金となり世界恐慌にまで発展するのではないかと、世界中に激震が走ったことを覚えているでしょう。平成22（2010）年9月10日には、日本振興銀行が経営破綻しました。日本振興銀行は、新自由主義と規制緩和を半ば強引に推し進めた小泉政権と、アメリカン・スタンダードを掲げた当時の竹中金融担当相の象徴ともいえる銀行でした。設立理念は、中小企業金融に特化したビジネスモデルによって事業を行うとしていました。しかし、中小企業の経営は不安定でリスクが高いこともあり、同様の理念を掲げていた東京都が経営する新銀行東京も約3年で経営危機に陥りました。日本振興銀行も設立後4年ほど経ってから当初の経営理念を変更し、規模を拡大してメガバンクを目指す方向へと舵を切りました。

　その後は違法な取引や高金利の取引を行ったり、債権の二重譲渡問題、利息制限法違反や銀行法違反、挙句は金融検査に対する検査妨害まで引き起こし、創設者の木村剛さんや現職の役員が逮捕されてしまいました。アメリカの投資銀行の「儲けることがすべて」という強欲金融資本主義のなれの果てが、日本振興銀行の破綻にも現れているように思われます。

　創設者の木村剛さんには、設立直後からそのワンマン体質に対して内部からも批判があり、またダーティ・マネーを設立資金に利用したのではないか、ということも巷間で噂されてもいました。設立当初から黒い噂が絶えない問題銀行として、監督官庁である金融庁も重大な関心を寄せていたようです。

　この事件から私たちが学ぶべきことは、「企業経営は拡大至上主義・成長至上主義・利益至上主義が経営の基本であってはならない」ということです。

　株式会社は、利益を上げなければ成り立たないわけですが、利益至上主義が行き過ぎると必ずどこかでひずみや弊害が生まれてきます。会社は社会のための公器であり、利益のみを追い求めていると社会のために働くという使命を忘れてしまいます。経営者個人への報酬や営業利益を極限まで追求したあまり暴走し消失してしまったリーマン・ブラザーズも日本振興銀行も、企業の果たすべき社会的使命を忘れてしまったのではないでしょうか。

　企業は利益だけではなく、世のため人のために貢献するということを日々忘れずに、常に今の状態でよいのかということを自問しながら事業を進めなければならないと思います。

　銀行などの金融機関は、社会に血液を流す重大な使命を担っている極めて公共性の高い公器です。このような役割を担っている企業に、利益至上主義はそもそもそぐわないのです。リーマンショック後の世界経済は混迷からいまだ脱却しておりませんが、このような事件を通して、その背景にある歴史の教訓を学んでいかなければなりません。

状況が厳しい時ほど人間は結束し協力することができる

（平成22（2010）年11月2日）

●**お互いを思いやり互譲と忍耐と規律をもち協力して生きることが大切**

　平成22（2010）年8月、南米チリ北部の鉱山の落盤事故によって地下の坑道がふさがれ、地下数百メートルの場所で作業をしていた作業員33人が、2カ月以上にわたり閉じ込められました。全世界が注目する中で救出作戦が開始され、10月13日、作戦開始から25日目に、作業員全員の尊い命が救い出されました。地下数百メートルで起こった事故であるにもかかわらず、作業員全員が無事であったことは、さまざまな幸運な条件が重なった末の極めて奇跡的な出来事であり、全世界に大きな感動と感銘を与えました。

　この救出劇を受けて、NHKは、10月24日に「スクープ　チリ鉱山事故の真実」と題した特別番組を放映しました。極限状態の中で作業員たちはどのようにして耐え抜いてきたのか、救出劇の裏側には、どのような苦闘や人間ドラマがあったのかを伝える作業員へのインタビュー映像が流されました。事故発生から1週間後、1本の鋼管が地下数百メートルの事故現場に到達した際、食料などの物資や手紙などと一緒にビデオカメラが届けられ、作業員の1人に撮影が依頼されました。坑道に閉じ込められた作業員たちの真っ暗闇での生活の細部、行動の実態を写した映像はまさにスクープであり、画期的な試みでした。

　その中でも特に印象的だったのは、事故発生当初、彼らは、絶望的な状況に陥ったにもかかわらず、神への祈りを捧げることで結束を深め、規律を重んじ、お互いを思いやる平穏な生活を送っていたという証言がビデオカメラに収録されていました。しかし、事故発生から17日目、1本の細い鋼管が地下数百メートルの事故現場に到達し、地上との交信が始まり、生存できる可能性に現実味が出てきたことによって、これまで

の自制的で平穏な生活が一転し、作業員たちは自我と欲望を表に出すようになり、争いごとが生じたといいます。全体への思いやりの気持がなくなり、自己主張をし、利己的な行動をとり始める者も現れるとトラブルが生じるというのは、人間の精神的もろさ・弱さではないでしょうか。

　現代社会にあっては、個人主義が強くなり自己主張することが社会生活を営むうえで重要視されることが多いように思います。この落盤事故を通して、命の尊さ、チームワークの大切さを学ぶと同時に、会社や家庭、地域社会においても、お互いに忍耐と規律をもって生活するための人間としてのあり方を考えさせられたところです。この事故から私たちが学ぶべきことは、日本古来からの精神文化である互恵・互譲の精神の尊さを再確認することではないでしょうか。

108 「神話化」されているような現象にはまず疑ってかかれ

（平成23（2011）年4月19日）

●世の中には絶対的なもの、完全無欠なものなど存在しない

　東日本大震災の影響による東京電力福島第一原発の事故は、いまだ予断を許さない状況が続いています。何となく心が落ち着かないまま大震災から1カ月が経過しましたが、事故の収束には気の遠くなるような長い時間がかかります。

　ところで、ここ数日報道されているように、東京電力には経済産業省を中心とした多くの官僚が天下りをしています。今年に入ってからも、前資源エネルギー庁長官が天下っています。こうなってきますと、東京電力に対し厳正・公正に原子力行政を推進してきたのか、原子力安全保安院・原子力委員会等に求められる原発の適正な運営をチェックする機能が正常に働いていたのか、怪しくなってきたように感じます。

　これまで原発は、このような安全性をチェックする側とチェックされ

185

る側の癒着により、適正な評価がなされることなく、極めてあいまいな基準をもとにして、絶対に安全であるとの「安全神話」がいつしかつくられ、宣伝されてきました。過去にもチェルノブイリ、スリーマイル島の原発事故があったにもかかわらず、その事故の教訓を活かすことなく、根拠なき安全神話が醸成されてきました。

　ここで考えなければいけないことは、世の中には完全無欠なもの、絶対的なものなどないということです。福島第一原発の事故では、東京電力および政府が想定外の地震や津波によるものと言い訳を繰り返していますが、何となく世間でつくられてきた安全神話に寄りかかることなく、絶対に安全なものはないとの前提に立って、万全な対策を講じなければならなかったはずです。また、われわれ国民の側においては、その場に行くことができて、自ら手に取って確かめたりすることができないものは、真偽について検証することができないわけですから、そうした場合には、安全の神話化に安易に納得しないよう、常に冷静に対応する義務があります。しかし、この度の事故の原因は、国全体がつくられた安全神話を軽信し、無批判的に寄りかかってしまった結果によるものです。

　原発に限らず、神話というものはそこかしこにあります。たとえば、企業の不倒神話です。私が社会に出た頃は、銀行は絶対に潰れないといわれていました。しかし、バブル崩壊後には多くの銀行が倒産もしくは国有化されたことはご存知のことと思います。日本国有鉄道も、莫大な債務を抱えて政府主導で民営化されました。最近でも、日の丸フラッグともてはやされ、潰れるわけがないといわれてきた日本航空が更生会社となりました。東京電力も、これまでは、その公共性から潰れることなど考えられなかったのですが、政府の援助がなければ早晩債務超過になり実質的に破綻することは間違いありません。

　繰り返しになりますが、世の中に絶対的なもの、完全無欠なものなど存在しないのです。そうした前提に立って、日常的に危機管理を行っていくことが大切です。

109　全社員が情報を共有化できる風通しのよい組織づくりを目指す

（平成23（2011）年4月26日）

●社内情報の共有化ができれば社員に優しく強固な組織になる

　組織が大きな失敗をしたり、求心力がなくなってばらばらになってしまう要因として、「情報の共有化」ができていないということがしばしば指摘されます。失敗例としては、たとえば、司馬遼太郎さんの『坂の上の雲』をはじめとする多くの著作、半藤一利さんの『昭和史』の中でも論じられていますが、日露戦争の「旅順港作戦」における苦戦があげられます。開戦後、連合艦隊は、黄海海戦において、ロシア極東艦隊を壊滅させることができず、旅順港への帰還を許しました。ロシア極東艦隊は、港を山から見下ろすことのできる203高地といわれる難攻不落の要塞に守られた旅順港で、バルチック艦隊の到着を待つことになります。その結果、乃木希典大将率いる日本陸軍（第3軍）による旅順制圧はさらに困難になり、203高地の戦いでは多大な犠牲者を出しました。近年では、この旅順港作戦での苦戦は、陸軍と海軍の情報の共有化ができなかったことが原因であったと検証されています。

　ここのところ、東日本大震災による福島第一原発事故の対応をめぐって、東京電力の経営体質が俎上に上っています。その体質は「役所以上に役所的である」ともいわれ、このような官僚体質では、平常時にはうまく機能するかもしれませんが、大災害による原子力発電所の水素爆発に伴う動力停止などの非常事態に直面した場合には、ぬるま湯の官僚体質は無能さをさらけだすことになりました。福島第一原発の現場担当者は、この一刻一秒を争う非常事態に対して、経営陣からの指示・判断を求めましたが、迅速・的確な指揮ができなかったと伝えられています。このような初期対応の遅れによる原子炉の溶解は、地震に誘発された人災であるともいえますし、実際に東京電力の会見でも、「大きな判断を

187

することがやりにくい社風であった」という謝罪の言葉もありました。エリートによる経営ポストの独占と危機への対応が機能しない社風が、あらためて検証されています。

　経営危機の最中に伊藤忠商事の社長に就任した丹羽宇一郎さんは、会社の存亡の危機に際して、「なぜ経営状況が悪化したのか」、「会社の問題点は何か」について、全社員から意見を求めたといいます。現場からの生の声を直接聞いて、会社が抱える問題に対して全社員が情報を共有化し、次々と対策を講じたことで、伊藤忠商事はまたたく間に再建軌道に乗り、収益は急速に回復したのです。

　この間の東京電力による原発問題をめぐる対応を通して、社員全員の情報の共有化ができていることが、強い会社の条件であるとの思いを強くします。マクロな視点からは、会社全体がどちらの方向に向かっているか、部門・各担当者が何をやっているかということを社員全員が共有することです。また、ミクロな視点では、他人の仕事の内容・状況、現在抱えている悩み、問題点などを周囲の者が常に意識することです。経営を担う者は、会社が大きくなればなるほど、全社員が一丸となって会社としての統一性・協調性を維持し、経営方針を貫徹するためにはどうすればいいのかと知恵を絞り、周囲に目を配り、迅速に行動に移すことが肝要です。

　このことからもわかるように、会社全体が情報を共有化することができれば、経営不振の原因を探り対策を講じたり危機意識を高めたりすることに大きな力を発揮します。加えて、社員同士が互いの仕事の繁忙を理解し合ったり、体調の様子に気を配り合ったり、あるいは仕事をシェアし合うなど、お互いに助け合うといったような「心の優しさ」にも通じる社内環境が構築できるのではないかと思います。

しっかりとした企業文化は一朝一夕にはつくれない

（平成23（2011）年5月10日）

●苦難をはねのけるものづくり魂にこそ日本人の精神文化がある

　東日本大震災後の資材・部品不足による生産活動の停滞の大きな要因が、地価・労働力の安さや立地条件の良さから、多くの企業が工場を東日本の太平洋沿岸の被災地域に集積した結果の産物であったことが明らかになってきました。この一件は、われわれに対して、本来潜在的に感じるべきだった危険性を顧慮せずに、コストの安さや日常の安定のうえに胡坐をかいていたことへの反省を迫っています。

　また、被災された工場では、昼夜をいとわず、休日を返上し、復旧に全力であたる現場の人々の姿があります。彼らの、1日も早く工場を再開させ、サプライチェーンを復旧し、生産活動の復興を果たすために懸命に努力する姿には、頭が下がります。

　彼らの精神性を支え、困難な闘いに挑戦させる原動力となっているものは何なのか。それは、「企業文化」だと思います。企業文化とは、簡単にいえば社員相互の共有価値観です。共有価値観といっても、ただ個人の気持の問題というだけではなく、会社全体がめざす目標、すなわち企業理念に通じるものです。それは、その理念実現のために行われる施策としての社員の待遇のあり方、社員間のコミュニケーション環境のあり方、日々の仕事への取り組み方、弊社であれば編集・出版・営業方針を含めた企業戦略・経営戦略のあり方など、さまざまな要因が時間をかけて蓄積されて培われるものです。

　ただし、ただ長い年月をかければすばらしい企業文化が育つというわけではなく、時代の流れを見極め、時に現状に対し警鐘を鳴らし、改善・改革を続けることが肝要であることも忘れてはいけません。東京電力にみられるような、公共性の高さゆえの独禁法の特例という地域独占

189

の上で培養された緊張感なき経営体質、「政・官・財の負の癒着構造」というマイナス構図もまた、同じ企業文化なのです。

　では、良い企業文化を培うにはどうすればよいのでしょうか。企業文化に対する日頃の練磨とトップの熱い思いもさることながら、社員一人ひとりが仕事に対してどのように向き合い、社会とどのように関わっていくか、その考え方・アイデンティティの中から企業文化が醸成されていくことこそが大切なのです。

　現在、東日本大震災の被災地域で工場などの現場復旧のために、困難な状況の中で奮闘している人々は、上から命令されたり報酬のためだけではなく、自分自身の意思で自ら進んで身を粉にして働いています。それは、彼ら自身の思いの中に「良い製品を世に送り出し、1日も早く復興して社会を豊かにし、震災の被害をはねのける」という社会貢献の心、いうなれば「ものづくり魂」がしっかりと根付き、脈動しているからにほかなりません。

　その生産現場を支える彼らのものづくり魂に、世界が賞賛と感嘆の拍手を送っています。震災の災禍の中でも熱いものづくり魂を忘れず、日々その精神を実践している彼らこそ、力強い日本の「企業文化」のすばらしさを世界に発信している大切な手本なのです。

　私たちも、彼らの行動を通して企業文化の大切さを見習い、一人ひとりの力によって、しっかりした企業文化を根付かせていきたいものです。

受けたご恩を次の世代にお返しできる会社でありたい

（平成23（2011）年11月1日）

●受けた恩を忘れない人間であってほしい──津谷裕貴弁護士を偲んで

　人間は日々の生活を営んだり、仕事や社会で活動をしていく中でかかわる多くの人々から、たくさんの支援やご恩をいただきます。そして、

「いつかはそのご恩に報いたい」と思いながら仕事や生活をしているのが一般的な人間だと思います。平成22（2010）年11月4日未明、秋田市の津谷裕貴弁護士が暴漢の凶刃に倒れられてから早1年を迎えようとしています。当時、日弁連消費者問題対策委員長の要職にあり、消費者保護対策の推進や被害救済活動の先頭に立って活躍されていました。人格、識見とも他の範になる立派な人物でしたから、通夜の後の偲ぶ会の席上、誰からともなく、津谷弁護士の業績と志を後世に伝えるために、1周忌の墓前に追悼論文集を捧げようという話がもち上がりました。そこで生前、津谷弁護士の著書を出版するとともに、親しくお付き合いをさせていただいてきた小社に、編集作業の協力要請があったわけです。追悼論文集『消費者取引と法──津谷裕貴弁護士追悼論文集──』を何とか1周忌に間に合わせることができたことは、ささやかながらも生前に賜ったご恩に報いることができたのではないか、と安堵している次第です。

さて、冒頭に述べたように、人間は日々、多くの人々からのご支援やご恩を受けながら生きております。私自身、これまで歩んできた道程を振り返ってみると、多くの諸先輩からご恩を受けてきたことがわかります。少し思い出してみても、駆け出しの編集者の頃、ある信用金庫の部長さんから「信用金庫制度の仕組みを教えてやるから昼飯でも食べにこい」といわれ、毎週食事をご馳走になりながら個人的に研修をしていただいたこと、また、ある都市銀行の部長さんには銀行関係の多くの人脈を紹介していただいたこと、法務省の幹部の方々からは法曹関係の有力者な執筆者を紹介していただいたことなど、これまで誠に多くの方々のご恩を受けて人生を重ねてきたと感じます。

長い年月を経て、やっと一人前と思えるようになった時、いざ幾多のご恩に報いようと思ってもその先輩方はすでに引退されて会うことも難しくなっていたり、鬼籍に入られてしまい、それも適わなくなってしまったという事例が多々ありました。「受けた恩をお返ししたい時にはその人はおらず」、これも人の世の常のようです。今思えば、こうした温かいご支援をいただいた方々は、恩返しを期待していたわけではないと

思います。無償の奉仕のような広く大きな気持で、これからの成長を期待して支援を惜しまなかったのではないかと都合よく解釈しています。

　若い頃は、多くの人々からご恩を受けながら成長していくわけですから、いつかそのご恩に報いられるような人間に成長したときには、それを後輩に代わりにお返しするような気持が大切だと思います。こうした気持を先輩から後輩へ、そして後輩から次の後輩へとバトンタッチをしていけるような会社であってほしいと願っています。

　津谷弁護士の追悼論文集の刊行が、こうした人間味のある会社であるための道しるべになってくれれば、これに勝る幸せはありません。

　ここにあたらめて、志半ばで凶刃に倒れた津谷裕貴弁護士に謹んで哀悼の意を捧げたいと思います。合掌

経営には「明るく」「楽しく」「元気よく」の精神が不可欠

（平成23（2011）年12月6日）

●チャレンジ精神を失わずくじけずに前向きに取り組めば道は拓ける

　平成23年は、日本および日本人にとって忘れることのできない歴史に残る1年だったように思います。3月11日の東日本大震災は、3年前のリーマンショックから立ち直りつつあった日本経済を再び奈落の底に陥れただけでなく、日本人の心にはかりしれない大きな傷跡を残しました。

　震災から8カ月が経ち、ようやく世の中全体が精神的な落ち着きを取り戻し、11月30日には「復興財源確保法」が成立しました。平成24年の日本経済は、ようやく見通しも明るくなり、復興の足音が聞こえ始めるだろうと思われます。

　「禍福はあざなえる縄の如し」という言葉があります。この意味は、「良いことばかりが長く続くことはないし、また悪いことも長続きはしない、良い時もあれば悪い時もあるので、良い時はおごらず、悪い時に

は落ち込まず、努力を続けていれば必ず報われる時がくる」ということです。震災以降、当社もかつてないほど業績の落ち込みを経験しましたが、長年にわたる地道な努力の甲斐もあって、今期も黒字の業績を残すことができました。奢ることなく、常に万全の備えをもって一層企業体質を強化することが、今後の経営にとって重要であると痛感しました。

　経営者の仕事として最も大切なことは、いかなる場合でもリスクを最小限に抑える適時・適切な判断をすることです。経営者としては、社員を路頭に迷わすことは絶対に避けなければなりません。オリンパスや大王製紙の経営者の不祥事報道を見ていて感じることは、「経営者は常に謙虚たれ」ということです。経営者には自らを律する強い意志がなければ、大きな誤りを犯すという教訓です。

　また、タイの大洪水では多くの日本企業が操業停止に陥り、その結果、部品の供給が止まり、国内でも多くの企業が大打撃を受けました。グローバル経済の今日、日本は世界中のサプライチェーンの中に存在していることを痛感する出来事でした。世界経済が停滞をすれば日本経済も成り立たなくなってきます。このことからも、経営者にとってリスク管理は重要課題です。リスク管理体制の構築は、当社にとっても今後の課題の一つとして取り組んでいかなければなりません。

　東日本大震災やタイの大洪水を通して、世界中で「日本人のすごさ」が喧伝されました。短期間で生産の再開につなげた日本企業の底力が賞賛されています。日本企業の現場力の力強さ、それを支える名もなき日本人の技術や能力の高さ、勤勉で真摯な姿勢にあらためて世界が注目をしていますが、日本人としての自信を取り戻していってほしいというメッセージとも受け取れます。

　厳しい試練に遭遇しても、悲観したりマイナス思考に陥るのではなく、困難に立ち向かうチャレンジ精神こそが大切です。常に前向きに事にあたれば、必ず希望のともし火が見え、道が開かれてくることを大震災やタイの大洪水は教えてくれました。楽しくなければ仕事ではありません。常に「明るく」「楽しく」「元気よく」の精神の大切さを再確認して、厳

しく苦しかった平成23年の総括に代えたいと思います。

仕事も景気も気分しだいで良い方向にも悪い方向にも行く

（平成24（2012）年4月3日）

●前向きな気分で日頃の仕事に取り組めば好循環を生み出す

　平成24（2012）年4月2日、山水電気が東京地方裁判所に民事再生法の適用の申立てをしました。私が中高校生の頃は、名門のオーディオメーカーとして名を馳せており、山水の高級アンプやスピーカーを買えるようになることは若者の夢でした。近年のオーディオ関係事業の衰退により、一時は香港の企業の傘下に入り再建を目指しましたが、支援先も破綻したため、負債はわずか2億円にもかかわらず、このたびの申立てに至ったのです。企業はいかに名門であろうとも、時代の要請と変化に応えられなくなると、退場を余儀なくされる厳しい環境にあることが理解できます。

　また、先週3月31日で、ジュンク堂書店新宿店が閉店しました。私は新宿に出かけると必ず同店に寄って、一通り見て回ることを楽しみにしていました。閉店は、入居する商業施設の閉鎖に伴うもののようですが、なじみの書店がまた一つなくなることを大変残念に思います。そのような中、閉店間際の3月に、同店では、書店員が「本当に売りたかった本フェア」を開催していました。書店員がお気に入りの本を持ち寄って紹介しており、彼らの最後の本気をみせたフェアにより、今日の出版不況が嘘のように普段の2割から4割増しの売上げを記録したそうです。実際に行ってみたのですが、店内は多くの人であふれ、これが書店の本当の姿と感じられるものでした。

　ところで、われわれは、とかく気分というムードに敏感に影響をされやすいものです。周りがダメだといえば暗い気分になり、逆に明るいム

ードであれば、それに感化されて自分も明るく前向きな気分となります。
　「最近は景気がよくなっているように感じる」、そんな気分が広がって
きているような気がします。昨日の日経新聞の一面に、景気が復調して
いるとの記事が出ていました。今後、東日本大震災の復興に約19兆円が
投入される見込みです。すでに、建設機材関係は売れに売れ、生産が追
いつかず、仙台では、夜の繁華街に人があふれバブル時代を思わせるよ
うな活況といいます。不動産市況もにわかに動き始めています。原油高
等の不安定要因もありますが、現在は内需が主ですので、グローバル経
済の影響も比較的少ないでしょう。国民もそうした雰囲気を肌で感じて
いて、今後そのムードが広がって、明るくなり、購買意欲が高まり、景
気がよくなるとの好循環が期待されます。
　出版の仕事も、企画を立て、本ができ、それが売れればいい気分とな
り、次の企画につながるといった前向きな気分となります。「出版不況
だから仕方ない」との暗い気分のまま仕事をすると、悪循環に陥り、ゆ
くゆくは時代の要請に応えられず、山水電気のように退場を余儀なくさ
れます。ぜひ、前向きな気分で仕事をして、負の連鎖に陥らないように
していきたいものです。不況業種といわれる中にも確実に売上げを伸ば
し好調な企業は存在します。ジュンク堂新宿店は、本気でやることをす
れば人が集まり、売上げが上がることを証明しました。企画力、営業力
を鍛え、不況を言い訳にしない前向きな姿勢と明るい気分で世の中をい
い方向にもっていきたいものです。

114　成功したビジネスモデルにいつまでも固執してはいけない

（平成24（2012）年9月4日）

●今日の成功が明日の成功にならないことを常に心しなければならない
　当社の社是の一節に「過去の成功体験にとらわれてはならない」があ

ります。過去の成功体験は美酒に例えられ、その美酒の味に一度酔いし
れてしまうと、その呪縛からはなかなか逃れることができません。結果
として、新しい構想力や新製品の開発力を妨げることになってしまい、
会社の発展にも大きく影響を及ぼすことになります。戒めのために時々
社是を思い出し、その美酒に酔いしれないように心がけています。

　成功が大きければ大きいほど、その美酒の呪縛からなかなか逃れるこ
とができません。液晶テレビという世界的なビジネスモデルでその名を
世界に轟かせたシャープが倒産の瀬戸際に立たされてしまったのも、そ
ういった呪縛からなかなか脱却できなかったことが大きな要因となって
いるようです。絶対的優位に立ちながらも、グローバル経済や社会の変
化のスピードについていけず、中国、台湾、韓国の液晶テレビメーカー
に追い上げられ遅れを取ることとなりました。今日では日本製よりも安
くて良質な液晶テレビが、世界を席巻しています。

　シャープは、液晶テレビというビジネスモデルに固執するあまり、過
度に液晶テレビの分野に資源を集中させて、これまでの白物家電の分野
を撤退させるほどでした。しかしその結果、主力であった液晶テレビと
いうビジネスモデルが他国の企業との競争に敗北すると、他のビジネス
モデルでの巻き返しができず、急激に業績が悪化していきました。一つ
のビジネスモデルに頼り切ってしまうと、それが崩壊した際に企業は危
機的状況に陥ります。成功体験という名の美酒の怖さはこういうところ
にあります。

　成功した一つのビジネスモデルに経営資源を集中すれば、効率良く、
大きな利益を獲得できるというメリットもありますが、社会の変化のス
ピードによって予測が誤った場合は、対処不能になるおそれがあり、必
然的にリスクも大きくなります。反対に多くの事業を展開し、多様なビ
ジネスモデルを構築していれば、たとえそのうちの一つの事業が失敗し
たとしても、他の事業で補うことができます。リスクを分散するために
も、多角的、多面的なビジネスモデルの構築が企業経営のあるべき姿だ
と私は考えます。

　世界的に流行している SNS を提供する Facebook さえも、近い将来消えてしまうのではとアメリカの有識者の間で噂されています。すでにその予兆がアメリカ国内では現れています。アメリカの IT 社会のニーズの変化の速さや、次々と生み出される新しいビジネスモデルの出現によって、現状の Facebook というビジネスモデルもいずれ飽きられてしまうのではないかと言われています。

　この度のシャープ、Facebook の件で、「今日の成功が明日の成功ではない」ということを痛感しました。社会の変化を予測して、常にアイデアを出し、スピード感を持って多角的、多面的なビジネスモデルを打ち出し製品化し、対応していくことがこれからの企業に求められているのだと思います。

115 自由に議論のできる社風が成長・発展の原動力となる

（平成24（2012）年10月 1 日）

●**厳しい経営環境にある時こそ焦らず冷静に対処して足腰を強化する**

　平成24（2012）年10月 1 日は、平成元（1989）年の10月 1 日に創業してから、23周年を迎えます。 2 年後には創業してから四半世紀を迎えることになります。リーマンショックや東日本大震災後の厳しい社会経済情勢が続いていますが、創立25周年に向けて着実に成長・発展していかなければなりません。

　事業には良い時期もあれば悪い時期もあり、大企業であっても毎年右肩上がりで成長を続けられるわけではなく、定期的に停滞期と成長期を繰り返します。たとえば、シャープは世界のシャープとして液晶テレビの亀山モデルで 2 年ほど前までは、世界を席巻していました。ところが、現在は液晶テレビ分野での他国企業との競争に敗れて、急激に業績が悪化し、一転して倒産の危機にあります。このようにビジネスモデルの見

197

通しを誤ると、昨日まで優良企業であっても、今日は衰退企業になりかねません。

　創業から東日本大震災までは、わが社は着実かつ順調な成長を続けてまいりました。しかし、東日本大震災後は他の多くの出版社と同様に業績が停滞しています。その原因について考えてみますと、東日本大震災が将来に対する不安感や自信の喪失など人々の心に大きな変化を与えたことです。それらの変化が、現在も十分に修復されずに、今まで積み重ねてきたことを自信をもって進めていく前向きな気分に転換できていないことが、書籍の買い控えにつながり、業績停滞の一因になっているのではないかと思います。このような厳しい社会情勢の下では、焦らずにしっかりと本業の足腰を強化して次の成長・発展の糧にしていかなければなりません。そのためには、市場ニーズを正確につかみ、読者に喜んでいただける良質な書籍をつくること、そして社内が結束・団結して、この困難・苦境に立ち向かっていける一体感をつくる必要があります。

　われわれは、創立25周年を「第2の創業期」と位置づけ、アグレッシブルに仕事に立ち向かうとともに改革・改善を継続して進めていく必要があります。昭和58（1983）年9月号の日経ビジネス誌が、「企業には寿命があり、優良企業としてもてはやされても、その寿命は30年である」という〔企業30年寿命説〕を唱えました。あれから19年が経ち現在、企業寿命30年説が正しかったのか検証する論稿も見受けられます。そこでは、改革・改善を継続して大胆に進めた企業は30年を過ぎても時代のニーズをつかみ生き残り、成長し輝き続けることができるということがいわれています。わが社も厳しい社会情勢に負けず、自立自尊の精神をもって活力と働き甲斐がある会社を創り上げていかねばなりません。そのためには創立25周年に向けてトップダウン方式ではなく、皆が徹底して議論して進めていくボトムアップ方式に社内環境を整えていく必要があります。皆で問題点や課題についてとことん議論することは、リスク管理の上でも重要です。言いにくいことも自由に議論して、意見をぶつけ合うことにより困難な事象に対応できるようにしていかなければなり

ません。創立25周年を迎えるまでに徹底して自由な議論ができる会社に脱皮して、さらなる成長・発展を目指したいと思います。

吉田松陰先生が主張した「夢なき経営者に成功なし」に学ぶ

（平成25（2013）年10月1日）

●チャレンジ精神を培い、社会から必要とされる100年企業を目指す

　当社は、平成元（1989）年の10月1日に創業してから本日で24周年を迎え、明年の創業四半世紀にあたる25周年に向け、また新たな一歩を歩み出すことになりました。当社では、毎年10月1日に創立記念式典を行っていますが、その目的は、著者や読者の方々をはじめ多くの方々の温かいご支援・ご協力に支えられて会社が成り立っていることを社員全員で感謝をすること、そして常に謙虚な気持を忘れずに良書の出版に邁進することを全体で確認し合うことにあります。

　現在、わが国では、産業競争力強化法案の動向にみられるように、「起業」することが資本主義社会の発展に欠かせない挑戦として衆目を集めています。ですが、起業は簡単に行うことが可能ですが、その企業が長年にわたり継続・発展していくことはたやすいものではないことも現実です。実際に起業した企業のうち、10年以上継続した企業は全体の1割に満たないという統計もあります。また、今日、大きな成功を得ている大企業の多くは、過去に1度や2度、事業の失敗などを理由に存亡の危機に立たされたことがあるはずですし、そのつど、困難に立ち向かい、厳しい競争を勝ち抜いた結果、今日まで存続できたのです。当社も、これから50年、100年と継続していく企業をめざすには、一層の努力・精進が求められていくものと思います。

　そこで、24周年の節目を迎えた今、当社が50年、100年と持続して発展していくためのキーワードを考えますと、「仕事に夢をもつこと」だ

と思います。これは、明治維新の思想的・精神的支柱となった吉田松陰先生の「夢なき者に理想なし、理想なき者に計画なし、計画なき者に実行なし、実行なき者に成功なし。故に、夢なき者に成功なし」という言葉にも端的に現れています。では、この「夢」とはそもそも何をさすのでしょうか。私は、社会のお役に立とうという強い気持をもって、社会貢献をしていくことで、仕事に対する誇りを培い、生き甲斐をもつことだと定義しています。この「夢」を、社員全体が一丸となって実現しようと努力することで、一人ひとりの資質・能力が向上し会社力が強化され、必然の結果として利益として戻ってくるものと思います。

　ところで、当社を取り巻く環境をみてみますと、出版不況が叫ばれて久しくなりますが、いまだ先が見えていません。そればかりか、一部の法曹関係者からは、弁護士・司法書士等の法律実務家が稀にみる大不況で、書籍等に回す資金的余裕がないため、結果的に資質・能力の低下が進んでいるのではないか、と危惧する声も聞こえてきます。あらためて当社を取り巻く環境は、厳しい情勢の中にあることが認識されます。

　ですが、厳しい情勢の中だからこそ、われわれはチャレンジ精神を培い、より質の高い書籍を世に送り出すために叡智を結集していくことが肝要です。そのために、仕事に対して「いつでも夢を」もって、今後も50年、100年と社会から必要とされる企業をめざしていきたいものです。

117　他社の追随を許さない質の高い商品開発に賭ける

（平成26（2014）年 3 月 4 日）

●仁義なき競争に打ち勝つためにはオンリーワン商品の開発が不可欠

　かつて日本の家電、半導体メーカーは、いわゆる白物家電や IC 集積回路の分野で世界の最先端を走っていました。ところが、現在は韓国のサムスンをはじめとする韓国、台湾、中国等のメーカーの台頭により、

苦戦を強いられています。また、日本の家電メーカーの主力商品であった薄型テレビ事業やスマートフォン事業でも、事業譲渡による撤退などが相次いでいます。

　従来の日本の典型的なビジネスモデルは、大メーカーを頂点とし、下請企業に関連部品等の仕事を請け負わせる垂直型の生産構造でした。そして、大メーカーと下請企業の緊密な関係が世界で高い評価を得た良質な製品の開発や流通に寄与してきました。しかし、世界中で流通革命によるグローバル化が進み、人件費が安い国に工場をつくり、世界中から安く部品を調達することが可能になる中で、メーカーと下請の中小企業を核とする日本型の垂直型生産構造は機能しなくなっていったのです。

　常にマーケットは競争にさらされています。競争が激化する中で、折角ヒット商品を開発しても、すぐに真似され類似品が現れ、機能や利便性に差別化が乏しければ、安価な商品に需要は流れます。グローバル化の波に乗り、開発コストを抑えつつ安価な商品を供給することに成功したサムスンをはじめとする韓国や台湾、中国などのメーカーに、日本企業は国際競争の場で敗北することになったわけです。日本企業は、垂直型の生産構造という過去の成功体験にとらわれて現状に安住してしまった結果、グローバル化の波から取り残されていってしまいました。

　出版界にも同様のことが当てはまります。最近は、当社の売れ筋書籍と類似の書籍を他の出版社が刊行して2匹目、3匹目のどじょうを狙う例が増えてきました。かつては、他社がすでに刊行している書籍と類似の書籍を刊行することは、編集者としての誇り・矜持に反するとして敬遠することが暗黙の了解事項でした。ところが、昨今の出版不況により、背に腹は代えられないとして他社の売れ筋商品の企画とほとんど変わりのない類似の書籍を平気で刊行する出版社が増え、さながら仁義なき戦いの様相を呈してきています。

　それでは、他社から真似されないためには、どうしたらよいのでしょうか。それは他社の追随を許さない、これ以上の商品はつくりようがないという書籍をつくること、すなわち他社が類似の書籍の刊行を断念せ

ざるをえないオンリーワン商品をつくることに尽きると思います。現在、当社には業界でオンリーワンといえる商品企画や書籍が数多くあります。編集者にとって、業界でオンリーワンといわれる商品を企画して刊行することは醍醐味であり、編集者としての真骨頂であるといえます。オンリーワン商品を多く刊行していくことは、苛烈な競争に打ち勝ち、経営の安定化が図られ将来の成長・発展の礎とするためにも不可欠です。これからも、喝采をもって迎えられる民事法研究会のオンリーワン商品を刊行することに全力を尽くすとともに、より多くのオンリーワン商品を刊行するために皆で大いに議論していきたいものです。

「社員は家族」の思いを大切にする会社でありたい

（平成26（2014）年4月1日）

●会社を支える組織、団体や人々への感謝の気持と謙虚な姿勢を大切に

　先日、トヨタ自動車工業株式会社（現在のトヨタ自動車株式会社）の創業者である豊田喜一郎さんをモデルとしたテレビドラマ『LEADERS ──リーダーズ』を観ました。第二次世界大戦前、欧米先進諸国の自動車産業の隆盛を目の当たりにした喜一郎さんは、当時、三菱・三井などの財閥ですら手を出していなかった純国産自動車の開発・製造をめざし、父・佐吉さんが創業した豊田自動織機製作所（現在の豊田自動織機）の自動車部での研究を経て、昭和12年に新会社・トヨタ自動車工業株式会社を設立しました。喜一郎さんは、自身の強力なリーダーシップと、それを支える仲間たちの努力によって、幾多の苦難に立ち向かい純国産車を完成させます。

　その後、昭和20年の第二次世界大戦後のハイパー・インフレーション、金融緊急措置令を経て、ドッジ・ラインに始まる日本銀行の厳しい金融引締めによる大不況の影響を受け、多くの企業が倒産や経営危機に陥り

ました。帝国銀行（現在の三井住友銀行）を中心とする銀行団の緊急融資により資金を調達しようとしましたが、融資条件として提示されたのは大規模の人員整理でした。喜一郎さんは「社員は家族」との信条をもっていましたので、人員整理を回避して会社の再建・存立を図ろうとしましたが、とうとう倒産寸前まで追いつめられました。喜一郎さんは、やむなく人員整理を断行しますが、その責任をとって社長を辞任し、その後は経営にはいっさい携わることなく、57歳の生涯を終えます。当時、すでに中部地域での大きな影響力をもっていた同社の経営が破綻することは、全国的な倒産の引き金になるおそれがあることから、人員整理の実行と併行して、日本銀行は特融（銀行団からの協調融資）を行い全面支援を実施し、同社は倒産を回避できました。

　自動車産業は「裾野産業」といわれますが、喜一郎さんは、タイヤやフロントガラスなどの自動車の部品・資材を供給する多数の傘下企業の現場技術者などを訪問するなどして、技術開発や人材の育成に尽力するとともに、純国産化のために共に汗を流した企業・人材を大事にし、運命共同体として強固な信頼関係を築きました。関連企業と人材を大事にする「世界のトヨタ」のDNAは、現在でも脈々と受け継がれています。

　さて、私たちの出版社も、書籍をつくるには、執筆者、印刷会社、デザイナー、紙問屋など、多くの関係会社のスムーズな協力が不可欠ですし、書籍が完成した後は、取次、書店と熱心な書店の販売員の協力なしには成り立ちません。また、大学、裁判所、官庁、弁護士会、司法書士会、企業など多くの関係者が弊社に信頼をおいてくださり、販売の面で協力をしていただいています。そのような会社の存立を支えてくださる団体や個人への感謝の気持を忘れず、常に謙虚な姿勢で仕事に向き合えれば、さらに質が高く、社会から高い評価を得られる書籍をつくることができると思います。加えて、社員は家族同然の運命共同体であることも忘れてはならないことと思います。

成長するビジネスモデルを常に創造するために知恵をしぼれ

（平成26（2014）年6月3日）

●社会の変化にいち早く対応できた企業のみが生き残れる

　先日、昨年経営破綻したゲーム制作会社、インデックスの会長夫妻が、自社の経営難から、循環取引を用いた粉飾決算を主導していた疑いで逮捕された旨の報道がありました。同社はかつて、著しい成長をしていたインターネットや携帯電話市場に向けてゲームやアニメ等といった各種コンテンツを制作・販売するとともに、企業買収や第三者割当て増資などによる事業拡大と資本増強を積極的に行い、2000年代に急成長しました。

　このインデックス社のように、一つのビジネスモデルで高収益・高成長を成し遂げた企業が、あっという間に破綻する例は多くみられるところです。これらの企業は、①既存の商品・サービスに一工夫を加えたアイデアビジネス、②新技術の登場や社会の動向に対応し成長するニュービジネス、③既存のビジネスの間を埋める隙間ビジネスのいずれかに軸足をおいて起業しますが、多くは20年をもたずして消滅してしまいます。その大きな要因は、ビジネスモデルが起業当時は斬新だったものの、次に続く新しいモデルを作り出すことができなかったために、次第に陳腐化し、競争力が失われてしまったことがあげられます。

　このことを出版業界の法律書の分野で考察してみますと、戦後、二つの大きなビジネスモデルの隆盛がありました。一つは、最新の法令・実務情報を新鮮なうちに迅速に提供できることを強みとした法律分野の「加除式本」です。もう一つは、高度経済成長期に社員教育・自己啓発用教材として開発された「通信教育教材」です。特に「加除式本」は、戦前に生み出され、戦後に大いに隆盛し、1980年代の終わり頃まで拡大・成長しました。ところが、1990年代に入り、コンピュータやインタ

ーネットが急速に普及して、高速かつ大容量の最新の情報提供が可能になったことで、次第にインターネットによる情報提供システムにニーズを奪われ、現在は縮小の一途を辿っているといわれます。

　現在、出版業界は、年間の推定販売額からみた市場規模が2013年で約１兆6800億円と、ピークの1998年の約２兆5000億円と比して大幅に縮小し、この傾向が今も続いています。合わせて、iPad や iPhone 等の電子端末やスマートフォン等の新技術の普及をめぐっては、一時期、電子書籍市場への熱い期待が寄せられましたが、結局ニーズは限定的であり、こと法律書に限っては、一部を除いてほとんど電子化は進んでいません。一方で、電子端末やスマートフォン等の普及は、深刻な若者の活字離れを招いており、その影響をまともに受けた出版業界全体は衰退産業として危機に直面しています。

　ピーター・F・ドラッカーは、「未来は予測できないが、変化に対応することはできる。脅威が顕在化する前に対応できる体制をどう作っていくかが肝要である」と言っています。

　出版文化を担う私たちにとって、今はまさに「正念場」といえます。その未来は、企画力・商品開発力を高めて次世代のニーズを切り拓く新しいビジネスモデルをつくっていくことができるかにかかっています。

 ## 120　歴史の積み重ねは信頼の積み重ねでもある

（平成26（2014）年10月７日）

●「歴史が人をつくり、人が歴史をつくる」日々の積み重ねが大切

　先週の平成26（2014）年10月１日に当社は25回目の創立記念日を迎えることができましたが、改めて胸に強く感じるのは日々を着実に積み重ねることの大切さと、その結果として成し得る歴史の重みです。「ローマは１日にして成らず」という喩えがあるように、事を成すためには長

205

年にわたるたゆまぬ努力が求められることです。そして、時代が激しく変化し続ける中で、長い歴史を積みを重ねることが信用の裏付けともなります。

　出版社は、1冊、1冊の本を時間をかけて丁寧に作り上げて世に送り出すことによって社会から信用、信頼され、その結果として事業が継続していくことになります。その1冊、1冊は、オリジナリティのあふれた手作りの商品であることから大量生産はできません。ですから、企画の立案から始まりますと、どんなに短くとも刊行までには半年以上の時間を要します。長いものは、1年、2年をかけて愛情をもってわが子を育てていくような気持になって本づくりをするわけですから、200品目、300品目の品揃えができる出版社に成長するためには、気の遠くなるような時間を必要とします。1冊、1冊の歴史の積み重ねがあってはじめて、利用者の要請に応えられる一人前の出版社として存立できることになります。

　昔から「出版社は、机一つと電話機1台あれば立ち上げられる」といわれ、とりあえず売れそうな2、3冊の出版企画を立てられれば容易に起業はできるわけです。ところが、現実はそんなに甘いものではなく、その企画はある程度成功するかもしれませんが、それに続く企画はそう簡単に立てられるものではなく、その後は鳴かず飛ばずでいつの間にか消滅していってしまう出版社が私の経験上ではほとんどです。「創城は易く守城は難し」の言葉どおり、継続させることが難しいのは世の常です。

　時代が激しく変化するそんな厳しい環境の中において、当社が創立25周年を迎えられたのは、多くの幸運に恵まれたこと、社員の皆さんの日々のたゆまぬ努力があったこと、そしてたくさんの方々からの温かいご支援やご協力があったからこそだと感じています。10月1日に挙行した25周年記念のお祝いは、改めて会社創立の原点を皆で確認し、確かめ合い、新たな歴史に向けて出発するという大切な意義があった催しと思っています。

　少し前になりますが、当社とも親しくお付き合いをいただいている中

森亘弁護士のツイッターに、「歴史が人をつくり、人が歴史をつくる、と大先輩の弁護士が語っていた」旨の大変に示唆に富む書き込みがありましたが、当社の25周年の歴史の重みは誇るべき大事な財産だと思います。言葉にしてしまうと簡単ですが、25周年の１日１日の重みを皆で感じて、これからも努力を怠ることなく１歩ずつ歩み続けること、未来志向で「継続は力なり」を実践していくことを通して、次の輝く50年の歴史を皆でつくっていきたいと思います。

⑫ 厳しい経営環境を克服することを通して会社力が高まる

（平成26（2014）年12月２日）

●一人ひとりが自らの課題を克服する努力をすれば会社力が高まる

　コマツの社長・会長を歴任し、現在相談役を務めている坂根正弘さんは、日経新聞のコラム「私の履歴書」の中で会社経営は決して平坦な道のりではなかった、と述懐しています。今では世界に冠たる建設機械メーカーであるコマツも、２度、３度の経営危機を乗り越えて今日があります。このことは、厳しい経営環境を克服することが「会社力」、すなわち、会社全体の力をつけていく原動力になっていることを示唆しています。

　このところ、「アベノミクス効果で大企業の営業利益はリーマンショック以前の水準に回復した」、との報道がなされています。しかし、その一方で大企業の好業績が従業員の賃金に還元されず、個人消費は伸び悩み、また、企業の内部留保は積み上がる一方で、なかなか設備投資にお金が回っていかない現状があり、景気回復を力強いものにできないように感じます。円安の影響で輸出産業などの大企業は絶好調のようですが、その恩恵が中小企業に回ってこないという現実もあります。

　このような経済状況下で、業績好調の大企業でリストラが行われてい

ることは意外と知られていません。企業に体力があるときにこそ不採算部門・余剰人員を削減、整理し、企業の体質改善を図ろうとする動きです。通常、リストラといえば、業績の悪化に伴い、企業存立のための不採算部門の整理・人員削減を意味しますが、現在、行われているリストラは従前の意味でのリストラとは趣を異にし、リストラの一般化・常態化の時代が到来したことを意味しています。

整理解雇の４要件を満たさなければ、裁判所は整理解雇を認めていませんが、企業は退職金を割増しするなどして退職勧奨に近い形で、リストラを行っているようです。これも、将来に向けて企業の発展・成長のための経営戦略の一つです。

厳しいグローバル社会での企業間競争においては、どの企業も「明日は敗者」となりうる危険性を潜在的に孕んでいます。テレビやスマートフォン事業での失敗で、厳しい経営環境におかれたソニーやパナソニックを例にあげるまでもありません。殊に、バブル期に大量採用された従業員は能力格差が激しいといわれ、能力が劣る者は余剰人員とみなされ、リストラの対象とされてしまいます。

ここで要求されていることは、一人ひとりの能力の向上です。一人ひとりの能力が向上すれば、会社力は必然的に上がっていきます。会社力とは個人の能力を結集した総合力です。

では、個人の能力をどう高めるか。その答えは、一人ひとりが自分の課題を認識し、その課題をしっかりと内実化したうえで、課題の解決を全力で克服することに尽きると考えます。今の自分に欠けているものは何かを常に考え、課題を認識し、それを克服する努力を継続する。そうすると、能力の向上に伴って仕事が楽しくなり、仕事に対する姿勢も真摯になって成果が上がっていきます。そして、そのことがさらに能力の向上を招くというように、よい方向に歯車が回転することになります。

このように、会社力を向上させる鍵は一人ひとりの努力にかかっている、といっても過言ではありません。私たちも一人ひとりが一騎当千の兵（つわもの）といわれ、「民事法研究会はすごい会社だ」と評価されるようにたゆ

まぬ努力を続けていきたいものです。

「会社の品格」は最初の挨拶と接客の態度で評価される

（平成27（2015）年3月3日）

●一見単純にみえる挨拶こそが会社に対する総合的評価を決定づける

　平成17（2005）年に刊行された藤原正彦さんの『国家の品格』は200万部を超える大ベストセラーとなり、その後「品格」と名のつく本がいろいろな出版社から何冊も刊行されました。中でも2006年に刊行された坂東眞理子さんの『女性の品格』は、180万部を超えるものでした。

　そこで、品格とは何かを考えてみます。品格は品位と言い換えることができますが、品位とは何かを調べてみると「個人ないし特定の団体が、礼儀や節度や人徳、気高さに富む様をいう。またそうした、品位の保持は人々より尊敬或いは信用を受けるとされる」「身だしなみや言葉遣いはもとよりルールやマナー（作法を含む）、立ち居振る舞い、他者や周囲への気遣い・気配りなど日常的な自律的行動が品位の醸成につながる」とされています。品位・品格を高めることは、ビジネスを行ううえでもきわめて重要な要素になります。相手の信用・信頼を勝ち得て立派な仕事を完成させるうえで、高い品格を有することが大きな武器になるはずです。

　さて、それでは「会社の品格」とは何でしょうか。会社は個の集合体ですから、一人だけが努力をして個人の力を高めるだけでは会社の品格が上がるわけではありません。会社に所属する一人ひとりがそれぞれ品格を高める努力をすることによって互いに切磋琢磨し、それが会社の品格を高めていくことにつながるのです。全体のレベルが高まれば組織に加わった新人も、「朱に染まれば赤くなる」ではありませんが、先輩に負けまいとさらに努力をしますので、全体の意識が高まりいっそうレベ

ルが上がっていきます。

　わが社には著名な学者、裁判官、弁護士、司法書士をはじめ、関係企業の方々など、さまざまな方々が来社されます。そうした人の中には当社に対して、「挨拶がしっかりしていて気持よい」「社員教育が徹底している」などと言ってほめていただくことがよくあります。その言葉を聞くたびに、リーダーとして大きな喜びを覚えます。その理由の多くが、第1にきちんとした挨拶ができていること、第2に応接態度がしっかりしていることだろうと思います。外部の方の判断基準というものは、わが社に足を踏み入れたときの応対、つまり「挨拶」の仕方をみているはずです。つまり、挨拶や応接態度などの第1印象によって、その会社のレベルの格付けをすることが一般に多いのが現実です。その次には接客態度（他者への目配り、気配りができているか）をみているはずです。

　一見単純にみえる挨拶こそが、その企業の印象を決める最大の判断材料となるのです。そして、来社される相手がたとえ印刷関係の営業担当者、宅急便、郵便局などの業務で訪れる方々であったとしても、分け隔てなく変わらぬ態度で丁寧にきびきびとした接客態度を取れば、それは必ず回り回って会社の評価を高めていくはずです。

　会社の品格を高めることの第1は挨拶をしっかりすることであり、次に誰にでも公平・平等に気配りをしたきびきびとした接客態度であることを常に心に留めておいていただきたいものです。

123 地球環境を守る「Mottai Nai」を企業としても実践をする

（平成27（2015）年4月9日）

●一人ひとりが「もったいない」精神をもてれば企業体質も高められる

　近年隆盛を誇ってきたものの、時運に恵まれずに経営に変調を来し現在再生中の、あるIT企業の経営者から先日お話を伺いました。同社で

はこれまで、業績や事業拡大に合わせて、従業員の待遇や福利厚生の向上に努めてきたそうですが、いざ、事業を再生するために経営改革を断行し、各種経費の引締めを図ろうとしたところ、既得権を主張した従業員との調整に難航したそうです。従業員は既得権として、今ある与えられた環境を当然のものとして捉えるばかりで、それを守るためには厳しい経営環境下にあっては従業員として今は何をなすべきか、をしっかりと教育する努力を怠ってきたことに、今日の会社の問題があったと語っておられました。

　話は変わりますが、今あるものに感謝し、大切にする精神は、以前は、「もったいない」という言葉とともに、日常的な考え方として存在していたように思います。少し思い出してみても、「食べ物を粗末にしない」、「まだ使えるものは大切にする」など、折に触れ、祖父母、父母にしつけられた記憶があり、「もったいない」と考えることを当然の生活習慣と感じていました。

　この「もったいない」という言葉の語源を探ると、威厳ある態度や風格、品位を意味する「勿体」と、これ打ち消す「無し」が合わさった造語で、元々は、「妥当ではない」「不届きである」との意で用いられたようです。月日を経るうちに転じて、モノや相手の厚意に対して、「自分には不相応である」「ありがたい」「惜しい」の意となり、モノを粗末にせず大切にする、また倹約を良しとする日本人の美意識と重なり合い、今日まで伝わったようです。歴史を振り返ってみてもわかるように、「もったいない」は日本文化の根本をなす大切な精神といえます。

　しかし、今日では、「もったいない」と考える機会が減ったように感じます。それがいつの頃からかと考えてみますと、戦後の高度成長期からバブル期にかけて、少しずつ顧みられなくなってきたように思います。近代資本主義における大量生産・大量消費の生活様式が日本にも広まったことにより、モノが世間に溢れる「使い捨て社会」となり、「もったいない精神」が失われていったようです。

　ところが、ケニア出身の環境保護活動家で、2004年にノーベル平和賞

を受賞したワンガリ・マータイ女史は、受賞の翌年に来日した際に、日本人の「もったいない」の精神を知って、これを高く評価し、環境問題の解決に通じる世界共通語「Mottai Nai」として、世界にその重要性を提唱しました。われわれも地球規模での環境問題が深刻化する今こそ、もう一度「もったいない」精神を顧み、育んでいかねばならないと思います。

　そこで、この「もったいない」精神を企業活動に当てはめてみますと、資産や設備、時間を大切にし、節約することで、無駄を省くことを意味するものだと思います。社員一人ひとりが「もったいない」精神を実践することで、企業活動に創意工夫が生まれ、業務効率化や個々人の能力の向上へとつながり、利益の向上を生むことで企業体質の向上に資するものといえます。ですから、みなさんには、ぜひとも「もったいない」の精神をあらためて認識していただき、自身の仕事の能率化・効率化に取り組んでいただきたいと思います。

　最後に、繰り返しになりますが、「もったいない」を重んじる個々人の研鑽は、資源を大切にする環境保護の活動に資することはもちろんのこと、私たちの会社にとっても企業体質の改善に資するものと考えますし、それらがゆくゆくは社員一人ひとりの生活の向上へとつながっていくものと思います。

 124　コンプライアンス経営をないがしろにした代償は大きい

（平成27（2015）年11月4日）

●**不正の隠蔽、性能の改ざん、偽装はいつか必ず明るみとなる**

　平成27（2015）年は、著名な大企業の不祥事が多数発覚し、世間を驚かせています。まず、2月には東芝で経営トップが関与した利益の過大計上などの不正会計が発覚しました。3月には東洋ゴム工業の免震ゴム

の性能偽装が発覚し、その後、10月には防振ゴムの性能偽装も明るみになりました。同じく10月、旭化成建材による基礎の杭打ちデータ流用が報道され、この問題は他の杭打ち業者にまで飛び火するなど、国民は疑心暗鬼に陥っています。これらの中でも、特に、免震ゴム・防振ゴム性能の偽装や杭打ちデータ流用は、国民の生存権、生活の安全・安心に直結する問題であり、より深刻な問題といえましょう。

これらのような大掛かりな企業の不正行為・不祥事は、決して一人の担当者レベルで完結できるものではなく、組織、特に大企業にあっては、少なくない関係者が自己保身から関与し、不正の隠蔽に加担したり、知っていても知らぬふり、見て見ぬふりを重ねることで、不正行為の被害が拡大することになったものと考えられます。このような「さわらぬ神に祟りなし」「みんなで渡ればこわくない」という争いごとを極端に避ける振る舞いは、わが国が島国であり、他国から海で遮断され侵略されることがなかったことにより地域共同体的な思考がつくり上げられ、これが日本人の精神構造の特性であると指摘されます。閉鎖的な共同体では、孤立することを覚悟して反抗をしたり異議を唱えることは至難の業ですし、一度動き出したものを止めたり制御したりするのも極めて困難です。したがって、不正行為・不祥事が発覚したときには、時すでに遅し、それらを修復・回復するために膨大な時間と労力を要し、多大な損害を負い、多くの人々に迷惑をかけ信用を失うことになるのです。

わが国に、コンプライアンスという概念が米国から持ち込まれたのは1980年代頃のように思います。現在では、コンプライアンスは会社法の目的の一つの機軸となっており、法の精神として、役員の善管注意義務、職務忠実義務、各種一般法その他各種業関連法の遵守が義務づけられ、これらの遵守を社員への教育および組織づくりによって徹底させることが規定されています。しかし、繰り返される企業の不正行為・不祥事の発生、および発覚後の経営トップの謝罪記者会見をみると、「仏作って魂入れず」とでもいいましょうか、今日までわが国においてはコンプライアンスについての意識改革は徹底しなかったといわざるを得ません。

記憶に新しいところでは、2011年7月、オリンパス株式会社が証券取引で被った巨額の損失を「飛ばし」という手法で、歴代の経営トップが10年以上の長期にわたって隠し続け不正な粉飾会計を行った事件がありましたが、この事件は顕著な例でしょう。

　企業の不正行為・不祥事の端緒となるのは、多くの場合、仕事上のミスからです。仕事においてミスはつきものですが、そのミスについて適時・適切に社会的に明らかにするなどの対応をしたか否かが、その後の推移を左右します。われわれは、「不正の隠蔽、改ざん、偽装はいつか必ず明るみとなる」「発覚した不正行為・不祥事への対応には、膨大な費用と時間がかかる」ということを、いつも頭の片隅において仕事に向き合うことを心がけたいものです。

 事業を継続し続けるためには地道な努力、研鑽を怠らないこと

（平成28（2016）年4月5日）

●過去の成功体験を忘れ常に新しい分野に挑戦し続ける気概をもつ

　インターネットサービスの草分けといわれ、大きな成長を遂げてきた米ヤフーが、経営不振に陥っています。米ヤフーは平成7（1995）年に設立され、まだ誰も手をつけていなかったインターネット情報サービスという新しい分野に進出して成功し、瞬く間に急成長を遂げました。今や私たちの生活に不可欠な電子メールやニュースの配信などを通し、インターネットを大衆化した点で、極めて大きな功績を残してきました。その米ヤフーが平成27（2015）年に赤字決算に陥り、経営状況の悪化が深刻化しているのです。日経新聞（2月18日朝刊）の社説によれば、リストラ、拠点の閉鎖によるコスト削減が迫られ、それでも納得できない一部の投資家からは、さらに大幅なリストラも求められており、今後、中核事業の売却などにも発展する可能性があるといいます。また、幹部

の流出が相次いでいるともいわれ、同社の経営は危険な段階にあるのではないかともいわれています。

米ヤフーの凋落の原因は、自社サービスへの慢心と驕りにあったのではないかといわれます。インターネット検索サービス事業が台頭し、大きなビジネスに成長していく時代の流れを感じながらも、自社サービスへの慢心と驕りからその流れを軽視した結果、技術開発に出遅れてしまったのです。

このように、どれだけ大きな成功を収めても、技術革新、経営革新の努力を怠ると、他社に遅れをとり、競争力を失い、立ち行かなくなります。先日、台湾の鴻海（ホンハイ）精密工業に買収されたシャープも、液晶という技術革新で成功を収め、瞬く間に３兆円企業になったことで液晶事業至上主義に陥り、赤字になっても液晶事業にこだわり続け、また、他の技術革新も怠った結果、経営悪化を招きました。

出版界においても同様です。平成元（1989）年10月の当社の設立に際し、先輩から、「創業してすぐに大ヒット商品を飛ばした出版社は長くもたない」というジンクスを教えてもらいました。創業後、極めて幸運なスタートが切れた会社は、簡単にベストセラーを出版できるものと勘違いし、企画内容、市場性を吟味せずに書籍の出版を乱発し、資金繰りを悪化させて倒産するというのです。その反対に、大きなヒットに恵まれなくとも着実にしっかりとした本づくりをしていれば、慢心や驕りとは無関係で、成功体験に翻弄されることもありません。

成功体験は忘れ、努力と研鑽を怠らないことが事業を継続し続ける秘訣です。昨日の成功者は今日の敗者にもなることを忘れてはなりません。

126 時代の変化に敏感に反応し顧客ニーズをしっかりすくい上げる

（平成28（2016）年10月3日）

●一人ひとりが会社を代表する気概をもてば時代に敏感になれる

　平成元（1989）年10月1日の創業から27周年を迎えたわけですが、27年の積み重ねを振り返ってみますと、平成7（1995）年に起こった阪神・淡路大震災による書籍流通網の混乱や、平成20（2008）年に発生したリーマンショックによる世界的大不況、平成23（2011）年の東日本大震災に伴う電力不足がもたらした書店不況など、必ずしも常に順風満帆であったとはいえず、多くの難題や苦労を一つずつ乗り越えてきた日々だったように思います。現在も、出版不況という10数年にわたる大きな問題が横たわっているところですが、これにいかに立ち向かっていくか、一層の奮起が求められているといえます。当社では、すでに昨年の創立26周年を機に策定した「新3カ年経営計画」に基づく取組みがなされており、その成果が次代への明るい希望に光を灯しています。そこで、次の世代に向けて当社の歴史をどのように引き継いでいくべきか、つまり、「未来に紡ぐ」ことについて考えてみたいと思います。

　私が日頃大切にしている言葉の一つに、「歴史が人をつくり、人が歴史をつくる」があります。企業が社会に長く存在し、貢献していくためには、会社を支える人材の養成が欠かせません。その育成は一朝一夕にはならず、長期にわたる研鑽の積み重ねを要します。ですから、日々、社員一人ひとりが緊張感をもって自らの有用性を高めるよう努力し、生産性が高く質の高い仕事ができる人間になるために、不断の改革に励む必要性があります。

　また、当社を連綿と次代へと存続させていくこととは、当社のDNAを次の世代へと引き継いでいくことにほかなりません。この当社のDNAを承継することとは、突き詰めて考えてみますと、企画力・想像

力・構想力・交渉力等に裏打ちされた総合力を高め、幅広く、親密な人脈網を形成することに尽きるといえます。そのためにも、会社の価値を昨日よりも今日、今日よりも明日へと高める気概をもって努力をしていくことが大切です。

先日、BS フジが放送した「ニッポン百年食堂」と題するドキュメンタリー番組から、会社を長年にわたって存続させていくためのヒントを述べたいと思います。同番組では、毎回、創業から100年以上を経過し、今日まで営業を続けている老舗の食堂を取り上げ、それぞれの歴史や人物、味に焦点を当てることでその魅力を引き出して解説しています。番組を観ていますと、どの食堂も、それぞれ工夫をし、時代の変化に対応してきた様子がよくわかりました。その一方で、すべての食堂に共通して大切にされてきたこともわかります。それは、時代の変化に敏感に対応し、時代ごとの顧客のニーズをしっかりと捉えすくい上げていたこと、働く人がそれら顧客のニーズや期待に応える労苦を惜しまない情熱と誇りを、仕事に対して強くをもっていたことです。

当社も50年、100年と存続していくためには、何よりもお客さんである読者から支持され、愛され続ける会社にならなくてはなりません。社員一人ひとりが会社を背負って立つ、いわば自らが会社を代表する、その気概と覚悟をもって日々の業務に精励することが大切です。

 # 平時にリスク管理を継続すれば緊急時に的確な対応ができる

（平成29（2017）年2月7日）

●小さな事件・事故・トラブルでも決して軽視せずに原因を探求する

トランプ大統領の言動に世界が注目しています。アメリカの大統領には伝統的に品格・教養のある人物が就任してきましたが、トランプ氏は言動から推察するに自己中心的で、攻撃的な人物のように見受けられま

す。事実、イスラム圏7カ国から米国への入国を制限する大統領令を発するなど、その政策に偏狭な一面をのぞかせています。強大なアメリカの大統領の言動は、世界に大きな影響を与えます。そのため、世界を混乱の渦に巻き込みかねないトランプ大統領の日頃の言動に、世界の注目が集まっています。

　世の中では、事件・事故・トラブルは、いくら細心の注意を払っていても起こるものです。会社経営に関することでいえば、一つの事件・事故の発生に対し、その対応を誤ると取り返しのつかない事態に発展してしまいます。東芝の粉飾決算とアメリカにおける原子力事業での巨額の損失の発生などの報道をみていると、一流といわれる大企業でも常に会社の存亡にかかわるリスクと隣り合わせであることがわかります。

　また、平成12（2000）年に発生した雪印食品中毒事件では、企業としての対応のまずさから前代未聞の集団食中毒に拡大したばかりでなく、記者会見後に発した社長の「私だって寝ていないんだよ」という言動に、さらなる社会からの批判が集中しました。このことで、企業としては社会からの信頼を失い、ブランドに大きな傷をつけることになりました。

　これらのことは、事件・事故というリスクに、迅速・的確に対処することの重要性を物語っています。

　リスクは常に存在します。重大な事件・事故でなくとも、ごく日常的な業務の中にも小さなトラブルはいくらでもあります。わが社の周りにおいても、著者とのトラブル、印刷・製本上のトラブル、読者・書店とのトラブル、さらには社員の病気、退職等の人事上・経営上のトラブル等、枚挙にいとまがありません。

　毎日の業務においても、これらのリスクに備える心構えが必要です。トラブルが発生した場合、迅速に対応するだけでなく、十分に考えたうえで対応をしないと、後々大きな禍根を残すことにつながります。自らの強い信念と会社の進むべき方向性をしっかり見据えて判断をすることが、被害を最小限に食い止めることにつながります。大きなトラブルが起こっても、動揺することなく、一つひとつ、しっかりと冷静に対応で

きる資質を磨くことが必要とされています。常に身近なリスク管理に気
をつけて、日々、仕事に向き合ってほしいものです。

128 「常に進化を継続する」ことが事業を成功に導く鍵である

（平成29（2017）年6月6日）

●経営とは時代を読み消費者のニーズに応え続けることである

　日経新聞の平成29年5月の「私の履歴書」は、オリエンタルランドの
会長兼CEOの加賀見俊夫さんが担当していました。加賀見さんは慶應
義塾大学卒業後、京成電鉄に入社しましたが、舞浜地区の市街地域開発
事業に携わることになります。その後、舞浜地区にディズニーランドを
誘致しようとする計画が持ち上がった際に、計画立案から用地取得・漁
業権交渉、そしてディズニー本社との誘致交渉を行った、創業メンバー
の一人です。ディズニーランドの計画当初の世間の評価は、「いつまで
持ちこたえられるのか」といった懐疑的・悲観的な意見が圧倒的であっ
たことを記憶しています。しかし、加賀見さんはさまざまな困難や課題
を一つずつ解決し、立ち上げから今日まで、ディズニーランドに人生の
すべてを捧げてきたといえる名経営者の一人です。

　「私の履歴書」を読んで一番印象的に感じたことは、「ディズニーラン
ドの最大のコンセプトはお客様に夢を売ることである。そのためにディ
ズニーランドという非日常性の演出をすることを徹底的に追求してきた。
それが、成功の秘訣ではないか」と、まさに夢の国という日常とは異な
る非日常性に夢をつくることがディズニーランドのコンセプトであると
語っていたことです。成功を継続するためには日々進化をしなければな
りませんし、進化は継続しなければ意味がありません。ディズニーラン
ドは開園した当初から進化が始まっていたのです。日々進化し続けてい
るからこそ、ディズニーランドはお客様に受け入れられ、今日の隆盛が

あるのです。これまでも大型テーマパークは数多く設立されましたが、どこも、最初はお客様に大きな期待をもって受け入れられたものの、今ではそのほとんどが残っていません。いつも同じものを提供していては、いつかはお客様に飽きられます。少しずつ進化することで、リピーターとして何度も足を運んでもらえる支持者になるのです。

　わが社も同じだと感じました。日々の進化がなければ衰退することは、歴史が証明している事実です。少しずつでも確実に進化し、時代の変化に適応していかなければなりません。地球は、強いものが生き残ったのではなく、環境の変化に適応したものだけが生き残ることができたのです。わが社も30年近い歴史の中でたくさんの書籍を出版してきました。当然に時代は変化し、読者の需要に対応できなければ、その書籍は絶版にしていかなければなりません。反面、読者のニーズや時代に対応した改訂・改良を続けていく努力をしていけば、新しいニーズを掘り起こしていくこともできるわけです。書籍は一度出版すればそれで終わりではありません。そこから進化が始まるという強い意識をもって、進化を継続していく姿勢が必要なのです。

　社是にある「良書の出版を通して社会に貢献する」ことは、日々進化を継続してこそ実現できるものです。常に世の中の動向に関心を払い、消費者のニーズに対応した商品を提供していくことを通して、編集者として必要とされる自身の力量をも進化できるものと思います。

経営者として最も大切にするべきことは正直さである

（平成29（2017）年11月9日）

●組織の中の腐ったりんごを摘出しないと組織全体が腐敗してしまう

　ここ最近、伝統ある企業、特に製造業の不祥事が連続して発生しています。たとえば、神戸製鋼所の検査データの改ざんは、日頃の生活の安

全をおびやかす大問題であり、製品の優秀さで高い評価を獲得してきた「ものづくり大国」としての日本への信頼が、危機に瀕しているのではないかと心配になります。

　一方、金融業界でも、長年にわたり商工中金がほとんどの支店で組織ぐるみの不正な取引を行っていたと報じています。この企業の現場で働いていた従業員は、良心の痛みを感じなかったのか、不正に対して何の疑問も抱かなかったのか、どうしてそのまま見過ごしてきたのか、不思議でなりません。結局のところ、組織全体が腐っていたということです。

　バブル崩壊後、金融不祥事が相次ぎ、この反省から金融界全体ではコンプライアンス経営やコーポレートガバナンス体制の確立といった目標を掲げて改革が進められました。しかし、今日に至るまで企業の不祥事は後を絶ちません。その要因は、結局のところ、「人間」によって組織がつくられ、「人間」によって組織が運営されているからだと思います。企業とは「人間」によって構成され、差配されているということをあらためて考えてみる必要があります。人間は本来不真面目で自堕落な面をもっている動物であり、楽な方に流れやすい性癖があります。たとえば、品質管理やノルマなどが厳しかったりすると、取引先や上司に見つからなければいいという安易な判断をしてしまいがちなのです。

　不祥事の発生を防止するために、経営者は、二つのことを自覚しておく必要があるように思います。一つ目は「鯛は頭から腐る」ということです。ここでいう「頭」とは組織の長、つまり経営者のことです。社員への無理な業績向上要求や過度な目標達成要求などのプレッシャーは、組織を蝕み、世間一般の常識とズレを生じさせ、不正の温床となります。オリンパス事件や山一證券事件の経営陣が、これに当てはまるといえるでしょう。自らの在任期間中はひたすら不正会計の事実を隠し、それが何代もの社長にも引き継がれ、隠ぺいが続けられてきたわけです。その結果、社会的に不正が明らかになったときには、直ちに企業存続の危機に結びついたわけです。このような事態を招かないために何が必要かといえば、組織の長は正直でなければならないということです。経営者が

自己保身に走った結果が、企業を存続の危機に陥らせるケースがほとんどです。

　二つ目は、「腐ったリンゴの法則」を知ることです。これは企業にとって最も気をつけなければならない問題だといえます。箱の中に一つでも腐ったリンゴがあると、それが瞬く間に全体に広がりすべてが腐ってしまうというものです。「朱に交われば赤くなる」ともいいますが、一人でも集団の中に手を抜いて楽をして仕事をしようとする者や不正を働いている者がいると、周りの人間が感化されて、その結果、組織全体が腐ってしまうことはよくあることです。

　たとえば、周囲の人と協力して仕事ができないない者がいたとします。もちろん、同じ職場で働く者同士ですから、会社としては改めるべき点を指導します。しかし、本人が反省をし改心して自己改革しなければ、会社としては排除するしか方法はありません。経営者として、会社全体が腐ることは何としても食い止めなければならないからです。このことは経営者に対しても通じることであり、腐ったリンゴはいつまでも放置してはならないのです。

130　独立・自尊の精神を涵養していけば個人も会社も強化される

（平成30（2018）年1月5日）

●全社員が自立して仕事をすることができれば会社力の底上げを図れる

　1月3日、箱根駅伝のゴール地点のサンケイ大手町ビル2階の喫茶店で、「司法書士白門会」主催の箱根駅伝を応援する会に参加しました。沿道を眺めると、例年より人出が多いと感じました。人は経済的な余裕が生まれると文化的な行動を起こしたり、あるいは行楽や買い物・食事にお金を費消するといわれているので、活発な経済状況が生まれつつあるのかもしれません。

　しかし、景気の動向は、本格回復には程遠いといわなければならず、今日の状況は超金融緩和によって生まれた一時的現象に過ぎないようです。実体経済の動きとしては足腰が弱く、証券会社や不動産、建設などの一部業種は活況を呈しておりますが、来る令和2（2020）年の東京オリンピック後の見通しは暗いのが現実です。景気は人の気分によって大きく左右されるので、まだまだ本格的な回復に至っていませんし、いつ大きな経済変動要因が発生して景気に悪影響を与えるかわかりません。

　今日の経済状況は、政治主導によってつくられた上澄み部分が大きいため、そこには大きなリスクが存在しているように思います。企業や組織を存続させていくために大切な知識の一つは、リスクをどう予測し、それに的確に対処し、どのように順応していくかです。つまり、リスクを予測し対応する能力がリーダーに求められるということです。どのような時代であっても常にリスクは付きまとうものなので、常に細心の注意と鋭い感性を磨いていないと、いつそうした陥穽に陥るかもわかりません。

　さて、出版界全体の状況をみれば、この1年もそうそう楽観視できる状況にはないということがわかります。出版各社もこうした状況にどのように対応し、生き抜いていくかに知恵を絞り、腐心していることであろうと思います。こうした状況下で、年頭に際し、今年のわが社を牽引していくためのキーワードについて考えてみました。いろいろと考え抜いて出てきたのが「自立」です。つまり、いつまでも先輩や上司に頼ることをやめて、自分で考え、自分で判断し、自分で提案し、自分で構想し、最後まで成し遂げる人材になることを実現してほしい。しっかりと自立した人間によって会社を運営することができれば鬼に金棒です。つまり、他者への依存心から決別することによって、自分自身だけでなく、会社をも強くすることにつながるので、これからの1年を「自立」をキーワードにしてチャレンジしていってほしいと考えています。

　慶應義塾大学の創立者である福沢諭吉先生は、「独立・自尊」の精神の重要性を説いています。明治維新を成し遂げた日本人が、列強諸国と

の競争に打ち勝っていくために重要なことは独立・自尊の精神を養うことが大切だと説いたわけです。つまり、他人の力に頼ることなく、自分以外の者からの助けなしで、あるいは他者の支配を受けずに自分の力で物事を進めることこそが、日本の独立を守り、発展していくために極めて重要であると訴えたわけです。

　われわれ出版人の仕事に置き換えてみればよくわかりますが、私たちの仕事はただ黙っていてはどこからか仕事が生まれるわけではありません。自分で考え、行動を起こして、仕事を創造するしか方法はないのです。これこそ独立・自尊の精神と一致するわけです。今年のキーワードである「自立」をそれぞれが達成することで、会社全体の力を底上げし、厳しい競争社会を勝ち抜いていきたいと思います。逆説的にいえば、人に頼ることをやめれば、それが必然的に自立の精神へと導かれていくのだと思います。

131　1冊、1冊の本を大切にするビジネスモデルに磨きをかける

（平成30（2018）年6月7日）

●一人ひとりが本と著者を大事にするのが出版社のビジネスモデル

　ここ最近、「文春砲」といわれ数々のスクープを世に送り出してきた文藝春秋社のお家騒動が世間の耳目を集めています。騒動の発端は、6月に開催される株主総会で次期社長を誰にするかをめぐる内部抗争であり、幹部社員や役員を巻き込んだ内紛へと発展しました。

　文藝春秋社の経営上の問題は、現社長の松井氏が強権的な会社運営をしてきたことから、社内的な反発が強かったようです。文藝春秋社の社長は、従来から「月刊文藝春秋」の編集長を歴任することが条件でしたが、次期社長に押された中部氏は経理部出身、編集未経験であったため、松井社長の影響力が残るおそれがあると社内から強い不満があがったの

です。この内紛により、文藝春秋社の経営状況が想像以上に悪いことが表面化してしまいました。天下の文藝春秋社でさえ、出版不況の影響を受けて経営状態が厳しい時代になっているのです。

　現在の出版業界をみると、規模の大きな出版社ほど不況のあおりを強く受けているようです。特に多数の雑誌を抱えている大手出版社は、その影響が大きくでているといわれます。少し前までは打ち出の小槌といわれるほどに利益率の高かった雑誌も、現在は人件費率が高くコストがかかる割に購読者数の右肩下がりが続いているために、休刊する雑誌も相次いでいます。ある大手出版社では、発行する雑誌数が以前の半分以下になってしまったという厳しい状況です。雑誌が経営上の大きな負荷、重荷となってきています。

　今日、各出版社はどう生き残るかが大きな課題となり、出版業界の景色が徐々に変わってきました。文藝春秋社は、看板雑誌で多くの購読者に支えられてきた「月刊文藝春秋」も部数の減少に歯止めがかからず、厳しい状況におかれているといわれています。「月刊文藝春秋」の売上げに大きく依存してきたビジネスモデルも、転換点にきているようです。このことにより、いくら強固のように見えてもビジネスモデルには賞味期限があることを強く感じます。インターネット社会の進展やコンテンツビジネスの拡大、IOT や AI 社会の進展により、今日の出版社のビジネスモデルは少しずつ変わってきております。

　法律出版界で最も成功したビジネスモデルは、加除式による法令集、判例集、各種の法律実務書の出版だといわれてきました。戦前から戦後にかけて加除式の出版物を刊行した出版社は、大きな利益を上げて、現在では一等地に立派なビルを所有しています。このビジネスモデルの特徴は、台本といわれる初回の購入価格は廉価に設定し、その後の加除部分、いわゆる差し換え用の冊子は中には年間十数万円以上にもなるという高額なものもあります。そのうえ、素人には差し換え作業が難しいため、出版社から派遣されるプロに頼らざるを得ず、そのため一度購入すると長期間にわたって購読を続けざるを得なくなり、莫大な収益が見込

めるというビジネスモデルです。しかし、加除式のビジネスモデルも、コンピュータの発展による今日の大きなインターネット社会の変化の中で曲がり角にきているといわれており、法律出版界も地殻変動が起こることも考えられます。

　そこで、当社のビジネスモデルとは何かについて考えてみると、それは1冊1冊の本ごとにあるのではないかと思います。編集者の知識と経験・ノウハウと情熱によって生み出された企画を丁寧に編集して本をつくり、大切に育て、時代の変化に対応させて有用性を保ちつつ適宜改訂をし、常に社会的ニーズに応えた書籍にすることです。ベストセラーにはならないがロングセラーの書籍を生み出していく。手をかけて出版した書籍をわが子のように大切に育てる。そして、本を大切にし著者を大切にすることが、わが社のビジネスモデルではないかと考えています。このことを忘れず実践していくことで、当社はこれからも社会から信頼されて着実に発展していくことができるものと確信します。

 これからは「インテグリティ」を実践する会社を目標にする

（平成31（2019）年4月2日）

●「企業は人なり」を着実に実践していけば不祥事は防止できる

　企業の不祥事が後を絶たない状況です。つい最近ではスルガ銀行の不正融資事件、レオパレス21による建築基準法違反のアパート建設問題が連日マスコミで取り上げられています。両事件に共通するのは人為的に起こされた事件であり、「人災」と言ってもよいでしょう。スルガ銀行の不正融資事件は、銀行という極めて公共性が高く、社会的責任が求められる企業としてあるまじき行為です。利益追求に走るあまり、融資関係書類を改竄し、本来なら融資の対象にすらならない者に、高い金利を付して貸し付けを行い、投資用不動産を購入させることで、利益の最大

化を図るという不正行為に手を染めていました。第三者委員会の調査によれば、成績の上がらない社員には日々容赦のない罵声を浴びせ、本来、紳士的といわれてきた銀行員とは思えないような日常的なパワハラ行為が行われていたという実態も明らかになっています。

　また、レオパレス21の建築基準法違反事件では、コストの引下げと工期の短縮をすることで利益の最大化を図る経営方針に邁進するあまり不正に手を染めていったわけですが、これを指示していたのが創業者である前社長であったことが、第三者委員会の調査で明らかになりました。つまり、利益のためなら違法行為に手を染めてもかまわない、という社風が蔓延しており、コンプライアンス不在の経営がまかり通っていたようです。

　こうした事件をみると、日本の企業の経営体質が極めて劣化してきたことと、合わせて働く人の心も劣化してきたのではないかと思います。ガバナンスやコンプライアンスの意識が軽視され会社全体に行きわたっていないため、一部の者がいくら声高に叫んでも、社員全員に浸透、徹底させるということは極めて難しい状況になっていたのかもしれません。

　「企業は人なり」ということをよく言いますが、すべての人を管理するということは極めて難しいことです。こうした現状の中で、「インテグリティ」という言葉が最近になって注目されつつあります。これはNBL1136号に國廣正弁護士が書かれていることの受け売りになりますが、多発する不祥事の根本原因に「インテグリティ」の欠如という事実が考えられるのではないかと指摘しています。

　「インテグリティ」という言葉は、「誠実さ」「真摯さ」という意味をもっています。経営の神様と言われるドラッカーも、著書『現代の経営』の中で「経営者にとって決定的に重要なものは教育やスキルだけではない。それは真摯さ、インテグリティである」と言っています。

　今日、企業に「インテグリティ」が求められる背景には、コンプライアンスが受身の概念にとられ、やらされるもの、細かい規則に縛られるもの、というイメージに理解されてしまい、社員全体に浸透しにくくな

っているためです。そのためドラッカーは、インテグリティには自発的、能動的に社会の公器である企業の価値を高めるために、社員の行動指針になるものにしていくべきだと言っています。

　社員をはじめ、企業全体でインテグリティを実践していくこと、つまり「誠実さ」「真摯さ」を日々追求していくことが不祥事の防止や、企業が社会から高く評価、信頼されることに結びつくと言っています。私もまさにそうだろうと思います。仕事に対する姿勢としては、「誠実さ」「真摯さ」を全社員が追求していくべきです。

133 コミュニケーション力を磨けばビジネス力も高まる

（令和元（2019）年8月6日）

●円滑なコミュニケーションが社内を活性化させ企業価値を高める

　充実した社会生活を送るためには、コミュニケーション能力は極めて重要な要素になります。コミュニケーション力が会社や組織の運営をスムーズにし、発展・成長する原動力につながるといわれています。裏を返せば、コミュニケーションの豊富な組織や企業は、多様性に溢れ柔軟性があり質的にも高く、成長性や基礎的な体力が高いといえます。人類が他の動物と違う進化を遂げ、文明を発展・成長させてきた要因の一つは、言語というコミュニケーションを図る手段をもったことだといわれています。言語をもったことでお互いの意思や考えを容易に理解し、意見交換できるようになったわけです。お互いの意思や進むべき方向性を共有化することにより、さまざまな困難や課題・問題点を解決するために協力し合い、それによって文明が発達して社会全体の発展・成長につなげることが可能となりました。まさに人類は、言語を発明したことで加速度的に文明を発展させることができたのです。

　さて、6月10日の日経新聞の「あすへの課題」欄に、NEC会長の遠

228

藤信博さんが「会社の価値　コミュニケーション」と題した一文を寄せておりました。「株主総会での一番の報告事項は、会社の継続的な価値創造の力を提示することである。そして会社の価値創造力とは、社内のコミュニケーションに大きく依存していると思う。会社は人を雇用し、その人の能力を最大限発揮してもらうことで価値を創出する。あるテーマで組織などの枠を超えてコミュニケーションが取れれば、『3人寄れば文殊の智恵』といわれるように、必ずテーマへの理解の深まりと共に新たな智恵を思いつくことになる」と述べています。つまり、コミュニケーションによって、より一層プラスされる価値を創造することができ、これこそが企業の価値ではないかと言っています。強い企業ほど社内のコミュニケーションが円滑で豊富だと結論づけているのです。

　コミュニケーション力が高い人は、多くの人々と円滑にコミュニケーションを取り、信頼関係を構築し、相手からさまざまな情報や意見、考え、アイディアを聞きだし取り入れることができますから、新たな価値を創り出す可能性も高いのではないかと思います。まさに、「ビジネスの基本はコミュニケーションにあり」と言っても過言ではないと思います。

　それでは、コミュニケーション力を高めるためにはどうしたらよいでしょうか。まずは多くの本を読み、多様な知識・情報・智恵を吸収して人間性を磨くことが重要ではないかと思います。コミュニケーション力とは、こうした基礎的素養の上に成り立っているのではないかと思います。「あの人のコミュニケーション能力のレベルは高いな」と思う人物は、総じて知識・情報・教養が豊かで、その分話題も豊富です。そのうえで世の中の動きに強い関心をもち、好奇心も旺盛で何でも貪欲に吸収したいという意欲的な人が多いように思います。

　企業の価値の創造にはコミュニケーション力が大きく影響するわけですから、日々地道に努力を重ね、コミュニケーション力を磨いていって欲しいと思います。そして、コミュニケーションの力で会社を一層活性化させて欲しいと願っています。

134 会社経営とは人の縁の積み重ねで成り立っている

（令和元（2019）年10月1日）

●「一期一会」の心を大切にすれば人縁の輪が広がり経営も安定する

　本日、当社は設立30周年を迎えることができました。

　この日を迎えるにあたって強く感じることが三つあります。第1に、人の縁（人縁）の不思議なこと、第2に、人縁の大切さ、第3に、縁がきっかけでお世話になった方々への感謝の気持の大切さです。本日を迎えることができたのは、この人縁の積み重ねによるものだと強く感じます。

　先日、ある書籍の改訂について打合せを行いました。約20年前に初版を刊行した書籍で、今回の改訂で第9版を数えるロングセラーです。初版の企画をした私にとって特別の想いがある書籍の1冊です。本書は、初版刊行から長い年月を経ているため、当初出版に尽力していただいていた著者の方の中には、すでに第一線から退かれておられる方もおります。それにもかかわらず、版を重ねることができているのは、その著者のお弟子さんたちが改訂に携わっていらっしゃるからです。このような人縁のバトンタッチがスムーズに行われたこともあって、本書は寿命の長い書籍になっているのです。出版社は、長く先を見通して本づくりをし、また、刊行後も人縁をつないでいかなければ、本書のように長期間にわたって有用性を維持し、読者に支持される書籍をつくり続けることはできません。

　そして、このことは出版社に限ったものではなく、会社経営とは、人縁のバトンタッチを繰り返し、発展させていくことによって継続できるものではないかと思います。

　当社の創立30周年は、私の編集者人生50周年という節目にもあたります。50周年にわたり編集者人生を続けてこられたのは、すでに鬼籍に入

られた諸先輩方を含め、編集者として未熟な私を支えてくださった多くの方々のお陰だと感謝をしています。

中でも忘れてはならない大恩人の一人が、40年ほど前、「金融法務事情」編集長を務めた頃からご支援をいただいた故古島正彦さんです。古島さんは、民事執行規則の立法作業に最高裁民事局で担当事務官として関与され、その後、東京地方裁判所執行部の主任書記官などを務められたエリート書記官です。また、日本執行官連盟会長として「新民事執行実務」の創刊にもご支援をいただくなど当社とは深い縁があります。

その古島さんに当社の創業のご挨拶をさせていただいたところ、開設したばかりの小さな事務所にすぐに来られ、私が提案をした出版企画に対し、執筆の協力を快く申し出てくださいました。その結果誕生したのが、当社最初の書籍である『裁判事務手続講座第1巻　書式不動産執行の実務』です。この書籍は、当時の社会経済状況や読者ニーズにうまく合致し、法律実務書としては珍しく版を重ねることができ、創業直後で脆弱な当社の財政基盤の確立にも大きく貢献しました。何より、本書を刊行したことで、創業間もない名の知られていなかった当社が、一躍全国区の知名度と信用を勝ち取ることができたのです。

その後、古島さんとの縁を契機に同僚であった大島明さん、園部厚さんなど多くの人へとその縁は広がり続け、『裁判実務手続講座』は全23巻にもなり、法律実務家であれば誰もが利用される書籍シリーズへと発展することができました。

人縁を大切にすることは、人を大切にすることに通じます。人から受けた有形・無形の恩義を忘れず、感謝の念をもってお付き合いを継続していけば、おのずと人脈の輪、人縁は広がります。これは職業人としての大切な心構えの一つであり、これを励行していくことは、職業人としての人生を豊かにし、また、会社を発展させる原動力にもなります。

次の30年を迎えられるように、当社で働く一人ひとりが、人縁を維持し、積み重ね、広げることを心がければ、当社の未来は明るいと確信しています。

135 一人ひとりの自立した考えが会社の底力を引き上げる

（令和 2 （2020）年 1 月 6 日）

●当社を支える多くのステークホルダーに気配りし感謝していきたい

　会社は、第 1 に社員によって成り立っています。その次に、当社でいえば執筆者、印刷会社、用紙メーカーや問屋、倉庫業者、運送会社などの協力会社があげられます。そのほかにも金融機関や郵便局などの協力を得られなければ資金の決済や供給もできませんし、社員の給料を振り込むこともできません。こうした多くのステークホルダーの支援や協力を得て当社は成り立っているということを常に意識し、感謝の気持を忘れずに仕事をすることが大事だと思います。

　現在、欧米系の企業では、行き過ぎた株主至上主義を見直し、広い意味でステークホルダーといわれる方々に、事業を通して上げた利益を少しでも還元していくことが、本来の会社のあり方ではないかという考えが顕在化しているといわれています。

　「会社は誰のものか」という議論とも重なるわけですが、欧米系企業の経営者には、資本主義創生の時代から今日に至る長い間にわたって「会社は株主のもの」とする思考が根強くあり、そのため「できるだけ多くの利益を上げること」、そのうえで「少しでも多くの配当をして株主に報いること」、そして公開企業であれば業績を上げ、株価を引き上げて株主の期待に応える、といった強い使命感が求められていました。つまり、資本主義社会にあっては、会社の最大の目的は利益を上げて株主に還元することであり、すべての企業活動、経営行動はそのための手段に過ぎないという考えが主流だったわけです。その結果として、多大な利益を実現した経営者に対しては、莫大な報酬、対価が支払われてきました。

　これが1990年代からのグローバル経済の著しい進展に伴って、新自由

主義という考えとなって台頭しました。この考え方は、環境破壊、格差社会、貧困問題、人権問題、資源の乱獲といった問題を生じさせ、今日の世界的な混乱要因の一つといわれています。

今日では、こうした反省のうえに立って、企業はただ利益のみを追求するのではなく、ステークホルダーや地域社会、社会的弱者の支援などの社会貢献の一翼を担うべきであるという考えが、世界中の企業に広がりつつあります。そのため、社会貢献に積極的に寄与しているかが、企業価値を測る評価基準の一つになっているようです。

ただ、企業は利益を上げ続けていかなければ存続できないわけですから、やみくもに社会貢献に邁進すればよいというわけではありません。いかに社会との調和を図り、経営力を向上させ、その結果として得た利益からステークホルダーや社会的弱者、地球環境の保全などの社会活動の支援を行っていくことが、これからの健全企業の姿であるといわれています。

こうした理想的な企業活動を実現するためには何が必要なのかということになるわけですが、やはり会社の底力を引き上げていくこと、経営基盤を強化していくことに尽きるのではないでしょうか。そして、出版社の底力を引き上げるには、やはり企画力を強化すること、これに尽きると思っています。今年は一人ひとりが昨年以上の有用性の高い出版企画を立案して、1冊でも多くの新刊書を世に送り出していきたいと思っています。

また、個々人が仕事の能力を引き上げることは、経営の底力の引き上げにも繋がっていくわけですから、そのためにも今年はできるだけ自分の力で考え、そして自ら行動を起こすことを心がけてもらいたいと思います。自らの殻を破ること、そして挑戦することを忘れずに仕事に取り組めば、それは大きな成長につながるでしょう。どうしても自分の力だけで判断することが難しい、結論を出すことが難しい場合には、周囲の協力を得てもよいと思います。ただ、安易に他人の力に頼ろうとせず、自立して仕事ができるように、能力を高めていってほしいと思います。

　ぜひ、一人ひとりが自立した仕事をしていただき、そして会社の経営の底力を引き上げてほしいということが年頭にあたってのお願いであり、私自身の課題と思っています。

コロナ災禍によるピンチをチャンスに変える発想が求められる

（令和2（2020）年5月12日）

●従来の発想にとらわれず大胆に変革を果たす好機とする

　5月6日（水）夕方の報道番組に、日本電産株式会社の創業者で会長を務める永守重信さんが出演され、新型コロナウイルス感染拡大に伴う経済への深刻な影響を分析して、概略次のような話をされていました。

　「今回の新型コロナウイルスによる内外の危機的状況は、これまで幾多の経営上の危機や事件を乗り越えてきた経験を通して見てみても、想像を全く超えた状況になっている。創業して50年以上になるが、経営者としてこれまで経験を通して培ってきたリスク管理の考え方や対策では通用しない、極めて大きな変革を伴うような対策を打ち出す必要がある。世界中に感染拡大することによって、世界中に築いてきたサプライチェーンが機能しなくなり、小さなネジ1本のために生産がストップしているケースもある。これからは、グローバルな活動をする企業のあり方について根本的な見直しが求められる。

　また、働き方についても、自分が今まで社員に求めてきた現場で汗水を流す猛烈な働き方も、今回のコロナウイルス感染拡大防止のために、テレワークなどを使った在宅勤務のような働き方が浸透してくると、会社に来なくても成果を上げられる人間が重要になってくる。そのための労務管理や人事評価をどうするかが課題になってくる。

　働き方のあり方に変更が求められてくると、これからは指示待ち人間や自己管理が苦手な人間は、淘汰されるのではないか。

　コロナウイルス騒動が沈静化して元の社会経済に戻るのは、早くて３年かかるだろう。これからも10年に一度はこうした危機的状況がくると覚悟して、今からでも困難に立ち向かえる経営体制を作る必要があり、ピンチをチャンスにできるようにしていかなければ、将来は生き残れない」。

　永守さんが語ったように、個人においても企業経営においても、長い間にはさまざまなピンチが襲ってきます。新型コロナウイルスによる災禍も、予期せず突然に襲ってきたピンチです。いま、飲食店、ファッション関係や旅館・ホテル、観光業、運輸などのサービス業、レジャー産業は深刻な売上の減少に見舞われ、経営に大きな打撃を与えています。他の産業でも、ごく一部を除いて消費の落ち込みによって売上・利益とも厳しい環境になってきており、大企業でも業績への影響は避けられません。企業経営への影響は、今後長期にわたることが予想されており、永守さんは、コロナ騒動が終息した世界は、、個人も企業もこれまで以上に厳しい競争社会がやってくると予想しています。そこで、今のピンチを契機として経営全体の見直しを行い、大掃除をしてピンチをチャンスにできる体制を作っていくと語っていました。

　さて、わが社においても、このピンチをチャンスにするためにどのような対策を行うか考えなければなりません。

　まず営業部ですが、書店が営業自粛に追い込まれている状況にあって、第１にダイレクトマーケティングの基盤を一層強化することが急務になっていることです。これは、私が以前から言ってきたように、書店頼りの営業を脱却して個人との直接販売体制の強化を行うことです。東日本大震災の時もそうでしたが、大きな天災事変が起きると、リアル店舗頼りの営業体制では甚大な影響が生じることを経験したわけですし、この経験をもとにしてその後ネット販売を強化・拡大してきたわけです。この動きをもっと加速させて、ダイレクトマーケティングをさらに拡充するための基盤整備を早急に進めていく必要があります。

　そこで今日からでも、そのための当社の顧客対象となる個人のメール

アドレスの集積や SNS などをもっと有効に活用したマーケティング戦略を推進することです。そして、この戦略と並行してミドルメディアである当社としての役割を強化する方策について検討を行い、具体化し実行していくべきです。

　次に編集部については、新しい発想を検討する必要があります。在宅勤務について3週間ほど実験的に導入してみましたが、現状では営業部ともに現在の当社では難しいと結論づけました。その原因は、在宅勤務のためのインフラが整備されていないのですから、実際に行ったところで具体的な仕事の成果がわからないし検証のしようがないわけです。コロナ騒動を契機として大企業を中心にテレワークの利用が拡大しておりますが、これは大企業では事務部門を中心にテレワークに適した職種が多いことと、以前からテレワークを行えるインフラを少しずつ整備してきた結果だろうと思います。

　日本で最もテレワークの環境が整備されているといわれるある企業の経営者は、テレワークによる在宅勤務を可能とする条件を次のようにあげています。

　　1　ごまかしたりずるをしないという全社的な合意と社員間の信頼関
　　　　係があること
　　2　在宅勤務の様子がリアルに可視化されてすぐに会社や社員間で連
　　　　絡が取り合えること
　　3　そうした環境が整備されるとともに仕事の成果が見える化されて
　　　　いて、その評価が正しくできること

こうした条件を整備して当社でも、危機が襲ってきて出社したくてもできない場合に備えておく必要があります。いまこそ皆の英知を結集して、在宅勤務が可能な基盤整備・環境整備を進めていくことが重要だと思います。今後、南海トラフ地震も予想されているところでもありますし、毎年襲ってくる大型台風や自然災害の被害も考えられるわけですから、会社へ出社できない事態に備えた対応を今からでもしておくことが、ピンチをチャンスに変えることにつながるものと思います。

　常日頃から口を酸っぱくいっているように、「できない」理由を考えるのではなく、「いかにしたらできるか」を考え実現することがピンチをチャンスに変えるキーワードのように思います。

第6章

編集者人生を豊かに充実させる生き方を考える

137 充実感・達成感を感じられる仕事をすれば人生は豊かになる

（平成21（2009）年7月28日）

●社会のお役に立っていると実感できる仕事に取り組みたい

　先日、ビジネスマン向けのあるアンケート調査結果を読んでいましたら、「働くことの中で、何が一番大切かと」と質問した項目では、多くの人々が「働くことを通して得られる充実感・達成感である」と答えていました。それでは、その充実感や達成感を得られるのは具体的にはどのようなときかといいますと、私の経験では、まず、第1には、自分の仕事が社会の役に立っていると実感できるとき、第2に、仕事に対するやりがい、生きがいをもてるとき、第3に、日々の努力が同僚や上司・経営者から正しく評価されたとき、などではないかと思います。つまり、社会的にも、個人的にも意義のある仕事をし、それが社会や同僚、上司から正しく評価されたときに、仕事に対する充実感・達成感が得られるものと思います。

　学生時代に読んだ本の中だったか、そのタイトルはすっかり忘れてしまいましたが、昔の中国では、政治犯に対する極刑として、受刑者に無意味な労働を課すことが行われていたという記述が今でもしっかりと記憶に残っています。たとえば、一つの山を削り取り、その土砂を運んで山全体を他の場所に移動させた後に、その山を元の位置に戻す労働が課せられておりました。この刑は、単に同じ山を永遠と移動させているに過ぎず、自分にとっても社会的にみても何の意味もなさない労働なわけです。このような仕事を長年にわたり継続的にさせられると、人間は次第に精神に変調を来し、ついには廃人同様になってしまうと述べられていたことが強く印象に残っています。人間は働くということに何らかの意義や価値を感じられなければ、生きる意味を持ち得ないということを証明しています。

　私たち出版の仕事は、それとは正反対のクリエイティブで、社会的にも高く評価され意義のある仕事です。加えて編集者は、幾多の職業の中でも、仕事を通して社会のお役に立ち、仕事に対するやりがい、生きがいをもつことで、仕事に対する大きな充実感・達成感を得ることができる要素が高い職業ではないかと思います。個々人の真摯な仕事に対する向き合い方によって、仕事がより一層充実したものとなり、それを通して、徐々に同僚や上司からも評価される仕事ができるようになるのです。若い人には、1日も早く仕事に対する充実感や達成感を得られるよう、努力を重ねていただきたいと願っています。

138　1冊、1冊の本を大切に作成して感謝の気持を忘れない

（平成21（2009）年8月19日）

●「1円を笑う者は1円に泣く」という諺を忘れてはならない

　「塵も積もれば山となる」という諺があります。微小なチリでも、少しずつ積もっていけば、いつかは大きな山になるという諺ですが、主旨は、小さな事でも無視したり、軽んじたり、侮ったりしてはいけないという戒めでもあります。

　私たち出版社は、読者から1冊、1冊の注文を頂戴することで成り立っています。1冊の金額はそれほど大きくはありませんが、日本中からたくさんの人々が1冊ずつの申込みをしていただければ、大きな数字になるわけですから、1冊の注文を大切にし、感謝しなければなりません。

　しかし、出版の世界に長く身を置いていると、感謝の気持が希薄になり1冊の申込みを軽んじる傾向がみえてきます。「たった1冊か」とか「こんな少ない金額か」と思い上がりが生じてきます。私たちは、多くの人々からの1冊の申込みによって経営が成り立ち、社員の皆様もそれによって給与をいただき生活が成り立っているという謙虚さを忘れては

241

なりません。それとともに、若い人々にとって忘れてはならないことは、今は利益を上げて会社に貢献できなくても、先輩の方々が丹精をこめて1冊ずつつくり上げてきた長い積み重ねの結果によって、毎月の給与を頂戴できているということです。つまり、これまでの先輩の苦労や努力の積み重ねがあって、今日の自分の生活が保障されていることを常に忘れずに、いつか先輩たちと同じように、会社に貢献できるようになるために、日々努力をしていってほしいものです。

　法律出版の世界では、何万部、何十万部が売れる書籍などというものは、読者対象となる人数が限られているわけですから、ほとんどあり得ない話です。しかし、1冊、1冊の本は、確実に世の中のために、人のためにお役に立っているはずです。

　私たちは、「塵も積もれば山となる」の精神で、1冊、1冊の本を大切につくり上げて、購入していただける人々に対しては、感謝の念をもって日々の仕事に臨みたいと思います。

> ## 139　常に長期的な視野と高い志、誇りをもって仕事と向き合う

（平成21（2009）年9月9日）

●将来的なビジョンをもつことができれば仕事は有意義で充実する

　毎週日曜日（平成21年9月）の夜に、「官僚たちの夏」という連続テレビドラマが放映されています。広く人気を博しており、視聴率もよいとのことですが、ご存知のように、原作は城山三郎さんの同名の小説です。小説の舞台は、昭和35年から44年にかけて、日本が経済復興を成し遂げていく過程のエリート通産官僚（現在の通商産業省）の物語です。彼らは、敗戦後の日本が独り立ちし世界と闘っていくために、基本政策や国民生活の将来像をつくる、いわゆる国家戦略を立案していきます。経済が復興するに従い、アメリカの産業界と競争関係に入り、厳しい軋

轢・摩擦が生じていく状況で、いかに日本の基幹産業を育成し、国民生活の向上を図っていくか、政治家を説得しつつアメリカ政府・経済界と激しく交渉する主人公である風越とその部下たちの姿を通して、国家を背負っているという誇りが生き生きと描かれていきます。

　この小説を読んでいると、当時のアメリカの対外戦略が鮮明に理解できます。それは極めて単純な構図であり、日本をアメリカの国家戦略の中に将来にわたっていかに取り込んでいくかです。そうした中で通産官僚たちは、独立国家として日本のこの先10年、20年の国家・産業のあり方、方向性をどうしていくかに思いをはせて、高い志、誇りをもってアメリカに対して日本の要求を通していきます。現在の官僚と比べてみると、違いが際立つと思います。現在の官僚は国益ではなく、省益の確保に躍起になり、国家という視点が欠落しているのではないかと思われます。天下りの問題一つをとってみても、自民党の族議員といわれる議員を上手に操って、国民・国家への貢献よりも官僚主導による利益誘導型の政策に重きを置いてきたように感じられます。当時の官僚は、現在よりも強力な権限を持ち、通産官僚は産業政策そのものを担っていましたので、仕事の内容も今日と違うかもしれませんが、志の高さが大きく異なっているように思います。

　私たちも、担当している仕事を日々ただこなしていくだけではなく、将来像を描いて、10年後、20年後の長期的なビジョンを立てていかなければなりません。そうした視点で、日々の仕事をこなしていくことで、長期的なスパンの中に日々の仕事が位置づけられていきます。このような視点をもって仕事をしていけば、毎日の仕事を連続した線上でとらえることができて、有意義で充実したものになるはずです。当時の通産官僚に限らず、私たちも将来のビジョンをもてるようにしていかなければなりません。

140 「愚者は経験に学び、賢者は歴史に学ぶ」ことの意義について考える

（平成21（2009）年11月24日）

●謙虚さを忘れた奢り・慢心・傲慢によって衰退、滅亡が始まる

　先日、日弁連の弁護士業務改革シンポジウムに参加するため松山を訪れましたが、平成21（2009）年11月29日（日）に第1回が放映されるNHKスペシャルドラマ「坂の上の雲」のPRで街中が大変盛り上がっておりました。

　すでに読まれた方はご存知だと思いますが、司馬遼太郎さんの同名の小説で、物語全体を通して躍動感を感じられる、大変面白い内容ですので、ぜひ一読してほしいと思います。

　内容の概略は、松山で生まれ育った秋山好古・真之兄弟と真之の親友である正岡子規を中心に、明治という時代を、特に近代日本という国の形の生成の過程や、日本人論について、日清・日露戦争を背景としつつ、司馬さんの独特の歴史観を持って、壮大なスケールで展開しているものです。

　司馬さんが、この小説を通して言いたかったことを私なりに簡単にまとめると、以下のとおりです。

　当時、日本は、まだまだ国力も発展途上であり、欧米列強に大きく見劣りする現状にあったにもかかわらず、偶然と運が重なり合って、世界の大国といわれるロシアとの戦争に勝利してしまったことにより、軍部・軍人そして国民も、あたかも日本は世界の列強国・一流国の一員であると勘違いして浮かれ、日本の現状を冷静に直視することも分析することも置き去りにして、奢り・慢心・傲慢の心が生じてしまいました。そのうえ、日本の正しい現状認識を誤ってしまったことから、真摯に謙虚であるべき国としての姿勢を失い、その結果として、第二次世界大戦の開戦へと突入していくターニングポイントとなったのが日露戦争では

なかったか、というのが司馬さんの歴史的総括のように思います。

　私は、常々「歴史に学ぶ」という謙虚な姿勢が大事であると言っておりますが、しっかりした歴史観をもつことはわれわれ出版人・編集者にとっても極めて大切な素養ではないかと思います。

　「坂の上の雲」から学ぶべきことは、奢り・慢心・傲慢が生じると、組織も社会も国家をも滅亡に導いていくということです。

　個人も組織も成長・発展していくためには、常に現状を正しく認識し、奢り・慢心・傲慢が生じないように、謙虚な姿勢を持ち続けることこそが大切です。

人材の育成・養成は企業の将来を占う投資である

（平成21（2009）年12月22日）

●高給を求め転職を繰り返した結果の多くは不幸である現実を知る

　人材の育成・養成はどこの企業にとっても一大事業であり、人材をどう育成するかは、企業の存亡・命運に大きくかかわってくるものです。人材の育成・養成は、時間と手間とお金がかかるものですが、「即戦力に頼ることなく、一から育て上げていくことが企業にとって極めて大事」というのが私の基本的な考え方です。

　しかし、最近は大企業も含めて人材の養成や育成にお金をかけなくなってきています。これは、日本的なよき労働慣行であった終身雇用制度が崩壊し、人材の流動化が激しくなってきたことが大きな要因です。つまり、企業が社員教育に労力・時間・お金をかけて育て上げ、スキルを身に付けさせても、簡単にやめてしまう雇用状況になったために、投下資金が回収できないからです。そのうえ、人材の流動化によって、一人ひとりにお金をかけ育成しなくても、企業は適時に適材適所の人材を容易に採用することが可能になりました。その結果、今日では企業が投下

資金に見合う人材の育成をすることを忌避する傾向が強くなってきています。つまり、一人ひとりの自己研鑽と努力に期待し、結果的に落ちこぼれていく者は救済しないという方向へと転換したのです。

　一方、働く側では、賃金の高い企業を求めて転職を繰り返すということが、若者を中心として当然のように行われるようになりました。しかし、この傾向は、ここ2、3年の経済状況の悪化により、今日では、影を潜めました。結局、転職は割に合わない、損をすることのほうが多いということが明らかになってきた結果です。

　先日、松本順市著『「即戦力」に頼る会社は必ずダメになる』（幻冬舎新書）を読みました。この本の中に高い賃金を求めて6回転職をした者の生涯賃金は、生涯一つの会社でスキルを身に付け成長を図った者よりも低くなるというおもしろいデータがありました。さらに、賃金ばかりに目を奪われて仕事を選択した人は、仕事に対する誇りや生きがい、幸福感も著しく乏しく、達成感や満足感も得られないため、末路は決して幸せではないということも書かれておりました。

　企業が真に求める即戦力になれる人材などそうはいないのですから、仕事に愛着をもち、スキルを伸ばし、人間的な成長を図り、お金では買えない達成感や満足感・幸福感を得ようとする人が結局は得をし、そのような人は、安易に会社を辞めたりしないというのが、この本の結論です。

　やはり、職業人としてのあり様は、一つの仕事に愛着をもち、一生懸命自分を磨いていくことに尽きると思います。自らの仕事に誇りをもって、スキルと高め、会社が求める人財となって充実した人生を歩むことのほうが正解だと思います。

142 不必要なものを「忘れる」ことが脳を活性化させる

（平成22（2010）年1月19日）

●詰め込まれた無駄な知識・情報を忘れることが思考力を高める

　若い頃に私が深く感銘を受けた言葉の一つに、文豪・武者小路実篤の「人間として最も寂しいことは教養のないことである」があります。

　教養人といわれる人には、食事の作法、身のこなし方、話し方など生活の端々に教養の高さを感じることができ、自分と比較してはっとさせられ反省することが多々あり、自らもいつかあの人のようにありたいと思うことが幾多もありました。

　教養は簡単に身に付くものではなく、教養を育むには多くの書物を読み人格・識見の高い人物にできるだけ接すること、多くの経験を積むことを通して自分で考える能力を高めることが必要です。

　教養を知識とはき違えている人がいますが、知識は努力して単に記憶として詰め込めば容易に得ることができるのに対して、教養は、知識として得たものを、自分なりの歴史観や哲学・思想など多面的な思考のフィルターを通して深く考えをめぐらし、内実化することができなければ身に付くものではありません。

　先日読んだ、外山滋比古著『忘却の整理学』（筑摩書房）によりますと、効果的に頭を働かせ思考力を高めるにはまず不必要なものを忘れることが大事だといいます。

　近頃、学校優秀・社会劣等という人間が増えているといいます。受験勉強のように、無批判的に単に知識だけを詰め込んでも社会では何の役にも立ちません。大量の情報・知識を記憶するのであれば、今日はコンピュータのほうが人間の頭脳よりはるかに優秀です。単なる知識を記憶するための詰め込みでは、社会生活やビジネスの社会において何の役に立たないどころか、かえって思考力・創造力が向上しないという弊害に

なるのです。記憶だけの知識の量と思考力・創造力は反比例するといいます。

　そこで、記憶するためだけの詰め込みすぎた情報・知識でメタボリックになった頭脳を整理し、思考力・創造力を高めるための手助けをするのが「忘れる」ということなのです。そして、思考力・創造力を高めることができれば、柔軟にものを考えることにもつながるわけです。

　われわれ出版人・編集者は思考力・創造力を養うことが重要ですから、不必要な知識は忘れ、次々と新しい知識・情報に対応しつつ取捨選択を繰り返し、柔軟に物事を考える頭脳を保ち続けることが極めて大切なのです。

時が経ったら「ただの人」にならないためにどう生きるか

（平成22（2010）年3月9日）

●目的意識的に日々学ぶことにより職業人人生が充実することを知る

　先日、ある裁判官と食事をする機会がありました。その席で、親しかった大学時代の同級生の話をうかがうことになりました。同級生は、自他共に認める極めて優秀な学生で、周囲から将来を嘱望されていました。2人とも法曹の道をめざしていましたので、司法試験合格後、それぞれ裁判官と弁護士として歩み始めました。お互いに多忙を極める裁判官と弁護士ですから、その後は日常的に会うこともなく、月日が過ぎていったといいます。

　ある時、配点された訴訟事件の代理人として、その友人と10数年ぶりに再会することになりました。あれだけ優秀だったのだから、その後、弁護士として経験や知識を積んだ今、どのような主張・立証をするのだろうか、どのような書証や準備書面を提出してくるのだろうかと期待を抱いて臨みました。しかし、期待に反して、その弁護士が準備した書面

は、ごく一般的なありきたりの内容で、引用条文も最新の改正法を反映しない旧条文のままであったり、その引用自体や内容にも間違いが多々あったそうです。大学卒業後、社会に出てから、一体どのように生きてきたのだろうかと疑問を抱くほどの同級生の実状に、いくら学生時代に優秀であっても、その後の勉強や研鑽を怠り、日常的に努力を重ねていかなければ、時の経過とともに「ただの人」に成り下がってしまうのだと身につまされたそうです。

社会は常に進歩し、時代によって必要な知識・情報は刻々と変化をしていきますから、幼少期から学生時代にかけていくら優秀であっても、そこで身に付けた知識はすぐに陳腐化してしまい、その後の努力を続けなければ、世の中の実態からどんどんかけ離れてしまいます。小学校から大学までの就学期間はたったの16年です。平均寿命から考えれば、社会に出てから60年以上を生きていくわけですから、この長い社会人人生の時間をどう過ごすかで、その差は歴然とついてしまいます。また、学校で詰め込まれた知識は、ほとんどが社会や仕事に対し直接的に役に立つものではありません。目的意識的に充実した仕事や人生を送るために学ぶ姿勢をもって日々を過ごすこと以外には、「ただの人」に成り下がらない方法はないように思います。

144 「叱る力」、「叱られる力」を磨けばコミュニケーション力が高まる

（平成22（2010）年4月20日）

●人間として本気で付き合いのできる職場環境をつくってほしい

最近の若者は、「叱られる」という機会が少なくなってきています。家庭では、少子化に伴って真綿にくるまれて大事に育てられ、学校でのいわゆる「ゆとり教育」の教育現場では、先生は児童・生徒に対しておっかなびっくり接するという状態で、厳しく指導することもなく、まる

で友達のような関係になり、悪いことをしてもしっかりと叱るということがなくなってしまっているようです。また、都市化が進み、地域社会が事実上崩壊し、近隣の人々との交流が希薄化する中で、いたずらをしたり、ちょっとした悪さをしたりしたときに、周りの大人から本気で叱られたり、注意されたりする機会もなくなっています。したがって、若者は社会へ出るまでに本気で叱られるという免疫力がついていないために、入社してから上司や先輩から厳しく叱責されるとすぐにめげてしまい、挫折してしまう軟弱な人間が多くなっています。

　私たちの世代は、幼少期から青年期にかけて、ルールを守らなかったり約束事や宿題を忘れたりすると、親や先生から厳しい叱責を受けましたし、特に、当時の親父には威厳があり、躾のためにはげんこつが飛んでくることも日常的にありました。このような経験の中で、私たちは家庭や地域、社会と自分の存在のあり方を考え、周囲の人たちから社会人として一人前になるための訓練・指導を日々受けるというのが、当たり前の教育環境でした。

　平成22（2010）年4月2日の日経新聞夕刊の春秋欄に掲載されていた、三井物産会長の鎗田松瑩さんの「鬼課長の背中」と題するコラムには、次のように書かれています。

　入社当時の三井物産の課長クラスには、とてつもなく厳しい人が多く、日々厳しい叱責・指導を受けたことが今日の自分を築いた基礎となった旨を述べた最後に、「パワハラなどという言葉が巾を利かせ過ぎて、上も下も人間付き合いに臆病になっている気がしてならない。どんな時代になっても会社生活の基本はコミュニケーションだと思う。だから、新人も上司も本気の人間付き合いを避けないで欲しい。厳しい上司の背中からしか学べないものは沢山ある筈だから」と結んでいます。

　若者は一人前の社会人・職業人へと成長するために、「叱られ上手」に、上司・先輩は、愛情をもって若者を教育・指導する「叱り上手」にならなければならないと思います。叱る力・叱られる力を身に付けることは、一人前の社会人として成長するために大事な要素であると思いま

す。

日々ベストを尽くし人に感動を
与えられる仕事をしたい

（平成22（2010）年6月16日）

●努力を積み重ね技能を磨いて人に感動を与えるのがプロの仕事

　平成22（2010）年6月、4年に1度のサッカーの祭典、FIFA ワールドカップが始まりました。日本が第1戦のカメルーン戦で、本田のゴールにより勝利したことによって、国中が大変な盛り上がりをみせております。一方で、国技である相撲に関しては、60人以上の力士が暴力団が関わる野球賭博を行っていたことが明るみになり、別の意味で注目を集めています。角界では、他にも、一般人に対する暴行事件を起こし引退した朝青龍の一連の騒動、若い力士に対する部屋ぐるみの暴行による死亡事件などがあり、今回の問題で国民に、またかといった印象を与えたのではないでしょうか。この、常軌を逸した状況を生んだ原因は、情報の公開や責任の所在のあり方も含めて、角界には全くガバナンスが働いていないことが原因の一つであると外部委員が報告しています。非常に憂慮すべき事態であり、1日も早くファンを楽しませることを本分とした角界に生まれ変わってほしいと願います。

　ところで、人はなぜスポーツを観戦することを通して高揚感や感動を得ることができるのでしょうか。それは、日々絶え間なく努力し、精進を重ね、磨きに磨きぬいた技術をすべて出し尽くして結果を残すことをめざすからこそ、勝ち負けといった次元を超えて人々を感動に導くことができるのではないでしょうか。スポーツの醍醐味は、ベストを尽くし技術・体力の限界ぎりぎりのところでプレーをすることにあります。

　中でも、プロスポーツの世界は、アマチュアには見られない技術水準の高さのプレーが見られるので人気もあります。それゆえ、そこにはビ

ジネスが成立し、今日ではあらゆるスポーツのビジネス化が進んでいます。FIFA ワールドカップにも莫大なお金が流れ込み、衣料メーカー、靴メーカー、各種のグッズメーカーが関係しており、一流選手になればチームとの契約金やスポンサー契約等で巨額の収入を得ることができます。今の子どもたちに、将来何になりたいかというアンケートをとると、上位には必ずスポーツ選手があがるようです。一昔前は、弁護士や医師などといった社会的責任の高い専門職に人気がありましたが、現代では、社会で目立ちたい、お金を沢山稼ぎたいといったことがスポーツ選手にあこがれる動機となっているのかもしれません。

　ところで、私たちもお金をいただいて仕事をしていますので、プロといえるでしょう。プロである以上、日々ベストを尽くして、人に感動を与えるような仕事をしなければならないのはプロスポーツ選手と変わるところはありません。毎日惰性で生きているようでは決してプロとはいえませんし、能力の向上は望むべくもありません。本田選手も、小さいころから夕食の時間も惜しんでいつもボールを蹴っていたとお兄さんがテレビのインタビューで答えていました。努力の積み重ねがあってこそ、カメルーン戦での感動のゴールが生まれたのだと思います。

146　世の中にあるすべての問題には正解が用意されていない

（平成22（2010）年 7 月27日）

●まず迅速に行動を起こし誤りが見つかれば修正し正解を探せばよい

　先日、定職に就く予定がなく今春大学を卒業した者が 3 万1000人に上るとの報道がありました。その理由として最も多いのは、「希望の会社に入ることができなかった」といいます。名もない中小企業に職を得て進取の精神でチャレンジし、自分の力を試そうとする若者は少なくなり、大企業に入り一生そこで安定して勤めるという「寄らば大樹」の保守的

な思考が若者に蔓延しているようです。すでに世の中に出て何年もたっている社会人の中でも、海外勤務を忌避したり消極的な若者が増加している傾向があると聞きます。若い時こそ海外に雄飛して語学力を身に付け、ビジネスを通して海外の人脈を築き、グローバルなビジネスに積極的にチャレンジすることは、これからのわが国の発展にとって大変に重要なことですが、このまま若者が外国で勤務することに消極的な状態が続けば、日本の活力がそがれてしまうように感じます。

　一方で、社会人になったら別の厳しさが待っています。私たちは、小学校に入学以来、試験という物差しで評価を受けてきました。ペーパー試験で正解が多ければ優秀な生徒と評価されてきました。数学の応用問題や作文、図工といった一部の科目を除いては、模範的な回答に合致しない場合は不正解とされました。テストに必要な能力は、記憶力、暗記力です。しかし、社会に出ると、回答がないといった場面に日々遭遇します。自身が有する知識・技術・情報・経験などの多様なフィルターを通して、模範解答を考え出さなければなりません。どこにも正解は用意されていないので、毎日この作業を繰り返していくしかビジネス社会を生き抜く方法はないのです。

　テストで高い評価を得てきた学業秀才といわれる人たちは、社会に出てもどこかに正しい答えが用意されていると錯覚し、模範解答を探そうとします。ところが、結局どこにもそんなものはないので、対応に苦慮し自信を失い、とかく消極的な態度となってしまいがちです。自分で考え結論を出し、思い切って行動をしてみて、誤りがあれば即座に修正するといった対応が強く求められる仕事の現場では、考える力、想像力、決断力が極めて重要です。世の中のほとんどのケースには、用意された回答はないので、自分で行動して、自分で答えを見つけ出すしか方法はないのです。そこに、仕事への情熱や楽しさ、喜びを感じてほしいと思います。

147 節度あるお節介を焼くことは社会的に多くの効用がある

（平成22（2010）年8月16日）

●何事も先頭に立って「お節介」を焼く人がいなければ事は進まない

　私は幼少の頃から、人のため世の中のために多少なりともお役に立ちたいという思いが強く、自分に全く利益にならないことでも積極的に引き受けて行動してきました。そのため、両親や学校の先生には、よく「お前はお節介焼きだ」といわれたものです。そんな性格ですから、地元のお祭、各種行事や奉仕活動に参加したいという思いはあるものの、最近は、仕事の忙しさにかまけて先送りにしてしまうことが多く、情けない気持になります。

　平成22（2010）年2月20日に、法社会学の分野で著名な黒木三郎早稲田大学名誉教授が90歳を目前にお亡くなりになりました。1995年に行われた東京都知事選では、現職の大学教授が立候補したことで社会的にも大きな話題になりました。私も先生には、人生や学問について多くのことをご教示いただきました。同月24日、25日に行われた通夜、葬儀には、先生にゆかりのある学者や法曹関係者をはじめ、多くの参列者が集まりました。通夜の後のお清めの席では、温厚で学識が高く、人間的な信頼の置ける先生のお人柄の良さが話題になり、近々、先生を偲ぶ会を開こうという話にもなりました。しかし、誰も先頭に立って実現しようという人物がいなかったからなのか、3カ月経っても偲ぶ会の案内状は届きませんでした。そこで、いつものお節介焼きの性分がむくむくと頭をもたげることになり、自ら偲ぶ会の事務方を名乗り出て、先輩方へお声をかけて了承を得た後、1カ月ほどの準備期間を経て、開催にこぎつけました。参加・不参加を問わず関係者には大変喜んでいただき、奥様には涙ながらの感謝のお言葉を頂戴しました。

　何かを成すためには、自分の得にはならないことであっても（たとえ

金銭的な支出があっても)、先頭に立って物事を前進させるためにお節介を焼くことも時には必要ではないでしょうか。もちろん、「でしゃばり」にならないような適度なさじ加減、見極めが必要ではありますが、争いごとを避けて世の中をうまく進めていくためには、人のために尽くそうという自己犠牲の精神を育てるべきでしょう。

　常に人の後ろにくっついて受身で物事に対処しているほうが気軽でどんなに楽かもしれませんが、それでは自ら道を切り開くことはできませんし、人から感謝や尊敬をされることもありません。私たちの会社も、日頃から、周囲のさまざまな人々にお世話になっているわけですから、今回のように偲ぶ会を開いたり、たとえば、お祝い事や記念行事など誰かがその推進役を買って出なければ物事が始まらないような場合には、「自分がやらなければ、ほかに誰がやるんだ」という奉仕の精神で、自ら手を上げて行動をもって日頃の感謝に応えていただきたいものです。損得抜きにして、自ら先頭に立って物事を推進させようとすることが、結果として人脈の獲得や将来的な信用・信頼を築くことにもつながることが多々あるからです。

148　逃げず、めげず、あきらめず、 くさらずに困難と向き合え

（平成22（2010）年 8 月31日）

●物事を簡単にあきらめないで一途に頑張れば光は見えてくる

　昨今、若者をめぐる議論が盛り上がりをみせています。最近の若者は何をやってもすぐにあきらめてしまい、困難に立ち向かう力が減退しているように感じます。平成22（2010）年 9 月号の「文藝春秋」には、作家の塩野七生さんの連載『日本人へ』において、「若者たちへ」と題して、「日本の若者はシラケている、とよく言われる。この現象を大人たちは、日本の若者のヤル気のなさに帰す」と書いています。それだけ、

若者の覇気が急速に失われていることが、社会全体の共通する認識となっています。

　そのような中、生物化学者で2008年のノーベル化学賞に輝いた下村脩さんが、日経新聞7月の「私の履歴書」の最終回（7月31日）において、次のようなことを書かれていました。

　「講演後のパネル討論の場で、会場の若い参加者から私への質問が出た。おそらく研究者かその卵であろう。

　『研究で成果が出ず、行き詰まったときはどうすればいいか』という問いだった。ちょっと考えた後、こう言った。『がんばれ、がんばれ』。つべこべ言わずに努力をしなさいという、突き放したような言い方に、ひょっとしたら聞こえたかもしれない。もう少し丁寧な答え方をしようと思ったのだが、私が言いたかったのは、結局はこの『がんばれ』という単純な言葉に尽きるのである」。

　そして、末尾で「日本の若い人たちに重ねていいたい。がんばれ、がんばれ。物事を簡単にあきらめてはだめだ」と力強いメッセージを発して最終回を締めくくっています。

　困難な状況に遭遇して、なかなか解決策を得られずにっちもさっちもいかない状況になると、すぐに逃げ場を求めて安易なほうに流れてしまう若者が多いように感じます。こういった行動を続けていると、結局社会生活を送るうえで大切な能力も身に付かないことになります。人間の能力には本来そんなに大きな違いはないのですから、「逃げない、あきらめない」ことの積み重ねをすることによってそれが将来に活かされ、大きな差となって現れてくるのです。人間として成長していくためには、下村さんが若い人に語りかけたように、やはり、「物事を簡単にあきらめない」でがんばることに尽きるように思います。

149　常に目標をもっていつもひたむきに努力していきたい

（平成22（2010）年10月12日）

●**人生の生きる目標を失わないことが長生きの秘訣である**

　平成22（2010）年のノーベル化学賞が10月7日に発表されましたが、今年は、根岸栄一さん、鈴木章さんの2人の日本人が化学賞を受賞しました。受賞理由は、「クロスカップリング反応」（パラジウムを触媒に利用することで反発し合う物質を結合して新しい有機化合物をつくる手法）を開発し、複雑な有機化合物である医薬品やプラスチックなどをつくる産業の発達に寄与したことです。

　日本人のノーベル賞受賞者は、これで18人となりました。特に、21世紀に入ってからはすでに10人の受賞者を輩出し、米国に次ぐ世界第2位の実績を残しています。

　理科系の研究者がここ数年立て続けに受賞されていることをきっかけに、日本人の底力、科学・技術分野の水準の高さが再認識され、子どもたちが理科系科目へ関心を向けるようになってほしいと、研究者は期待を高めているようです。しかし、報道などでも耳にするように、子どもたちの「理科離れ」は深刻で、はなはだ心許ない状況です。

　根岸さん、鈴木さんのお二人は受賞インタビューで、「発見は偶然だった」といった趣旨の話をしていました。平成20（2008）年に同じく化学賞（緑色蛍光たんぱく質（GFP）の発見）を受賞した下村修さんも、同様の発言をしていたと記憶しています。研究者は、①結論の仮説を立てて理論的に実証していくタイプと、②明確な方向性をもたずにひたすら研究を進めるタイプ、の二つがあるようですが、いずれにしても、ひたむきに目標に向かって邁進することが研究者の生き方なのではないでしょうか。そして、長い年月をかけてたゆまぬ努力を積み重ね、強靭な意志のもとで研究目標に意欲的に取り組んだ末に、偶然にもノーベル賞

に値する発見・開発に至ったことは、努力に対する神様からの贈り物のようなものではないかと思います。

先日、かねてより見物してみたいと思っていた千葉・佐原の国指定重要無形民族文化財でもある秋の大祭を楽しんだ帰路、夕食をとるために入った自宅近くの食堂で、品のよいシルクハットを身に付けた高齢の男性と出会いました。お話を聞くと、年齢は90歳で、現在も中国との貿易関係の会社を経営し虎ノ門の会社へ毎日出勤、年数回中国に行けば礼儀としてお酒の席にも出かけていくとのことでした。長寿・健康の秘訣をうかがったところ、特にこれといった健康法もないとのことでしたが、「目標を失わないことだ。私は今でも目標に向かって努力している」とご教示をいただきました。

老経営者からうかがった内容は、根岸さん、鈴木さんのお二人にも通じることではないでしょうか。目標を失うことは、研究者としての終焉を意味しますが、私たちにとっても、日々常に目標をもってたゆまぬ努力を積み重ねていくことは、人生を送るうえで極めて重要なことだと思います。期せずして二人のノーベル賞受賞者と老経営者から、有意義な人生とは何かを学ばせていただいたわけです。

150　年をとっても努力をすれば脳の筋力は鍛えられる

（平成22（2010）年11月16日）

●多くの書籍や活字に接し脳の筋力を鍛えることで若さを保てる

本日65歳の誕生日を迎えましたが、この年齢になって思うことは、やはり健康に大過なく仕事をさせていただけることに対する喜びと感謝です。ご先祖様や父母、家族、そして社員の皆さんと共に働けることに感謝しています。自分がこの世に生まれたことには何らかの意味や意義があるわけですから、毎年やってくる誕生日という区切りに、この世に生

を授けてくれたご先祖様や両親に感謝することは、人生を重ねていくうえで大切な行動だと思います。

　年齢を重ねれば肉体が衰えていくのは神の定めた運命であり、受け入れなければなりません。頭ではできると思っても、体が思うように動かないことが増えて年齢を実感することになります。しかし、体力と脳の力の違いは、年をとっても鍛えれば鍛えるほどに脳の力は向上していきます。毎日意識して脳を鍛えることを続けていれば、脳の筋力は決して衰えないのです。

　私は、23歳から今日まで編集者として人生を送ってきましたが、何よりも脳の筋力を鍛えることが仕事をするうえで大事なことだと実感しています。脳の筋力を鍛えるには、やはり書籍や新聞などを通してさまざまな文章を読み、読解力を磨くことです。本のジャンルは娯楽小説でも哲学書、歴史書、経済書など何でもかまいませんから、時間をとって丁寧に読み込むことで読解力がつき、読書が習慣化し、やがては知的な世界に浸ることの豊かさを感じられるようになります。格言でも、「本を読むという豊かさに浸るのは人生の最大の喜びである」といっています。

　先日も、ハーバード大学で歴代1位の受講者数を記録したマイケル・サンデル教授の講義録をまとめた大ベストセラー、『これからの「正義」の話をしよう』を読みましたが、私が今まで培ってきた知識、思考力、読解力はまだまだ未熟なものであると痛感させられました。この本は、正義をめぐる哲学に関わるさまざまな問題について、身近な事例を用いながら次々と質問をし議論を通して正解を探究していくという構成になっていますが、読んでいると脳がついていけないという場面がいくつも出てきます。まさしく、正義について説いた多くの哲学者と読者との知的格闘といった様子です。読書を通じてこのように自身の知識や教養が打ち砕かれる体験を重ねることにより、脳の筋力はさらに向上するのではないかと思います。

　また、この本の中では、ジョン・スチュアート・ミルが書いた脳力についての記述もあります。ミルは著書『自由論』で、自由の最大化によ

り最大幸福を実現できると主張した哲学者です。最大自由論は、人間の道徳や節度、倫理といった問題を過小評価しているのではないかと思いますので、個人的には賛同しかねるのですが、「いつも考えることを通して脳を鍛えなければ、筋力が衰えるのと同じように、脳も退化していってしまいます」というミルの言葉には納得させられました。

　知識・能力があり秀才といわれた者が、研鑽を怠ったために、時を経て再会したら凡人になり下っていたというのは一般的によく聞くことです。しかし、われわれ出版人・編集者は、先に述べたように脳を鍛えることは仕事をするうえで欠いてはならないことです。これからも第一線で良書を生み出し続けていくために、今後もいっそう脳の筋力を鍛えていきたいという思いを強くしているのが、65歳を迎えた率直な気持です。

「働くに追いかける貧乏なし」との教えを大事にしたい

（平成23（2011）年2月8日）

●事を成すことは簡単ではないからこそ人生は豊かで面白い

　私は、生まれが商家でしたので、両親は朝早くから夜遅くまで働いていて、仕事場から帰ってくるのは、夜の帳が下りてからでした。ですから、私は、おばあちゃんの手で育てられました。祖父母は、親に比べて責任が少なく、子どもを甘やかす傾向にあるためか、昔から「おばあちゃん子は三文安」といわれています。甘やかされて育てられた人間は、大人になったら厳しい社会の中で活躍はできないだろう、立派な人になることは難しいだろうと、世間から低く評価されていたのです。

　しかし、私は、おばあちゃんとの生活の中で、多くの知識・常識を教えていただきました。たとえば、「働くに追いかける貧乏なし」という言葉は、物心ついた幼少期から事あるごとに聞かされたためか、大学を卒業して自活するようになったときに、こつ然とこの言葉がよみがえり

ました。社会に出てからは、仕事上でいやなことがあったり苦しいとき、あるいは物事を投げ出して逃げてしまいたくなるようなときには、この言葉を思い出して、その都度、おばあちゃんの教えに背かないように前向きに一生懸命に働こうと奮起してきたように思います。

　この言葉は、「常に精を出して身を惜しまずに働けば貧乏に苦しむことはない」という意味ですが、私にとっては、陰日向なく働くことに向き合ってがんばることの大切さを訴える人生の応援歌のような言葉です。

　先日、昨年に引き続き、今年も大学卒業生の就職率が7割程度にとどまったとの報道がありました。長引く不況による影響でもありますが、最近の若い人の諦めの早さ、厳しく指導すればすぐに辞めてしまうこらえ性のなさも就職率を下げている要因の一つであるように思います。現代の若者は、働くということを真剣に考えているのだろうかと、疑問に感じることさえあります。

　すべてが自分の思うように物事が簡単に運んだり、何でも容易にできてしまうようでは、誰も厳しい努力を続けることはしません。世の中は、事を成すことはそう簡単にはできないからこそ、私たちは日々たゆまぬ努力を重ねたり、諦めずにひたむきに生きているのだと思います。ですから働けることを幸せと感じ、働くことが楽しくなるように仕事に向き合っていかなければならないのです。「働くに追いかける貧乏なし」という言葉のように、働くことに感謝することができて、そのうえに目標を達成することができれば、人生はさらに豊かで充実したものになるはずです。

**叱ってくれて育てていただける
期間は短いことを認識する**

（平成23（2011）年3月1日）

●叱られたことを前向きにとらえられれば一人前の職業人の道は早い

　私は、いわゆる童謡世代に属しますから、幼い頃、両親や学校の先生
にこっぴどく叱られたときに、童謡の「叱られて」をたびたび口ずさん
だことが遠い追憶としてあります。大学を卒業して職業についてからも、
先輩方や執筆者からたびたび叱られました。今日になって叱られた時の
ことを振り返りますと、私自身にその原因、至らぬ点が多々あったこと
も確かです。たくさん叱られて悔しい思いや恥ずかしい思いをしながら、
少しずつ人間的に成長してきたように思います。

　現在では、叱ってくれる人が周囲からいなくなってしまい、たびたび
叱られていた頃のことをかえって懐かしく感じるようになりました。そ
こで、いつ頃から上司・先輩から叱れることが少なくなったのかを振り
返ってみますと、記憶では仕事を始めて10年ほどたった頃からではない
かと思います。当時編集者は、「10年で半人前、20年で一人前」と巷間
では言われていましたので、10年が過ぎてたぶん半人前の編集者になっ
て、それなりに一人立ちして仕事ができるようになったからではないで
しょうか。

　ところでわが社では、1日も早く自分で判断し自己決定することがで
きる一人前の人材に育ってほしいとの願いから、3年で一通りの仕事を
こなせ、10年で一人前といわれるようになれるよう厳しく指導・教育を
してきました。そのために、先輩方から叱られて厳しい指導を受けるこ
とが多々にあるはずです。しかし、叱られることは、仕事の基本や働く
姿勢、社会常識を早く覚えて一人前になってほしいという先輩方の期待
や優しさの裏返しでもあるわけです。叱られたことで落ち込んだり、ネ
ガティブに捉えるのではなく、叱られるということは成長の余地が多く

あり、期待されていることの証左だと前向きに考えてほしいのです。

　学生時代は、自分で授業料を支払って勉強してきました。しかし、会社に勤めた場合は、一人前に稼げるようになるまでお金をいただきながら指導・教育してもらえるのですから、厳しいのは当たり前です。私自身を振り返ってみますと、叱られながら仕事を覚えさせていただいた時間は、長い人生の中でほんのわずかな期間であったことに後になって気づかされました。

　「叱られているうちが華」ともいわれるように、叱る人もいなくなったら、一人前と認められたか、あるいは反対に周囲の期待を失い見捨てられたときです。1日も早く自立し、自己責任の下で仕事ができる一人前の職業人となれるように、叱られたときは、自らの誤りや至らない点などを真摯に反省し、叱ってくれた先輩方に感謝すべきでしょう。そうこうしているうちに、叱られる回数が減ってきたなと感じるようになってきたときは、自分が少しずつ成長している証なのだと自信をもって、自らをさらに磨いていってほしいと願っています。

健康であることは充実した人生を送るための大切な財産である

（平成23（2011）年6月14日）

●病んでみて人と人とのつながりの大切さや人の温かさを知る

　3月から先週までのおよそ3カ月にわたり、健康を損ね治療を続けてきました。3月の初めに人間ドックに入ったところ、心電図にははっきりと現れていないものの長年の健康診断を通じて蓄積したデータから心臓の不調が疑われ、担当医に精密検査を勧められました。自覚症状はなかったのですが、精密検査をしたところ、冠動脈に疾患（狭窄）があることが判明しました。そこで、3回にわたり検査とカテーテル手術を行ったところ、無事に詰まった冠動脈が元通りになり、血液の流れを回復

することができました。私は、この間の経験を通して次の三つのことを痛感しました。

　まず第1に感じたことは、日本の循環器系の外科手術は想像以上に進歩しているということです。手術中も、心臓の様子が3D映像としてモニターに表示され、医師はモニターを見ながら多くのスタッフと連携を取りつつ手術をすることができます。以前は、大がかりな切開手術を迫られた症例の治療が、より簡易な手術で行えるのです。このように日本の外科治療を大幅に進歩させて、手術の成功率を高めたのは、日本が長年にわたって培ってきたものづくりの技術とIT技術の進歩です。医療などの先端技術は日本人の几帳面さ、手先の器用さを発揮できる分野です。震災からの復興が重要な課題である今日、従来からいわれてきた観光立国のみならず、優秀な医療技術を世界に売り込み、世界の人命救助に寄与する医療立国をもめざすべきではないでしょうか。

　第2に感じたことは、人と人との付き合い方、支え合う心の大切さと言葉の重みです。病状については、家族、社員以外には公にしてこなかったのですが、どこで知ったのか多くの方からメールや電話での温かい励ましを受けました。親族以外にも心から病気の全快を祈ってくれる人が多くいてくれることは、治療中の大きな励みとなりました。社員や仕事でお世話になっている方、住んでいる地域の方々、とりわけ家族の温かい励ましを通じて、人は一人では生きていけないという思いを強くしました。またこれらの励ましの言葉により、言葉の重みということも再認識しました。言葉を発することは気配り・目配りの原点です。言葉を適宜・適切に発しなければ、人間としての信用・信頼は得られません。

　第3に感じたことは、健康な身体を維持するには、日頃の自己管理と健康チェックが不可欠ということです。私も、今までは自分の健康への過信があり、結果として知らず知らずのうちに心臓に負担がかかっていたようです。進歩した現代の医療技術の下では、早期に病気を発見すれば、迅速に適正な医療を受けることができ治癒する確率は高いのです。身体の不調を感じたら、速やかに検査を受けるとともに、毎年の健康診

断は欠かさないようにしていただきたいものです。

　健康あってこそ人生を楽しいものにできるのです。皆さんも日々健康に留意して、充実した楽しい人生を送ってほしいと願います。

154　日本人としての誇り、出版人としての誇りを大切にする

（平成23（2011）年8月2日）

●日本人・職業人としての誇りを持つことが自律心・自尊心を育む

　先週（平成23年7月末）の新潟集中豪雨の映像から、日本の国は自然災害の多発国であることと、先人たちが災害による苦難の歴史を乗り越えて今日の日本文化を育んできたことを改めて認識せずにはいられません。対照的に福島第一原発事故による放射能汚染の拡大は、人為的な核融合施設から発生したものですから、まさに人災です。

　書店に足を運ぶと、最近「日本人、あるいは日本はどうあるべきか」、つまり日本論、日本人論をテーマにした本が目につきます。バブル崩壊後の20年間、日本国内外を取り巻く状況は一変し、東南アジア・東アジア圏の経済力が強くなるとともに日本の地位が総体的に低下する中で、「日本再生論」を説く本が数多く出版されました。バブル以前の日本は、1億総中流社会といわれて、精神的・経済的な安定が国を支えていましたが、バブル崩壊によって格差社会が生じ、国民は自信・活力を失い、未来への展望が抱けない陰鬱な気分の充満する時代が続いてきました。

　このような状況の下で未曾有の東日本大震災が発生したわけですが、国民に与えた衝撃はきわめて大きいものでした。しかし、この大災害が引き金となって日本人が久しく忘れていた他者への思いやり、優しさ、人との絆の重要性を再認識する契機ともなったわけです。加えて、国民それぞれが「日本人とは何か」を真剣に考えることによって、「日本の再生」の精神的なバックボーンを構築し直し、合わせて日本人としての

原点回帰を図るよい機会になるように思います。

　最近、大ベストセラーとなった藤原正彦著『日本人の誇り』（文春新書・2011年4月）では、日本人は誇りを取り戻さなければ日本国は再び立ち直ることはできないのではないかと述べています。冒頭で、日本人が戦後、誇りを失ったのはなぜかという問いに、第二次世界大戦後のアメリカ占領政策の最大の狙いが、日本が将来にわたって欧米に対抗できないように、教育を通して日本人のアイデンティティを徹底的に叩きのめすことにあり、日本人が誇りをもてないような教育構造を巧妙につくり上げたからだと述べています。東日本大震災は、戦後65年を経ていまだにその状況から脱却できない日本人の誇りを取り戻し、世界から信頼・尊敬される国になるためのまたとないチャンスと述べています。日本人は古来から、「個より公」、「金より徳」、「競争より和」を大切にしてきました。日本人は2、3千年にわたって他国の文化を取り入れ、独自の文化を築き上げ、発達してきたわけですが、文明史上、世界に冠たる日本の歴史、文化を再認識することが日本人の誇りに結びつくのだと藤原さんは結論づけています。

　翻って私たちにとっても、出版人・編集者としての誇りをもつことが有意義で価値のある仕事をするうえでの大きなバックボーンとなり自信にもつながるのです。私はいつも三つの点を出版人としての誇りにしています。一つ目は、出版人として社会のお役に立つということ、二つ目は、自律性（他人から干渉されず、自ら考えて行動すること）を忘れないこと、三つ目は、文化の担い手であるという誇りです。皆さんも、出版人・編集者としての役割をどう果たしていくのか、どう誇りをもっていくのか、それぞれ考えて実践につなげてほしいと思います。

155　大一番を制するのは日々の鍛錬を続けた者だけである

（平成23（2011）年9月6日）

●愚直に日々の鍛錬を怠らず継続していけば結果は必ずついてくる

　平成23（2011）年8月30日、民主党代表に野田佳彦さんが就任したことを受けて、野田さんが両院本会議で第95代内閣総理大臣に指名され、就任しました。その前日、8月29日に行われた民主党代表選挙において、第1回の投票で海江田万里さんが1位を獲得し、決戦投票においてもこのまま海江田氏がリードするのではないかとの予想を覆し、野田さんが見事「逆転勝利」して代表に選出されました。大震災からの復興等大きな問題が山積みのわが国の政策運営、党内の融和が課題の民主党の舵取り、という困難な仕事を任せることができるのは、野田さんしかいないとの判断が働いたと思われます。

　その判断の決め手となったのは、決選投票における両候補の演説の説得力の差であったといわれています。野田さんの演説力に感動し、態度を決めかねていた中間派が雪崩を打って野田さんに投票をした結果です。ここ一番の決選投票で、「どじょうが金魚の真似をしてもしょうがねえじゃん」という相田みつをさんの言葉を引用した、「どじょう演説」は見事なものでした。ある面においては、歴史に残る名演説という人もいるくらいです。

　その演説力はどのように習得されたのでしょうか。報道によると、野田新総理は1987年に千葉県議となった当時から、選挙区である船橋市や習志野市の駅頭で毎日街頭演説を行ってきたとのことです。菅内閣で財務大臣となった後も、時間ができると選挙区に駆けつけ、演説をするというほど、演説に力を入れています。一般的に、ある程度の選挙地盤が固まれば、選挙期間を除いてはそのようなことは行わないものですが、彼は雨の日も風の日も愚直に毎日演説を行い、演説力を鍛えてきたので

す。その鍛錬の結果が、大舞台での名演説につながったといえるのではないでしょうか。

　また、同時期に、スポーツの世界でも、日々の鍛錬が大舞台で結果に結びつくということを目の当たりにしました。8月末から開催されている世界陸上では、ハンマー投げの室伏広治選手が見事金メダルを獲得しました。アスリートとしてはとうに峠を越している36歳での快挙、アテネ五輪から7年を経て再度の世界一に日本中が沸きました。室伏選手は、加齢による衰えに抗うために、若い選手とは異なる、自らが考え出した練習方法により、丹念に体を鍛え上げていたとのことです。日々訓練を怠らず、継続した結果、檜舞台で栄光に至ったのです。

　この二つの事象は、政治とスポーツ、異なる世界でのことですが、大きな共通点を見出すことができます。毎日、愚直に、真摯に、自らを鍛えることで、その努力が血となり肉となり、結果につながっていくということです。特に若い人は、これからまだまだ時間があります。野田新総理と室伏選手を手本に、ある日の大舞台で結果に結びつくように、日々鍛錬を継続していっていただきたいものです。

156　人生は思うようにいかないから面白く、楽しく、奥深い

（平成25（2013）年6月4日）

●日々小さくても前向きに努力を重ねていけば必ず実を結ぶはずだ

　かつて、日本執行官連盟会長を務められた古島正彦さんが、先月の5月22日にお亡くなりになりました。懸命な闘病生活を続けてこられましたが、今の時代ではまだまだお若い68歳での急逝は非常に残念です。古島さんは、わが社の定番書である裁判事務手続講座の第1巻『書式　不動産執行の実務』や第2巻『書式　債権・その他財産権・動産等執行の実務』の初版をご執筆いただいた大恩人のお一人です。古島さんとの出

会いは35年前、民事執行法の立法にあたり、最高裁民事局に在籍し最高裁判所規則制定の事務方としてご尽力されていた頃に遡ります。その後、当社を創立するにあたり、当時東京地裁執行部に勤務されていた古島さんから「民事法研究会設立の記念すべき1冊目の書籍の出版にぜひ協力をしたい」という温かい申し出をいただいたことが、『書式　不動産執行の実務』の刊行に結び付いたのです。

その後、古島さんは若手書記官の育成にも尽力するとともに、現在簡裁の判事をなさっておられる園部厚さんをはじめ、わが社の土台を支えてくださっている多くの優秀な執筆者をご紹介してくださいました。古島さんは一見するとぶっきらぼうで横柄な印象を受けるものの、その実は非常に気遣いにあふれた心のやさしい方でした。また、書記官から若くして執行官に任官したことからもわかるように、大変な勉強家であり努力家でもありました。

もう一人の大変な努力家としては、わが社からクレジットカード関連の著作を何冊も執筆されている末藤高義さんの名前をあげることができます。先日、刊行された『ある日銀マンの昭和史』（民事法研究会・2013年）の編集作業を通じて、末藤さんの生い立ちや人となり、歴史を知ることになりました。末藤さんは、昭和22年に旧制済々黌中学を卒業すると同時に日本銀行熊本支店に入行し、その後日本銀行で働きつつ、済々黌高校夜間部と中央大学法学部の夜間部を卒業された大変な努力家・勉強家です。さらに、戦後、草の根レベルでの日米民間交流を目的とした超難関のフルブライト留学生試験に合格して米国に留学、修士号を取得して外国局を中心に日本銀行で活躍を続けてきたのです。日本銀行を退職した後は、VISAインターナショナルや日本信販、MasterCardインターナショナルなどのクレジットカード業界で活躍し、持ち前の好奇心と努力によりわが国のクレジットカード業界の発展に寄与されてこられました。

末藤さんは、自らの半生記をまとめた『ある日銀マンの昭和史』をなぜ出版したのかについて、「努力を続けることの大切さや逆境に負けず

に前へ前へと前進する前向きに生きる重要性を若い人たちに伝えたかった」と述べています。同書を通じて、人間は何をなすにも最後に頼りになるのは自分だけであり、前向きな努力が不可欠だというメッセージが伝わってきます。

　古島正彦さん、末藤高義さんのお二人に共通するのは、人生で思うようにいかないときもひたむきに努力する人物だということです。人生は、自分の思うように物事が進まないことがほとんどであり、思うように進まないからこそ人生は面白く、楽しく、奥深いという側面があるのではないかと思います。人生「捨てる神があれば拾う神あり」で、前向きな生き方は良い運を呼び込みます。小さな努力を日々重ねる大切さ、物事を良い方向に進めるためのプラス思考の大切さをお二人の生き方から学びました。私たちも前向きに日々の努力を続けていきたいものです。

※末藤高義さんは、令和2年2月24日にお亡くなりになりました。91歳でした。謹んでご冥福をお祈りいたします。

 157　変化へ対応ができた者のみが世界の中で生き残っていく

（平成26（2014）年9月2日）

●日々の努力を継続し感性を磨かなければいつか時代から取り残される

　先日、突如、駿台予備校、河合塾と並んで、3大予備校の一つといわれる代々木ゼミナールが、全国にある27の校舎のうちの7割に当たる20校を閉鎖する旨発表し、世間を驚かせました。

　今回の措置に至った大きな原因は、時代の変化を読み違えたことにあります。この10年で急速に少子高齢化が進み、また大学の新設、定員増もあって入試競争が緩和され大学全入時代が到来したことも大きな要因です。時代への対応を読み違えた企業で代表的なものには、日本が世界に誇った家電メーカーがあります。スマートフォンの爆発的な発展の未

来予測を読み違えたことにより、アップルやサムスンに後れをとったことから、壊滅的な敗北を喫しました。IT業界は絶えず激しい変化・進歩が進んでおり、少しでも対応に遅れを取ると、いまは優良企業であってもまたたく間に市場から退場を宣告されることとなります。

　時代の変化を予測することはそう簡単なことではありません。社是の中にも「社会の変化を分析・予測する能力を培う」と掲げていますが、容易に時代の変化を予測することができれば、誰でも簡単に大金や成功を手に入れることができたり、事業を成功させ、会社を発展させることも可能です。それができないからこそ、人々は皆一生懸命に努力し、汗水流してどうにかして変化に対応し、成功をつかもうとするわけです。

　一方で、企業は経済社会や市場の変化を見極めて迅速・的確に絶えず手を打ち続けていかないと生き残ることのできない厳しい競争時代になっています。時代の変化に対応していくためには、変化に結びつくアイデアを生みださなければなりません。アイデアとは、日々のたゆまぬ努力の結果としてわき出てくる「一瞬のひらめき」であり、それをいかに活かせるかが時代の変化に対応できる鍵になります。つまり変化を読み取ることができるのは、たゆまぬ努力の上にしか存在しないのが現実です。

　以前にもお話ししましたが（拙著『出版人の生き方70講』の〔33講〕178頁参照）、進化論で著名なチャールズ・ダーウィンは、著書『種の起源』の中で「もっとも強い者が生き残るのではない。もっとも賢い者が生き残るわけではない。唯一生き残るのは変化に対応する者が生き残る」と述べています。

　変化はある日突然現れるものではありません。目に見えないほどにゆっくり少しずつ、しかも時間をかけて着実に進行していきます。その変化にいち早く気づき対応していかなければ、必ず淘汰の波の中に飲み込まれしまいます。そうならないためには、情報・知識を蓄えて自身の能力を伸ばし、感性を磨ぎすまし準備を怠らないことであり、恐れることはありません。変化が多ければそれだけチャンスも多くあるわけですか

ら、常にチャレンジしていく積極的な姿勢が大切です。難しいことですが、一つひとつ努力を重ねることが成功につなげる近道だと思います。

158 1日1日の学ぶことを大切にし有意義に人生を過ごしたい

（平成27（2015）年5月12日）

●知的好奇心を失わず学ぶことを続ければ人生の豊かさにつながる

　コメディアン、タレント、司会者、ラジオパーソナリティー、演出家としてマルチな才能を発揮する「欽ちゃん」こと萩本欽一さんが、73歳にして大学受験をし、見事、駒澤大学仏教学部に合格し、この春から大学生活を送っておられます。日経新聞の「私の履歴書」で述べておられましたが、萩本さんは、若かりし頃は大学に入って勉強するのが夢だったそうです。しかし、当時は生活が苦しく家庭の事情で大学進学はあきらめて、高校卒業後すぐに、浅草東洋劇場に入社し、コメディアンとしての道を歩み始めます。なかなか芽が出ませんでしたが、1966年に坂上二郎さんと「コント55号」を結成し、大ブレークを果たし、現在に至っています。お茶の間の人気者となり、多忙な日々を過ごしていましたが、勉学への夢は捨て切れず、ようやく自分の時間がとれるようになったところで、大学受験を決意し、時には1日10数時間にも及ぶ猛勉強の末、見事合格を果たしました。萩本さんのように夢を持ち続けて、あきらめずに努力を続けれていれば、必ず道は開かれるように思います。

　また、以前も紹介をいたしましたが、当社から、『クレジットカード用語辞典』等のクレジットカード関係の著書を何冊も出版されている末藤高義さんは、56歳の時に日本銀行を退職された後、VISA Internationalに入社されました。右も左もわからないクレジットカードの世界で必死に勉強をし、現在ではクレジットカード関係の多数の著書を著されたり、講演を依頼されたりするなど、クレジットカードの「語

り部」ともいわれる存在です。努力をし続ければ、知識の吸収はいつまでもできます。また、学ぶことで脳を活性化させて若さを保つこと、学ぶことを通して生きがいをみつけられるようにもなります。末藤さんは84歳になられた今でも最新の情報を収集し、日々研鑽を続けられています。

　当社と古くからお付き合いをさせていただいている労働弁護士として高名な髙井伸夫さんも、江戸時代の儒学者である佐藤一斎の「少くして学べば、則ち壮にして為すことあり　壮にして学べば、則ち老いて衰えず　老いて学べば、則ち死して朽ちず」という言葉を引用して学ぶことの大切さを説き、「学んだことは必ず成果になって自分に返ってくるんだから、日々しっかりと勉強をしなさい」、ということを日頃からおっしゃっておりました。

　お三方の人生から学ぶことは、人生の豊かさにつながるように思われます。今日、日本は平和で豊かな教育資源を有し、高い教育水準を誇りますが、世界には貧困や紛争が絶えないため、学びたくても学ぶことのできない人々が大勢います。そのような方々がいる一方で、勉学をおろそかにすることは、厳しい環境下にある方たちに対して失礼に当たるのではないでしょうか。知的好奇心を忘れずに、日々勉強を怠らないことが、出版人・編集者としてのあるべき生き方であるように思います。

159　ビジネス社会でも「男気」を大切にした人生を送りたい

（平成27（2015）年6月9日）

●日本人特有の義理人情を大切にすれば信用・信頼もついてくる

　「男気」という言葉が最近よく使われています。男気は、日本人的なDNAに通じる言葉として大切にされてきましたが、信用・信頼に結びつく言葉でもあります。男気といえば、広島東洋カープの黒田選手が話

題になりました。96年ドラフト2位でカープに入団して、広島の投手の大黒柱として活躍し、12年後にFAの権利を行使してメジャーに移籍しました。その後ドジャースやヤンキースでも大活躍しました。今年もまだ活躍できるとみられ、ヤンキースからも強く慰留され高額な年棒も提示されていましたが、プロ野球人生最後を恩のある古巣の広島で終わりたいと戻ってきました。高額な年俸を蹴ってまで約束を果たすために広島に移籍した行動に対し、「男気」があるとカープファンのみならず多くの人々から賞賛されました。

　男気とは、「男らしい性質・気持」「自分の損得を顧みず弱い者のために力を貸す気性」「義侠心」「侠気」と辞書に書かれています。黒田選手は、メジャーに移籍するためFA権を行使する際の記者会見では、「メジャーからの高い評価はカープのおかげであり、日本に戻ってくるなら、広島カープしかない」と発言していました。その約束を確実に実行する行動は、経済的な得失を優先する風潮の中で、日本人の心の琴線に触れました。欧米的な価値観では、高額な年棒を蹴ってまで、義理を果たすという行動はあり得ないからです。

　自己中心的な考え方の典型例は、インサイダー取引で逮捕された村上ファンド事件の村上世彰さんがいます。ライブドアの堀江貴文さんが大量のニッポン放送株を取得するという情報を得て、インサイダー取引を行って大儲けして、世間から批判されました。その時の記者会見で、「お金を儲けて何が悪いですか」と、自らの悪事に反省することもなく開き直るような発言をして国民から顰蹙を買い、結局は逮捕されて有罪になり、実刑判決を受け社会的な信用を完全に失いました。

　それと対極にある行動が、約束を守り義理人情を大切にしていく生き方です。日本人にとって約束を守ることは一番大切な規範であり、約束を守らなければ、個人はもちろん企業にとっても社会から信用を失うことになります。日本の社会では、経済的に成功したというだけでは立派な人間として高く評価されることはありません。そこには、人から信頼をされる人となりがなければ、評価はされないということです。ビジネ

スを行ううえでも、義理人情を大切にして行動することは重要なことであり、人としてビジネスマンとして信頼を勝ち得るためにもっていなければならないアイデンティティーです。目先の利益にとらわれず、多くの信頼を勝ち取ることが、ひいてはビジネスの成功につながり豊かな人生につながっていきます。黒田選手の男気が人々にすがすがしい気持を与えてくれました。

160 人生は思いどおりにいかないから味わいがある

（平成27（2015）年8月4日）

●日々のみえない努力を続ければ成長をして必ず報われる時がくる

　本年11月に古希を迎えます。70年間生きてきて実感することは、「人生なかなか思いどおりにはいかない」ということです。しかし、思いどおりにいかないことこそが人生の醍醐味であり、味わいでもあります。苦労したからこそ得られる喜び・達成感もあります。むしろ、苦労すればするほど、目標を達成したときの喜び・充実感も大きなものとなります。確かに、何事も思いどおり、願いどおりになるとしたら、人生とは実に味気ないものになってしまうでしょう。

　生きる喜び・充実感・張り合いは、日常をどう生きているかにかかっているように思います。

　通勤途中に渋谷駅を通ります。渋谷駅は東急東横線の駅が地下に移転し、地下鉄の副都心線と直結するようになりました。この渋谷駅周辺の再開発事業の進捗状況を毎日ホームから観察していました。工事の進行状況は目に見える形で進みませんが、着実に進行しているのがわかります。1週間単位では工事の進捗状況に変化は感じられませんが、1カ月単位で観察すると少しずつではありますが、景色が変わるのがわかります。そして、ある日、クレーン車が一気に地上にあった東急東横線のホ

275

ームを解体しました。すると、ホームに隠れて今まで見ることのできなかった景色が突然、視界に現れました。見た目にはそれほどわかりませんでしたが、工事は見えないところで着実に、しかもかなりの速度で進行していたのです。人の営みの力強さ、大きな力を実感した瞬間でした。

　人生においても、努力をしたところで、その成果がすぐに現れることはまずありません。日々の地道な努力の積み重ねが、目には見えなくても、少しずつではありますが、着実に人を成長させているのです。そして、数年、場合によっては何十年という長いスパンでみたときに努力を続けた者と努力を怠った者との間に歴然とした大きな差が現れます。努力を惜しまなかった者は人々から賞賛され、評価され、感謝されるという形でその努力が報われる時が必ずやってくるのです。

　一度きりの人生を有意義ですばらしいものにするめにも、成果が目には見えなくとも、日々の努力を惜しまないでほしいものです。少しずつではあっても、一歩一歩着実に自分を変えていく努力が充実した人生を約束してくれます。

161　雑談力と会話力を高めることでビジネス能力を磨く

（平成28（2016）年9月7日）

●コミュニケーション能力の高い人ほど仕事を処理する能力も高い

　昨日、若手との研究会が10回目を迎え、そこで「編集者とはどのように勉強したらよいのか」というテーマで、先輩編集者にお話をしていただきました。話の中には、努力を重ね、企画力・編集能力を高めるためのヒントや反省点がありました。自己研鑽し、勉強を重ねることによって一人前になるのは当然ですが、それをやらない人が落ちこぼれていくこともまた必然です。編集者の能力の一つとして「雑談力」を同上させることが、コミュニケーションツールとして大切な要素ではないかとの

話がありました。

　雑談力とはコミュニケーション能力の一つといえます。コミュニケーション能力とは、人と人とをつなぐ最も大切な手段であり、人間関係を円滑にし、良好で居心地の良い職場環境をつくる役目も果たしています。わたしたちが日常的に実践・励行している「報告・連絡・相談そして確認」も一種のコミュニケーション方法で、「報・連・相と確認」を行うことによって職場全体で情報を共有し、良好な関係をつくっています。それが十分に機能している会社が、優良会社になれると思います。社員それぞれが良好な関係をつくり、雑談をする中から新規企画・商品開発が生まれ、革新的なアイデアなども生まれてくるものと思います。

　さらに、コミュニケーション能力の要素の一つに会話力があります。人と話すことを苦手とする人も、目的意識的に多くの人とかかわるように努力し、人の話を聞き、理解し、会話のキャッチボールを継続的に行っていくことで会話力を高めていくことができるようになります。会話を続けられるには、コミュニケーションの基礎能力が必要であり、それには「雑談力」も入ります。雑談力には、ある程度の知識・情報・教養等の基礎知識と能力が必要です。それは、日々の経済の動向や社会的出来事に対する興味・関心がなければ発揮されませんので、人とのかかわりを避けているようでは、社会生活で最も大切なコミュニケーション能力は劣化していくばかりです。

　また、コミュニケーション能力の要件としては、常に相手の立場に立って相手を理解し、相手の心情を慮って自分の考えを話すことができるようになることも必要です。相手を理解し、気分を害さない会話ができるようになるためにも会話力・雑談力を磨かなければなりません。特に、会議の場では、相手の立場に立って話をする能力が求められます。一人の編集者・営業担当者として相手と交渉・交流するために、また、相手を自分の土俵に乗っていただいて、話をし交渉を有利にもっていくためにも、会話力・雑談力を磨く必要があります。

　コミュニケーション能力が高い人ほど仕事ができるといっても過言で

はありません。そうなるためにも、会話力と雑談力というコミュニケーション能力を高めるために、常に不断の努力を続けなければなりません。

 ## その人の品格はマナーを見て知ることができる

（平成28（2016）年11月1日）

●社員のマナーのよい会社は世間から好印象をもたれ高い信頼を得る

マナーとは、「社会の行動規範、守るべき当然のもの」として一般的に理解されていると思います。しかし、最近思うのは、日本人のマナー意識が劣化しているのではないか、ということです。

特に思うのは歩きスマホです。その危険性が指摘されているにもかかわらず、歩きスマホというマナー違反が後を絶ちません。また、毎日電車で通勤していると、狭い通路空間にもかかわらず足を組んで座っている人や大股開きで2人分の座席を占領している人、さらに、お年寄りや子どもを抱えた乗客に席を譲らない人などの光景が日常的にみられ、たいへん不愉快に思うことが多々あります。

いま、東急電鉄の乗車マナーに関する啓発広告が話題を集めています。その内容は、「電車内で化粧をすることはマナー違反です」、と訴えるものです。この広告については、女性への抑圧・差別であるとの意見もあれば、そのとおりであるという意見もあり、賛否両論です。10数年前の時代の景色を思い返してみると、当時、電車内で化粧をする女性などほとんどいなかったように思います。それはなぜかといえば、「電車内の人が見ている所で化粧をすることは恥ずかしいこと」という礼節をわきまえていた女性がほとんどだったからだと思われます。

日本は「恥の文化」といわれています。「恥」の意識が根底にあるからこそ、日本人はマナーに敏感であり、礼儀が正しく、おもてなしの心をもち、相手が気分を害さないよう思いやりの心で人に接していると思

います。そのマナー意識の高さが、外国人からの「日本人は礼儀が正しく、律儀で親切である」という高い評価、礼賛に結びついているのだと思います。

　しかし、前述したように現在の若い人たちをみていると、そのマナー意識の劣化が目立ちます。それは、国民全体の知的レベルの劣化と密接に関係しているのはないかと想像してしまいます。マナーの意識というものは、家庭環境、特に両親による教育・しつけによって大きく左右されるといわれます。私の祖母がよく言っていたのですが、マナー違反をしている人を見ると「お里が知れる」と蔑視をしていました。その仕草をみると家庭環境や教育・しつけのレベルが推察されるわけです。差別するわけではありませんが、多くは教養などの知的レベルが原因で、他者への思いやり・気遣い・やさしさに気がつかずに、マナー違反につながっている人が多いのではないかと思われます。

　職場に置き換えてみると、社員の振る舞う仕草やマナーによって、その会社の印象が決定づけられてしまうおそれがあるということです。マナーに関する躾がしっかりしている会社は、世間から好印象をもたれて高い信頼を得られるように思います。

163　成長したければまず己を熟知することから始める

（平成28（2016）年12月6日）

●まず自己分析をして欠点を克服するための自己改革を継続すること

　紀元前500年頃の中国春秋時代の軍事思想家、孫武の作とされる兵法書は『孫子の兵法』と呼ばれ、現在も多くの人に読まれ、多くの関連した書籍が出版されています。そうした書籍が出版され続けている理由は、その内容が現在でも色あせることなく参考となり、経営者やビジネスマンから支持され続けているからです。その書の一説で、「彼を知り己を

知れば百戦して殆うからず。彼を知らずして己を知れば、一勝一負す。彼を知らず己を知らざれば、戦うごとに必ず殆うし」というように、己を知ることの重要性が説かれています。仕事の上でも、まず自分の力量を知ることから始める必要があり、自分を知らなければ成功することはできない、と説いています。

　今年もまもなく1年が終わります。子供の頃は1年が長く感じられていましたが、年をとるにつれて1年の経過が速く過ぎるよう感じます。今年1年は、自分にとってどんな1年かを振り返ることが重要です。年初に、今年はどのようなことを実行するか、その目標を提出してもらいましたが、実際に目標を達成できたのか、どこができなかったのか、どうしてできなかったのかを一つひとつ検証することが必要です。どの部分の仕事が達成できて評価されたか、できなかったことは何か、その理由は何か、これらが反省点となります。今後行うべき仕事を改めて点検し、今までできていなかったことを次の目標にすれば必ず成長に結びついていきます。

　私自身のことでいえば、編集者になった50年前から、年末年始に前の年を振り返ってこの1年の反省点と克服点をメモ帳に箇条書きにしています。社会人になった当初は、人に見られるのが恥ずかしく机の中に隠していましたが、自分を鼓舞するため、また目標を明確にするため、机に座って毎日見えるところに掲示するようにしていました。入社4、5年でいくつかの目標を実現しましたが、出版の企画力を向上させるためには、厳しい行動目標を課していかなければ実現することは難しいということを痛感しました。そこで立てた目標は、毎日、日本経済新聞と朝日新聞を読み続けること、朝日ジャーナル（現在は休刊）、エコノミスト、文藝春秋を読み続けていくこととし、現在も続いています。少しずつでも実行していくと、2年たち3年がたつ頃には大きな変化が実感でき、世の中の見方が幅広くなります。知識を積み上げたことにより、世の中のことを多面的にみる力がつくことにより企画力が高まることが実感できました。

1年をどう送るかしっかりと目標を立て、自己変革を続けることが成長に導いていくことになりますが、そのためにも、まずは己を知ることから始めることが重要だと思います。

ものづくりの世界には高い倫理観が求められる

（平成29（2017）年12月5日）

●自らの仕事に誇りとプライドをもつことが良質の製品を生み出す

最近、製造業における品質データ改ざんの報道が続いています。神戸製鋼、三菱マテリアル、東レなどの大企業による品質データの改ざんという不祥事が明るみに出ました。

神戸製鋼などは、相当以前から現場の管理職がかかわる品質データの改ざんが行われていたようです。そして、その情報が経営者へ伝わっていないこともわかってきました。仕事を進めるための基本動作である「ホウ・レン・ソウ」（報告・連絡・相談）が全く機能していなかったようです。

戦後日本の製鉄などの素材産業は、徹底した品質管理、技術の向上、勤勉な労働力によって世界から信用を勝ち取ってきました。そして、製品の改良を重ね、「ものづくり大国」へと発展してきました。そんな日本の素材産業の相次ぐ不祥事で、日本の製品に対する世界の信頼が揺らぎ始めています。次々と明らかになる不正を根絶するためには、その原因の究明が必要です。

不正が行われる原因の一つに、「現場を軽視する社内の風潮」があげられます。バブル崩壊後、日本の企業にとっては、業績の向上が最重要課題となりました。売上を伸ばすことが第1目標に掲げられ、納期の完全履行を厳しく追求した結果、品質管理は二の次にされてしまったのです。そのことが品質データを改ざんする土壌を作り出した一つと考えら

れています。

　これらの企業では、本来、ものづくりで優先されるべき安全性を軽視していまい、効率を優先させ、生産性や売上を伸ばすことにのみ注力したわけです。そのためには「多少の法令違反はやむを得ない」とする社内の雰囲気が強くなり、見て見ぬふりをする風潮も生まれてきました。軽度の法令違反は「必要悪」とすらとらえる向きもあったようです。

　しかし、グローバルな経済環境が進展したことにより、企業経営のあり方に国際基準が求められるようになりました。不正を取り締まる立法や法改正が相次ぎ、総会屋、暴力団などの反社会的勢力、地上げ屋、談合、闇カルテルなどの日本の抱える暗部が社会問題として取り上げられ、国際基準に則った見直しを迫られるようになりました。コンプライアンス経営を重視したアメリカの経営手法・行動指針が、日本の大企業でも導入されるようになったのもこの頃です。

　ところが、ここ数年、生産現場の社員の労働環境も変わってきました。「現場で一生懸命に仕事をしても正当に評価されない」とする現場軽視の風潮が、不正の温床をつくったと考えられます。

　それと同時に、自分のつくっている製品や日々の地道な作業が社会にとって大切であるという働く者の誇りも同時に失われていったように思います。働くことに生きがいと誇りをもてない者が、いい仕事をできるわけがありません。われわれ編集者の仕事も同様です。編集という仕事に誇りをもたずにわれわれが目標とする良書をつくることはできません。

　先日も、ある著者から「民事法研究会の書籍は内容が優れており、信頼できる」とお褒めの言葉をいただきました。このような言葉に接すると、嬉しくもあり、また、編集という仕事に誇りを感じます。

　自らの仕事に誇り・プライドをもつことがすばらしい仕事、信頼される仕事をする原動力になります。逆に、仕事に誇りをもてないと、不正を許すことにもなってしまいます。

　これらの一連の企業不祥事を他山の石として、私たちは真摯に本づくりに励んでいかなければなりません。

165 他人の目を意識すれば自分の姿の真実が見えてくる

（平成31（2019）年2月5日）

●世界の人々の見本となれるような日本人の精神文化を高めたい

　最近、電車に乗っていて、気になることが二つあります。

　一つは、足を組んで座席に座っている人が多くなったことです。こういった人たちの中には、大きな荷物やキャリーバッグを携えている外国人の旅行者が多いような気もしますが、日本人でも最近増えてきているようにみえます。足を組むことで狭い車内の通行の妨げになることに考えが及ばないのか、大いに気になります。確かに足を組めば乗せた足は楽なのでしょうが、乗せられた足にかかる負担が大きく、結局は常に足を組み替えることが必要になりますし姿勢も悪くなり、健康上もよいはずがありません。こうした周囲に対する迷惑行為、マナー違反をする人が増えているのは、自分のことしか考えが及ばない、他人への心配りや思いやりの心をなくしている結果だと思います。

　二つは、飲み物の入ったプラスチックや紙のコップを手にしたまま電車に乗り込んでくる人がいることです。こちらはどちらかというと女性が多いような気がします。駅の近くのコンビニなどでデリバリーで飲み物を売る店舗が増えている影響なのでしょうが、車内が大きく揺れたり急ブレーキが掛かったときなど、他人の服を汚すリスクがあります。また、こうしたものを手にしているとバランスを崩しやすく、転倒して自身もけがをするリスクもあります。

　二つとも大きなトラブルに発展する可能性が高いわけです。どちらも自己中心的で、周囲への配慮に欠けています。

　最近の車内放送では、「荷物は膝の上か網棚に載せ、足を組んだり投げ出したりして、お客様の迷惑にならぬようご注意ください」といった、マナー順守を呼びかけるアナウンスが繰り返し流れるようになりました。

このことは、実際にトラブルが増えていることの証左でしょう。

　かつての日本はこうではなかったように思います。他人へ迷惑をかけてはいけないという意識が常にあり、それが一人前の大人としての作法でした。

　こうした精神文化の劣化が進んだ要因を考えてみたのですが、それは近年、特に他者への関心が希薄化していることの結果ではないかと思います。最近は「他人は他人、自分は自分」と他人に無関心が当たり前になっています。他者の行動に対して無関心になれば、当然に他者から学んだり、知恵をもらったり、教訓とすることも少なくなるはずです。常に他者への関心をもち続ければ、他者の行動や所作を見て、自分の欠点や足りない点を知り、自ら学び吸収しなければならない課題が見えてくるはずです。

　つまり、「人の振り見て、我が振り直せ」の格言のように、常に他人への関心をもち、自分を見つめ直すことが自身の欠点をみつけられる要因にもなり、新しい自分に成長することができるはずです。

　他者から学ぼうという人たちが増えてくれば、必然的に狭い車内で足を組んだり、車内に紙コップを手にして乗ってくる事例も少なくなり快適な車内空間になるはずです。社会には、多くのリスクであふれているのですから、いつ自身に降りかかってくるかわかりません。いかにリスクを最小化し、現代社会を賢く生き抜くためにも他者の行動に関心をもって、常に「人の振り見て我がふり直す」の精神が必要なように思います。

166 # 何歳になっても努力を続けてい
ければ伸び代はある

（令和元（2019）年7月2日）

●**他者や社会のお役に立っていることが高齢者の充実した人生になる**

　最近、年金に関するニュースを多く目にするようになりました。現在の年金の受給開始は60歳からですが、少子高齢化の影響などからこのままいくと将来は65〜70歳からの受給になるのではないかといわれています。そういった影響からか、定年を65〜70歳に延ばす企業が広がり始めており、これは70歳まで働きなさいというメッセージのようにも思われます。昔と違い健康寿命が格段に伸びていることから、まだまだ働きたいという意欲さえあれば、高齢になっても働く人は増加するでしょう。しかし、社会や会社の足手まといにならなずに貢献できるかは、一人ひとりの体力・健康と能力の問題と正面から向き合わければならなくなり、難しい判断が求められる社会になるのではないでしょうか。

　少し前の話になりますが、冒険家の三浦雄一郎さんが86歳という高齢で、アルゼンチンの最高峰、標高が6,962m のアコンカグアの登頂に挑戦したことで話題となりました。同行した医師からドクターストップがかかってしまい途中で断念しましたが、本人は最後までやる気があったとおっしゃっています。一般常識から考えると、登山道の途中からとはいえ、86歳になる高齢者が標高7,000m 級の山に挑戦するということは、あまりにも無謀と捉えられますが、個人的には、いくつになっても挑戦をし続けるという人生の姿勢に対しては、大きな拍手を送りたい気持です。

　私は、人間が成長するための年齢制限はないと考えていますし、いくつになっても努力をすれば人間は成長できると考えます。

　日経新聞のアンケート調査によると、70歳になっても働きたいと考える人が年々増えていると報じていました。人生の生きがいや目標を持つ

ためには、何にでも挑戦し続けるということが重要だと思います。何の目標も持たずに漫然と毎日を過ごしている人と、しっかりと将来に向けて努力している人では、人生の生きがいの格差は雲泥の差があります。

　一方で、歳をとるということは、若い頃と違いどんどん体力が失われていくものです。しかし、長い人生で蓄積されてきた、経験、知識、人脈、技術、ノウハウといったソフトパワーは、年齢を重ねたからこそ持つことができる才能です。年齢を重ねることは、社会や企業の求める能力に十分に応えることを可能にします。人はいくつになっても伸び代がある、というのが私の考えです。三浦雄一郎さんは、これからも挑戦を続けていくのではないでしょうか。

　私の友人が60歳で定年を迎え、毎月夫婦で内外の旅行をしながら趣味を楽しむ生活を送っていました。傍目がらみると充実した人生を謳歌しているように見えましたが、３年ほど月日が流れた頃、友人と話をしてみると、毎日遊んでいる生活に疑問と苦痛を感じ、充実した気持が薄くなったといっていました。その後、友人はこれまでの経験を活かし、新たな職場を見つけ再び働くことにしたそうです。友人がいうには、収入はともかく働くことへの喜び、他者や社会のお役に立っているという充実感こそ、何事にも替えられない人生の豊かさであるそうです。

　そんな世の中の流れの中で、私どもの会社も、今後定年をどうしていくのかが課題となってくるでしょう。編集という仕事が好きで、体力、気力、知力に自信がある方には、いくつになっても活躍していってほしいと願っています。

第7章

「日々是好日」、「生涯一編集者人生」に感謝したい

167 生涯を通して働ける仕事をもて たことに感謝したい

（平成22（2010）年5月18日）

●日々健康で働けることに感謝し働くことを人生の喜びとしたい

　先週の土曜日（平成22（2010）年5月15日）に、以前よりお世話になっている一級建築士の方が、都内で開催されるシンポジウムに参加されるため、大阪から上京されました。ちょうど、浅草で三社祭が開催されていたところ、ぜひ見物をしたいとの希望でしたので、ご案内をさせていただきました。浅草神社周辺の各町内会の神輿が江戸囃子を奏でながら雷門一帯に繰り出して、大変勇壮で賑やかなものでした。次々とやってくる神輿の行列を眺めておりましたら、その中に「花川戸」の立札を飾った神輿を見つけたことから若き日の出来事が思い出されました。

　花川戸は、江戸の世から町民が住む浅草にあり、歌舞伎などにも登場する町名です。学生時代、ある縁から花川戸で零細な靴の下請け製造工場を経営している方と知り合い、お宅に伺う機会がありました。小さな建物の1階に工場があり、絶え間なく大きな音を立てて機械が動き、2階が住居で、狭小な部屋に小さなお子さん3人とともに家族が仲良く暮らしておりました。経営者といってもご夫婦で切り盛りする零細な町工場ですから、生活はそんなに楽ではない様子でしたが、「生活は苦しいけれど、仕事があるというのはありがたいことだ」と働くことへの喜びを語っていたことが印象深く今でもよく覚えています。私が、「働くこととはどのようなことなのか」と真剣に考えるきっかけになった貴重な経験でした。

　先日の新聞記事に、昨年の自殺者が3万人を突破し、これで10年連続での3万人超えとなったとありました。自殺に至るにはさまざまな事情や要因があるわけですが、近年、顕著なのは、失業が引き金となっていることです。データによれば昨年は、前年比で7割増にもなっています。

ご存知のように、企業の存続という大義名分のもと、派遣切りやリストラがバブル経済崩壊以後、大企業を含む多くの企業で行われてきました。まず、非正規社員を解雇し、次いで正社員のリストラをする流れが一般的であるようです。統計をみればわかることですが、経済状況が好転しない中で、企業の廃業・倒産が起業よりも多い昨今、雇用情勢が今後も厳しさを増すことは間違いないでしょう。また、わが国においては、失業に対するセーフティーネットが未整備のままであるといわれております。そうした社会的背景があり、職を失った人へ深刻な精神的ダメージを与えることが考えられます。

　人は、働くことの厳しさ、つらさよりも、喜びのほうが大きいのです。仕事をしていれば、仕事の内容や処遇、人間関係に対して不平・不満が生じてくるでしょうが、そのほとんどが本人の心の問題が大きく、心の持ちようによって解決できる部分が大きいと思います。失業が原因になって自殺者が増えている状況を見ていると、働きたくても働けない人がたくさんいる今日、働く喜びを感じ、働けることに感謝して毎日を送ってほしいと願っています。

168 編集者人生の原点を訴え続けてくれる一点の絵画に感謝する

（平成22（2010）年8月3日）

●時には人生の原点や転機となった記憶を「一品」に託し振り返りたい

　先日、乃木坂の新国立美術館で開催されている「オルセー美術館展2010」に出かけましが、平日にもかかわらず老若男女たくさんの人が押しかけて、昨日で入場者数が60万人に達したようです。115点もの膨大な絵画が展示され、大変充実した内容でした。

　西洋近代美術は、14世紀から16世紀にかけてのルネッサンス期に大きく花開きました。それ以前の画家は、王侯貴族の象像画、ブルジョワジ

ーやローマ教会が発注する人物画や聖書の一場面を表現した教会の壁画を主に描き、その技法は写実的なものでした。一般の人々は絵画を見る機会すらなく、絵画は、王侯貴族やローマ教会の個人的秘蔵品であったといえます。これが、1870年代になるとモネやピサロといった、後に印象派と呼ばれる画家が登場します。彼らは、光の影響を受けて刻々と表情を変える身近な光景を、明るく自由な筆致と豊かな発想で生き生きと表現し、一般大衆へ向けた展覧会を開き絶賛を受けます。その後、絵画はそれぞれの画家の個性を表現するもの、精神や人間の内面を表現するものとして追求されるようになり、今日に至るまで人々に大きな影響を与え続けています。

　絵画鑑賞が好きでさまざまな展覧会に出かけますが、自宅にも何点かの絵を飾って楽しんでいます。その中の1枚は、『早春』とタイトルのついた絵画で、明治か大正の作品だと思われます。山里にコブシが咲き始めて春へと景色が変化し、生命の息吹が躍動する様を淡く優しい色調で描いています。この絵は、私が登記関係の専門誌の駆け出しの編集者であった頃から長きにわたりご厚誼・ご支援いただいた、いまは亡き神戸市灘区の司法書士・横山敬三先生から、当社の創立祝いとしていただいたものです。「所蔵している絵画を贈ります。絵の価値はわからないが、事務所の片隅にでも飾ってほしい」と書かれたお手紙を読んで、涙が出て胸が震えました。私は、毎朝この絵を観るたびに、期待と不安が交錯しながらも創立当時の希望に満ちた熱い思いや、高い志をもって世の中のために何かできないだろうかと日々模索し悩んでいた頃の自分の姿を思い出しています。

　日経新聞夕刊の連載欄に「こころの玉手箱」と題するコラムがあります。登場する方々の人生のさまざまな記憶の中にある、ある時期の忘れがたい思い出に託された『物』『一品』が取り上げられています。私にとって『早春』がそうであるように、「初心忘るべからず」という思いを託した一品がよく登場します。長い人生の中では、惰性に流されて大切な初心や記憶をどこかに置き忘れかけてしまうことや、時には思い悩

んだり絶望したりすることもあります。しかし、人生の原点や転機、忘れることのできない重大な決断、強い意志や希望を胸にした日々が誰にもあるわけですが、忘れてはならない出来事を絵画や時計、雑貨など身の回りの「一品」に託して、常日頃から反復して人生の原点を振り返るということも大切な営みのように思います。

 ## 愚直に志高く生きていけば未来は必ず拓かれる

（平成24（2012）年2月7日）

●簡単に物事を諦めてしまう現代の若者たちへ苦言を呈したい

　私が編集者として社会に出てから43年の歳月が流れようとしています。学生運動が華やかなりし時代に多感な青春の時期を過ごし、周りが騒然としていたことで何となく新聞記者という職業に憧れていました。そんな漠然たる希望は、日頃の勉学不足もたたって無残に打ち砕かれ、就職浪人の生活が目前に迫りました。

　世の中は「捨てる神あれば拾う神あり」で、先輩から手を差し伸べられて出版社の編集者に職を得て今日に至ります。仕事に携わってみると、「知的要請の水準の高さと奥が深く幅広い」職業であることに気づかされました。加えて、さまざまな事象に好奇心をもって複眼的で多様な思考を常にめぐらすことが求められる日常性が、自分の性格や思考回路とうまく合致して、次第に仕事の面白さのとりこになり、5年が経った頃には天賦の職業のように思えてきたから不思議です。

　何事をなすにも「人には添うてみよ馬には乗ってみよ」ではないですが、とにかく始めから尻込みするのではなく、大胆にチャレンジしてみることの大切さを多くの場面で経験しました。

　今日、法律出版社を経営する身になって、入社試験などで多くの若者に接してみて気にかかることがあります。「この仕事は自分に合ってい

ない」などと言い訳し、2年も続かずに辞めていく例が多いことです。そんなに簡単に物事を諦めてしまっていいのだろうかと心配になります。結局、同じことを繰り返し、いつまでたってもスキルが身につかず、加齢とともに後悔することになります。

　経験的にいわせてもらえれば、本当の仕事の面白さややりがいを感じてくるのは3年を過ぎてからなのです。「好きこそものの上手なれ」であって、仕事を好きにならなければ能力・スキルの向上は望めません。「石の上にも3年」の諺があるように、我慢・忍耐・継続の先には、有意義ですばらしい人生が約束されるはずなのですが、そこに至る前にすぐに諦めてしまう若者が目立ちます。

　社会全体が貧しかった私たちの世代と比べると、豊かな幼少期を過ごし甘やかされて育ったことが要因として考えられます。パラサイトなどと揶揄され、親のすねを頼りにしている若者の増加が伝えられますが、そんな安易な時代がいつまでも続かないことは、すでに死亡している親の年金を長い間不正受給をして生活をしていた悲しい事件に投影されます。

　次に、若者のコミュニケーション能力の著しい劣化が危機感を募らせます。一方的な情報発信をするITツールが発展したことも一つの要因なのでしょうが、面と向き合い、正々堂々と議論したり、自ら豊富な話題を提供し、場を盛り上げたり相手の出方を先に読んで話を進行させていく能力をもたない若者が目立ちます。コミュニケーションは、社会生活を送るうえで最も重要な能力のはずですが、友人をつくらず、他人との交際を避け、自ら孤立化していく若者を見ると、今日社会問題化している「無縁社会」がこの国では一層拡大してしまうのではないかと憂えます。この事態をどう打開すべきなのか、妙案は出てきません。

　この仕事一筋に人生を送ってきて何よりも感謝することは、自らを鍛錬することによって人間的な成長が図れ、少しでも社会のお役に立つことができたと実感できることです。どのような職業でも共通することですが、一期一会の気持を大切にし、人と人との親交を深めつつ人脈の形

成をしていくことが人生を豊かに送るための必要不可欠な技術です。そして、社会性を高めることは義理人情を大切にすることに通じるように思います。

　世の中万事「愚直」さが求められる時代だと思います。愚直に真摯に仕事に向き合っていけば、働くこと、働けることへの感謝・喜びにつながっていくように思えてなりません。今日の若者世代がおかれた厳しい環境に同情しつつ、若者に言いたいことは、世の中が混沌とし先行きが不安・不確かな時代状況だからこそ、「愚直に志高く」生きていくことの大切さを学んでほしいと思います。

 # 170　1日も早く一人前の編集者に育て上げることを楽しみとしたい

（平成27（2015）年12月1日）

●社会でお役に立つ若者に育てる育成プログラムの実践を継続したい

　出版不況が深刻化する中で昨年度の決算が出ましたが、大変厳しい内容となりました。このような状況を打開する方策は、読者のニーズを掘り起こし、良い企画を立て、社会に受け入れられる書籍をつくり、世に送り出していくことに尽きるのではないでしょうか。

　先月の11月16日に、皆さんから古稀のお祝いを受け感慨深いものがありましたが、現在の日本では、70歳はほとんどの人が通過する年齢ともいえます。昨日（11月30日）亡くなった漫画家の水木しげるさんは、太平洋戦争で片腕をなくすという大変な思いをし、戦中戦後の厳しい時代を経験しましたが92歳まで生きられました。今ではもう70歳は「古来稀なり」ではなくなっているのです。私が社会に出た頃、ある先輩に「世の中長く生きたほうが勝ち。それは無駄に長生きをするということではない。何か大きな事を成そうとするのなら時間はいくらあっても足りない。志半ばに死んでしまったら意味がないのだから、一生懸命長生きす

る努力をしないといけない」と言われたことがありました。

　私は編集者として50年近くを過ごしてきましたが、最近特に「社会の
お役に立つことがしたい」と強く思うようになりました。しかし、古稀
を迎えたとはいっても現役で働いているのですから、地域ボランティア
や社会活動で社会のお役に立つわけにはいきません。そこで、わが社の
社是にあるように「良書の出版を通して社会に貢献する」ことを課題と
して、若い編集者が1日でも早く自らで企画の立案ができるようになる
まで、教育・研修を継続することを役割の一つとすることにしました。
50年近い編集者人生で得た知識・経験、ノウハウ、培ってきた人脈等を、
定期的な研修を行うことによって若い人たちに伝えることに尽力しよう
と思います。これによって、若い編集者の企画力・編集能力の向上を図
ることができれば大変にうれしいことです。

　本来、企画力や編集能力は自己研鑽と自らの感性を高めることによっ
て成り立つものであり、簡単に教えられるものではありません。私が編
集者として入社した頃は、「一人前になるためには、先輩がやっている
ことを見て盗め」と言われてきました。確かに、以前は自ら積極的に教
えを請いつつ、先輩の仕事をする姿から学び盗み取って、それをもって
自分の力としてきましたが、時代は大きく変わったのです。徒弟制度の
中で社員を教育する時代は終わり、今日のようにスピード感を必要とす
る時代だからこそ、一人前の編集者として1日でも早く会社、社会に貢
献できるよう、戦力として立派な編集者になってもらえるよう、早期育
成のためのサポートをしていくことが重要だと考えています。

　上司・先輩方から学び、仕事を覚え、1日も早く一人前の編集者とし
て自ら企画の立案ができるようになれば仕事が楽しくなります。それが
結果として、会社に寄与することにつながると同時に社会に貢献するこ
とになり、会社の発展にも大きくつながっていきます。会社が発展する
ということは経営基盤が強化されることであり、そうなることが、ひい
ては社会のお役に立つことにつながるのです。

人生に無駄な経験はないと思えば何にでも関心をもてる

（平成29（2017）年9月5日）

●日々の小さな積み重ねを続けることが成果となって実を結ぶ

　自宅の廊下で滑って、柱に頭部を強く打ちつけたことが原因で、慢性硬膜下血腫を発症し10日間の緊急入院を余儀なくされました。頭蓋骨の下にある脳を覆う硬膜の下に血液が溜まることで、言葉を発しにくくなったり、歩行が困難になるといったことが症状として現れます。そこで硬膜下に溜まった血液を抜く手術を受けましたが、人によっては再発する危険性が高いので、医師からは当面は心して養生するようにと注意を受けました。硬膜下血腫は頭を強く打つことから発症するために、ラグビーやサッカー、柔道など激しい動きの伴うスポーツ選手にも発症するケースが多いようです。

　さて、入院していた10日間は私にとって大変に貴重な体験をすることになりました。中でも、建設現場で働く職人たちが、誇りをもってそれぞれの作業に従事し、システマティックに仕事を進める姿を目の前にして感動をしました。入院していた虎の門病院の7階の病室からは、同病院の新病棟の建設現場や、病院の前にあるホテルオークラ東京の建替え工事が手にとるように観察できました。工事現場では、多くの建設作業員が広大な現場でキビキビと働いておりましたが、それぞれ異なる作業をしている職人たちがどのように連携を取りながら仕事を進めているのか強い興味をもち毎日観察していました。現場監督者や技術者などの建設作業員は、朝の8時にはにそれぞれ担当の現場に集まってきます。その後、全体ミーティングを通して安全の点検や確認事項を共有したり、ストレッチなどを行います。中でも特に注目したのは、職場ごとに縦1列に並んで互いの肩を叩き合っていた姿です。普段は職種の異なる職人たちが、同じ現場で一体感をもって安全に作業を進めていくために、互

いに協力をしていこうと励まし合う姿に感動を覚えました。

　病室から見える工事現場は、一見亀の歩みごとく遅々として進んでいないように見えますが、それぞれの現場が、10日もすれば確実に工事が進んでいることが目に見えてわかります。「千里の道も一歩から」という諺のとおり、日々の歩みは遅くとも、努力を重ねていけば確実に成果として現れる様子を垣間見て、「ものづくり」という点で考えれば、われわれ出版界も同じだと痛感しました。

　一方で、人間にとって働けることはどれほど素晴らしいことかをたった10日間の入院生活でしたが強く感じることになりました。普段は、「働く」ことに特段の意味を感じることは少ないかもしれません。しかし、10日間でも働けなくなると、日々健康で働けるありがたさをしみじみと感じます。

　私たちは、日々の生活の中で多様な経験を積み重ねていくわけですが、一つとして無駄な経験はないわけです。日々精進を積み重ねていけば、その努力は確実に実を結ぶことを工事現場の観察を通して強く感じました。人生に悔いのないように日々を有意義に過ごしていきたいものです。

172 伝統を守り次代へと承継するために大切なことは強い意志

（平成30（2018）年8月7日）

●歴史を通して変化をすることが後世に引き継ぐべき伝統をつくる

　今年はことのほか酷暑の日が何日も続いておりますが、先週の土曜日に、１年かけて先祖の墓を移転する儀式を取り行いました。住まいの近所にあるお寺が墓地の募集をしていたので、元禄時代から続くわが家の墓を、古里にある総本家、本家などの親族から移転の承諾と、ぼたい寺にも許可を得るなどして、ようやく墓石を建てて、入魂式、納骨式へとこぎつけ、家族、兄弟、いとこなど一同揃って取り行ったわけです。

　さて、人口減少が急激に進み、地方では墓地の管理もなされずに放置される例が増えてお寺の存続すら危ぶまれています。一方で、日本の多くの中小企業は後継者問題を抱えています。日本の企業の約80％は中小企業であり、毎年何万社単位で廃業に追い込まれていくことが予想されます。世界に誇る日本の技術力が失われ、さらには国際競争力がなくなることにもなり、高度な技術やノウハウ、誰にもマネができない日本の技術や伝統が途絶えてしまうおそれが生じています。今こそ政治は現在の状況をしっかり見据え、十分な対策を講じてほしいものです。

　今年7月の日経新聞の「私の履歴書」欄は、歌舞伎役者の中村吉右衛門さんが担当しました。

　歌舞伎は門跡をと絶えさせないために、男子が生まれないと養子縁組をはじめとするさまざまに工夫をして子孫につないでいきます。吉右衛門さんの父親は8代目松本幸四郎、母親は初代中村吉右衛門の娘ですが、吉右衛門さんは母親の実家の播磨屋の名跡を継いでいます。

　歌舞伎は、1603年に出雲国の阿国によるかぶき踊りから発したといわれていますが、何度も存亡の危機を乗り越えて、現在まで継続しています。江戸時代には歌舞伎の禁止令が出されたりと、山あり谷ありの中で、磨かれた演目、技、舞台装置など、時代の流れに合わせて対応し、変化を重ねてきました。

　たとえば、昔は電灯がないため、自然採光を頼りに、歌舞伎の興行は昼間に行われていました。今も「こんぴら歌舞伎」では自然採光を取り入れ、役者の顔や衣装がよく見えるような装置になっています。明治時代に入り、電灯が普及することによって、照明なども使えるようになり、夜の興行も可能になりました。このように、伝統を守り発展させていくためには、自ら変化していかなければならないのです。吉右衛門さんの話に戻りますと、歌舞伎を後世に残すために、蓄積された芸、技術、ノウハウ、人脈などを、今後どのようにして次世代に引き継いでいくかの課題に取り組んでおられます。

　当社は来年で創立30年を迎えますが、いままでつくりあげた技術、技

能、ノウハウ、成果物、人脈などを承継し、一人ひとりの研鑽と努力を重ねることにより、新しい伝統をつくり上げて、次の世代に引き継いでいくことが求められています。これから2年くらいの時間をかけて、伝統をしっかり引き継いでいければ、すべてを円滑に次代へと伝承していくことができると思います。

人生は一生発展途上であることを肝に銘じ生きていきたい

（平成31（2019）年3月5日）

●「永遠に生きる」と思って日々の精進を怠らず精一杯生きたい

　能、狂言、歌舞伎、人形浄瑠璃などの日本の伝統芸能の人気が高まっています。数百年もの間、脈々と伝承されてきた伝統芸能は、日本人の心の琴線に触れてきたことはもちろんですが、大衆から支持を得るための仕掛けやしくみが長い間にわたってつくられてきたことも事実です。

　伝統芸能は、創始者が編み出した芸の神髄を次世代に引き継ぎ、世代を重ねるごとにさらにその芸に磨きをかけることで、大衆に受け入れられてきました。そこには、時代の流れを敏感に察知し、芸に改良を加え、新しい演目を編み出し、よりよい芸風をつくってきたたゆまぬ努力があります。

　古典といえども伝統に甘んじ、変化・進化・革新がなければ滅んでしまいます。もちろん、ただ闇雲に変化を求めるのではなく、基本に忠実であり、ぶれない軸をつくり出すことがそこでは求められています。このことは、芸能に限らず、出版界にも通じるものがあります。

　2月24日の日経新聞文化欄に「老いに挑む」と題した山本東次郎さんの記事か掲載されていました。山本さんは、1937年生まれの81歳で、現在も舞台に立たれている現役の狂言役者です。老いては老いたなりの狂言の演じ方があり、さらなる成長を遂げるため、日々精進を怠らないと

のことです。

　「古典芸能の世界には俗にいうピークはない。一生が修業である」と父から言われ続けていたそうです。若い頃は、まるで到達点のない山に登らされるようで、苦痛でしかなかったと山本さんは述懐します。しかし、81歳の今は、むしろ父の言葉をありがたく感じるようになったそうです。出来不出来はあっても、精一杯力を尽くせば、その時々に充実感を得ることができます。「明日死ぬと思って生きよ。永遠に生きると思って学べ」というインドの元首相、マハトマ・ガンジーの言葉を引用し、そのように生きたいと山本さんは語ります。「芸術は長し、人生は短し」との言葉もあります。これらの言葉に接するたびに、人生を無駄に過ごすことのないよう、精進を重ねる必要を感じます。

　私も出版の世界に身をおいて50年が経ちますが、未だこれで満足という仕事ができていません。書籍をつくるたびに反省や後悔を感じており、まだまだ満足の境地には到達していません。さらなる高みを目指して、日々精進をしなければならないと自分を戒めている毎日です。

　「人生は一生発展途上である」と肝に銘じ、わが身を引き締めて研鑽と努力を怠ることなく日々、精進を続けていきたいと考えています。

あ と が き
〔新型コロナウイルス災禍の中で〕

　いま、世界中で新型コロナウイルスが猛威をふるっています。

　本書の最終編集作業が始まった本年1月中旬になって、中国・武漢の海鮮市場で発生したとされる新型コロナウイルスが、中国国内で感染が急速に拡大していると報道されました。当初は対岸の火事的な感覚でしたが、その後中国本土から全世界に感染が拡散され、現在では第二次世界大戦後で最大の地球的規模の危機的状況となっています。感染者数および死亡者数とも増加の一途をたどり、終息への道筋は険しく、当分先になりそうな気配です。

　わが国でも感染が急速に広がったことから4月7日には東京都と近隣3県や大阪を含む7都府県に緊急事態宣言が発せられ、その後15日には全国が対象地域に指定されました。まさに国をあげて新型コロナウイルス対策に臨まざるを得ない厳しい状況に追い込まれたわけですが、いまだ完全に終息するまでには至っておりません（緊急事態宣言は、5月25日にすべての都道府県で解除されました）。

　外出自粛や営業自粛だけで新型コロナウイルスの息の根を止めることができるのか。強制的な外出禁止令や都市封鎖などの私権制限を伴う強力な措置をとらないと、長期間にわたり感染が収まらないのではないかと、多くの国民が不安に思っていました。しかし、わが国にはこのような非常事態が発生した場合に、国家権力や行政権力を用いて強力な権限を行使して外出禁止、営業禁止などを命令できる法律はありません。わが国は高度の民主主義国家ですから、どこかの国のように独裁的な支配者の一存によって、警察や軍隊を動員して有無をいわせずに大都市を封鎖してしまったり、国民の自由や人権を抑圧し、強権政治で国民一人ひとりの行動が常時監視されている監視社会によって新型コロナウイルス対策が奏功したとしても、日本国民の目からみると到底容認できない気持です。世界各国に多大な被害を与えながら、ウイルス拡散の責任問題

には目をつぶり、いち早く封じ込めに成功したことをプロパガンダとして利用して覇権主義を露わにし、不都合な事実はすべて隠ぺい、こうかつで詭弁を当然のごとく弄する国家が世界に多大な影響を与えている現状にあって、これからの世界は一層混迷を深め難しい時代になるように思います。

　しかし、国民の自由や人権に配慮するあまり、危急時の対応が後手後手に回り、生命や安全が脅かされるようでは本末転倒になってしまいます。民主主義や自由・人権とのバランスをいかにとるかは難しい問題ですが、このような緊急事態に遭遇した場合に、厳しい要件や歯止め策を用意したうえで迅速に対処できる法制度の整備が求められているようにも思います。将来にわたって、こうした緊急事態が突然やってくることが予想される中で、この問題は今後国民が十分論議を尽くして進めていくべき悩ましい課題です。

　極めて脆弱な防疫体制、PCR検査体制、医療体制の下で、行動の自粛や自制といった国民一人ひとりの高い自覚やモラルに依拠した新型コロナウイルス対策は、世界で最も先進的な試みであるとともに壮大な実験でもあるようにも思います。欧米など諸外国のように国家による厳しい封じ込め対策を断行しなくても、国民一人ひとりの自覚や節度ある行動、高い倫理観によって新型コロナウイルスの封じ込めに勝利できたとしたら、まさに驚がくすべき快挙として世界から賞賛されるのではないでしょうか。

　さて、人類は、予測のつかない突然やってくる危機を強く認識して生活しなければならない時代がきたように思います。歴史をたどれば、コレラやスペイン風邪などの疫病（ウイルス）の感染によって、人類に甚大な被害をもたらしたわけですし、近年においてもSARS、MARS、エボラ熱などのウイルス性の疫病と闘い続けてきたわけです。しかし、この度の新型コロナウイルスの世界的な流行と被害の拡大は、グローバル化によって被害の拡大が急速化・広域化し、深刻化するという結果をもたらしています。私たちの平穏な日常生活は、いつ襲ってくるかわから

ないリスクの上で営まれていることを、新型コロナウイルスは実感させました。終息の先が見通せない現在の状況にあって、貧困や生活基盤が脆弱な社会的弱者の立場にいる人々は、将来の生活への不安を募らせていると思います。いまこそ国や行政は全力をあげてこれらの弱者に救いの手を差し伸べ、擁護・救済しなければならないと思います。緊急事態宣言が解除されて、新型コロナウイルス騒動が終息した後に、わが国や世界はどのような社会に変化しているのでしょうか。今日、格差社会が広がって貧困に苦しむ国民が増え、社会に不安感が増幅している現状をさらに拡大するようなことがあってはならないと思います。国民は、新型コロナウイルスの感染が確認された後の政府の対応が後手後手に回っているのをみて、国家や政治に対する信頼をますます失ってしまっているように思います。そのうえ、新型コロナウイルスによる未曾有の災禍によって、国家を形づくる医療体制を含む諸制度、枠組み、人材育成などの国家体制のあらゆる問題点が露呈し現実の日本の姿が明らかになりました。

　いまこそ、総力をあげて早急に解決しなければならない多様な国家的課題を洗い出して検証し、国民の英知を結集し一致団結して克服するために全力で取り組んでいかないと、わが国の未来はないように思います。それこそが、諺のいうように「禍い転じて福となす」につながり、愛する日本を再生し世界に誇りうる姿につくり上げることになるように思います。

　突然、予期しない新型コロナウイルス危機を体験することになり、本書の「あとがき」にそぐわない一文をまとめる結果となってしまいましたが、こうした時代背景の中で本書が出版できたことを後世への記録として残しておきたいとの強い思いもあり、ご容赦いただければ幸いです。

　令和2（2020）年5月30日

〔著者略歴〕

田口信義（たぐち　のぶよし）

埼玉県生まれ。1968年、社団法人金融財政事情研究会（大蔵省（現財務省）所
管）に入社。「月刊登記先例解説集（現「登記情報」）」編集長、「旬刊金融法務事
情」編集長、出版事業部次長、金融法務編集部部長を歴任、1986年、社団法人民
事法情報センター（法務省所管）の設立に参画し事務局長兼編集局長に就任。
1989年10月、株式会社民事法研究会を創立し代表取締役に就任、現在に至る。
「生涯現役」「生涯一編集者」をモットーに、編集者人生を楽しんでいる。

〔著書〕『出版人の生き方 70講——愚直に志高き職業人であれ——』（2009年、
　　　　民事法研究会刊）
〔論文〕「『生涯一編集者』として現代の若者への苦言」（2011年、太平洋 NEWS
　　　　LETTER 42号、太平洋法律事務所発行）
　　　　「我が社の原点としてのプロボノセンター」（2012年、大阪・プロボノセ
　　　　ンター発行『プロボノセンター20周年記念誌「よりよい市民社会を求
　　　　めて」』収録）
　　　　「『埼玉訴訟』が残したものは何か——終結後20年の外野席からの検証
　　　　——」（2015年、司法書士会報74号、埼玉司法書士会発行）
　　　　「こうして『欠陥住宅被害救済理論』は生まれた」（2016年、欠陥住宅被
　　　　害全国連絡協議会発行『欠陥住宅全国ネット20年の歩み』収録）

編集者の磨き方
——社会のお役に立ち、人から尊敬される仕事術！——

令和 2 年 6 月27日　第 1 刷発行

定価　本体2,000円＋税

著　者　田　口　信　義
発　行　株式会社　民事法研究会
印　刷　株式会社　太平印刷社

発行所　株式会社　民事法研究会
　〒150-0013　東京都渋谷区恵比寿 3-7-16
　　　　〔営業〕TEL 03(5798)7257　FAX 03(5798)7258
　　　　〔編集〕TEL 03(5798)7277　FAX 03(5798)7278
　　　　　　　http://www.minjiho.com/　info@minjiho.com

落丁・乱丁はおとりかえします。　ISBN978-4-86556-353-5　C0095　￥2000E
カバーデザイン：袴田峯男

▶誇りと生きがいをもって人生を送るためのメッセージ！

出版人の生き方 70講
——愚直で志高き職業人であれ——

㈱民事法研究会 代表取締役
田口信義 著

新書判・161頁・定価 本体 700円＋税

本書の特色と狙い

▶長年にわたって、編集者という職業に誇りをもち、「世のため、人のため」にお役に立てることに喜びを求めて奮闘する一人の出版人の多様な経験を通して、あるべき出版人・編集者としての生き様を訴える！
▶読者に対して編集者はどのように向き合うべきか、社会的に意義のある書籍をつくるためにはどうしたらよいのか、編集者が有すべき資質・能力・矜持とは何か・・・など、編集の現場で試行錯誤しつつ実践する姿を通して、出版人・編集者とは何かを考える！
▶食品偽装などの企業の不祥事、世界同時的な金融危機など、その時々の社会・経済・政治の動向を題材にして、出版人として、または社会人として生かすべき教訓を示唆する現代へのメッセージ！
▶これから編集者を目指そうとしている方々はもちろん、新人・若手の編集者にとっても、あるべき出版人・編集者像を考えるうえで好個の書！

本書の主要内容

第一章 出版人たる前に一人の社会人たれ！

Ⅰ 人間力を磨く
　何事も基本が大切／会話力、コミュニケーション力を高める／良いことを「癖付け」する／奉仕の心をもつ／あいさつの習慣付け／うそはいつか明らかになる　など13講

Ⅱ 仕事力を磨く
　自己研鑽からやる気が起きる／自ら考え行動できる飛行機人間になる／継続は力なり／陰の努力は必ず報われる／提案型の人間になる／謙虚な気持で教えを乞う姿勢が大切　など15講

第二章 出版人として一人前になるために！
　出版人には豊かな知識が必要／裾野の広い人間になる／若い頃に学び、経験する／多くの引き出しをもつ／社会の流れ、環境への変化に対応する／誇りをもって仕事をする　など21講

第三章 経営力を磨く！
　危機管理能力を培う／すべてはお客様のために／社会のお役に立ちたいという気持が大切／奢り、慢心は禁物／会社の伝統・技術を継承する／山高ければ谷ふかし　など15講

第四章 企画力を高める！
　企画立案には社会・経済情勢の理解が不可欠／歴史から学ぶ／知識・情報・技術・人脈の共有化／企画力が企業の命運を分ける／「智力」を磨くことが企画力に通ず　など6講

発行 民事法研究会

〒150-0013　東京都渋谷区恵比寿 3-7-16
（営業）TEL.03-5798-7257　FAX.03-5798-7258
http://www.minjiho.com/　info@minjiho.com